文經閣

貧者因書而富
富者因書而貴

文經閣

貧者因書而富

富者因書而貴

Thick Face, Black Heart

# 厚黑學大全

貳

## 舌燦蓮花口才篇

世間學說，每每誤人，惟有厚黑學絕不會誤人，就是走到了山窮水盡，當乞丐的時候，討口，也比別人多討點飯。厚黑學這種學問，原則上很簡單，運用起來卻很神妙，小用小效，大用大效。知己而又知彼，既知病情，又知藥方。讀過中外古今書籍，而沒有讀過李宗吾「厚黑學」者實人生憾事也！——**林語堂**

李宗吾◎著

# 出版者的話

## 為什麼今天要讀這本書

李宗吾的《厚黑學》被有些人稱為天下「奇書」，自發表以來，經歷了近百年滄桑歲月，可說是眾說紛紜，褒貶不一，雖然有其糟粕，但它至今能流傳下來，說明其有一定的價值和一定影響力。

這本書寫於軍閥混戰時期，當時國家積弱、軍閥混戰、時局動盪、民不聊生，許多仁人志士都在探索富國強民的道路。李宗吾先生就是在極度苦悶、報國無門的情況下，奮筆著述了《厚黑學》，透過分析古代封建統治階級內部為爭權奪利而勾心鬥角、爾虞我詐的種種權術的運用，諷刺當時國民黨政府的腐敗和那些醜態百出的官員，用正話反說的方式，揭穿了千年官場的黑幕，振聾發聵。厚黑學最重要的是把中國幾千年帝制後面的文化心理中，陳芝麻爛穀子的東西全部晾曬了出來，有學者評價說厚黑理論是「對漢民族腐朽文化和墮落人性的考古報告」。

本書是譯著者引用古今中外大量的經典資料，全面介紹和闡述李宗吾的「厚黑學」，側重在中國文化心理下的為人處世之道，詳細分析了各種為人技巧和處事經驗，對當下處於激烈競爭社會現實環境中的人去適應複雜多變的人際關係和調整心態有一定的參考價值。

生活需要有正確的原則指導。不管社會競爭多麼激烈殘酷，人際關係多麼複雜陰暗，為人講誠信，做人講品格是我們安身立命的最基本的原則。在市場經濟條件下，我們同樣要「君子愛財，取之有道」，靠誠實勞動發跡致富，而不能損人利己，損公肥私。古人說，歷史以厚德載物，高尚的品德是社會發展的動力和民族的骨髓，是我們文明的基石。如果你擁有了品德，你會使你從事的任何職業成為榮耀，也會使你所處的任何工作崗位具有價值。

我們今天看這本書，目的是呼喚誠信，高樹廉恥大旗，一方面吸收其好的地方，另一方面看清那些小人之道的真面目，向歪風邪氣開戰，把醜陋拒之大門之外，而不是效仿它，拋棄我們民族的高尚品德。希望此書能幫助廣大的讀者探索自己的人生之路，尋求到更本真的為人處事之道。

# 前　言

## 舌轉乾坤，九辯之妙

人們天天都在說話，不見得就真正會說話，特別是對於那些不好說出口的難言之語，更是不見得該說的時候張口就來。常言道，「是非只為多開口」，話說得多，出毛病的機會也就多，難怪有人說「寧可把嘴閉起來使人懷疑你是淺薄，勝於一開口就讓人證實你的淺薄」。可是，人們又不得不開口，如果真的閉起嘴來，如何厚黑行世？唯一的辦法就是懂得「難言妙說」。

有人認為難言妙說太簡單了，只需要擺出一副強勢的態度，再「難」之言也能讓對方苟同，而實際運用中卻常常碰壁；又有人認為做到難言妙說太難了，常常感到「我有話要說」，卻因為各種原因不敢當眾表達而無法開口。問題的原因何在呢？其實癥結就在於沒有一套完整的理論為指導，說話時缺乏靈魂，不能緊緊圍繞自己的目標展開，又不能充分發揮出甜言蜜語或冷嘲熱諷之類說話技巧的威力。

宗吾自從揭開了古今英雄豪傑之所以成功的秘訣，提出了前無古人的《厚黑學》之後悟出，難言妙說的技巧同樣需從「厚黑」二字上尋得，只有學會厚黑口才才能懂得如何難言妙說。

《厚黑學》舉例曰，「到了戰國，齊楚燕趙韓魏秦，七雄並立。七國之中，秦最強，駸駸乎，有吞併六國之勢。於是大厚黑家蘇秦挺身出來，提倡聯合六國，以抗強秦。」「諸君莫把蘇秦的法子小視了，他是經過引錐刺股的工夫，揣摩期年，才研究出來，包藏有精深的厚黑原理。」「他說六國，每用『寧為雞口，不為牛後』和『稱東藩，築帝宮，受冠帶』一類的話，激起六國的不平之氣」。可見，蘇秦難言妙說的訣竅，就在於「曉以利害上立論」，完全建立在「厚黑」二字的基礎上。

宗吾的這套「難言妙說厚黑口才」，自古就有踐行之人。傳說朱元璋打下天下後，有舊友求見。舊友見了昔日同生死共患難的好朋友好不開心，劈哩啪啦一張嘴就說開了：老朋友啊，想當年我們都是苦命人，給財主放牛時，還要帶上鐮刀割青草。有一天，我們餓急了，就把偷來的豆角放在瓦罐裡煮著，還未等煮熟，幾個窮放牛娃就五搶六奪爭著吃，還把瓦罐給打破了，湯也流光了，你為搶上豆子吃摔了個嘴啃泥……還沒等這位舊友把話說完，朱元璋就變了臉色，大喝一聲：哪裡來的野漢子，竟然敢來侮辱朕，拖出去砍了。可憐這位窮兄弟，還沒弄明白自己犯了哪條罪就做了刀下之鬼。

而另外一位一道搶過豆子吃的窮朋友就機靈得多。他一見朱皇上，就高呼：「吾皇萬歲萬歲萬萬歲」，然後就深情款款地說：「想當年你我二人佔山為王時，胯下青龍馬，手持鉤鐮槍。石大人和牛大人作戰時，打破瓦罐城，放走湯元帥，活捉豆將軍，為保護『肚』大人，你在拚命作戰時，捧了個嘴啃泥而不顧，才有了今天的太平江山。」說的雖然同是那段難言的「傷心往事」，卻因為「魅」力四射，聽得朱皇帝龍顏大悅，對這位窮朋友又是封官又是加爵。

宗吾正是在透析了幾千年中國歷史上各類人物，成功與失敗案例基礎上，概括出了「媚、哄、情、防、迂、攻、諒、禁、趣」九大厚黑口才的訣竅！

世上有「十律」、「八戒」，宗吾之厚黑口才訣竅為什麼不是六條、八條，或十條，而偏偏歸納為九條呢？九者，天之道象，反映出了大自然的「生成之功，和諧之美」，正是世間萬物運行的規律所在。

《易》云：「九五：飛龍在天。」「九」為陽爻，喻指君子處世得意，其事業如日中天。《象》曰：「用九天德，不可為首也。」「九」為天的品德的最集中反映，是至高無上的，不可能再有別的首領了。因此，「六」、「八」儘管是大順大發之數，但比不上「九」那樣「至大」、「至剛」；「十」儘管完美無缺，但是「日中則昃，月盈則虧」，與「九」相比，在「盛滿」之中已蘊藏著「衰頹」的景象。

因此，行走世間，要想人生順遂，無論是以「厚黑口才」，建功立業，還是以「厚黑口才」，避禍守成，都要以「九」之精神為根基。總之，宗吾認為，厚黑口才者應具有：九媚之心、九哄之功、九情之法、九防之策、九迂之術、九攻之道、九諒之德、九禁之要、九趣之性，方可舌轉乾坤！

## 第二篇　假作真時真亦假

## 第三篇　含沙射影動以情

## 第四篇　防人之心不可無

## 第五篇　長線方能釣大魚

## 第七篇 虛情實意動真心

## 第八篇　是非皆因多開口

不會發揮作用了。

## 第九篇　妙語解開尷尬境

厚黑學口才篇

# 第一篇　投其所好媚人心

◆「美言一句三冬暖，惡語半句六月寒。」人人都喜歡好聽的話，因為，人類本性上最深的企圖之一是被讚美、欽佩和尊重，渴望讚美是每一個人內心中的一種最基本願望。當讚揚一個人的時候，就是在滿足他自尊心的需要，化解他人性的飢渴。世事紛擾，人生不易，誰都難免有沮喪傷懷之際，一句恰當的鼓勵，就可能重新燃起一個人自信的勇氣；誰都會有怒髮衝冠之時，一聲適時的恭維，就可能使對方聚集起來的萬鈞雷霆之力，突然失去轟擊的目標。所以，厚黑行世中，一定不要吝嗇讚美，不妨厚著臉皮，多揀一些好聽的說。

## 厚黑口才一　捧之有道，營造氛圍

■「酒逢知己千杯少，話不投機半句多。」可見，說話氛圍對於厚黑口才的發揮至關重要。

俗話說，「一句好話抵得上半年的口糧」。世上沒有人會不喜歡受到別人的讚美。一位哲學家說過：「讚美人的藝術就是了解人類對於讚美的需要，誠懇地發自內心地去讚美別人，並隨時去找那些值得讚美的東西，這樣，可以幫助你心想事成。無論大人物或小人物，沒有人會不為真正的讚賞所激動的……。」「好的開始是成功的一半」，讚美人的藝術也同樣，能否善於「捧之有道，營造氛圍」，直接影響到「投其所好媚人心」的效果。

**【宗吾真言】　人都有覓求同類或知音的傾向，只要能使對方將你納入知音的行列，你就已經有了良好的交流氛圍。為此，說話初始階段必須小心謹慎，有的放矢、投其所好，而不能惹人反感、教人生厭。**

宗吾認為，日常生活中，一個人看似口才很好，與人交流，滔滔不絕，只是一味地談自己的事。結果，讓人感到萬分厭惡、不耐煩。這就是不善於營造「談話氛圍」。

營造好的談話氛圍，宗吾認為，談話內容應該視對方的情形而定，再好的內容，若不能符合對方的需要，就無法引起對方的興趣。最好是想辦法引出彼此共通的話題來，才能聊得投機，然後再設法慢慢地把話題引導進自己所要談論的範圍裡。

談話的材料不要總是老生常談，或是在家長里短的範圍打轉；如此不但容易使對方厭倦，同時也是畫地自限。無法拓展談話的範疇，就不能進一步地使對方瞭解自己，更不必說與對方深入地交往了。無論談到什麼問題，都要根據對方提出的問題把自己目光所及、腦中所思傳達給對方，對任何問題都能發表獨到的見解是最重要的。但也不要夸夸其談，顯示自己什麼都懂。

另外，由於初次見面，要盡量表現得客氣一點，無論是身居人下還是人上，都要懂得去恭維對方，厚著臉皮說一些好聽的話給對方聽，這對於位置比較高的人來說，讚揚對方顯得胸懷大量，更容易使人感到你高深莫測從而得到對方的敬重；對於身居人下的人，適當地拍馬屁，其意義當然是為了拉近距離，使對方對自己有好感，從而獲得幫助。

而談話的內容則要視對方的修養而選擇，做到能雅能俗，才不會有格格不入的感覺。對於喜歡講義氣的人聊天不妨表現出自己愛恨分明和重情重義；對於文雅的人不妨表現出自己道德高尚且有智慧，等等，這些都是根據你的談話對象而定，畢竟上什麼山就得唱什麼歌，對牛彈琴始終難以營造輕鬆的氣氛。

同時，一個善於營造談話氛圍的人，一定要懂得根據場合來考究用詞，不致說出不合時宜的話。因為他知道不得體的言辭不但會彼此扭捏而不歡而散，而且往往還會傷害別人，即使事後想再彌補也來不及了。反之，如果你的舉止很穩重，態度很溫和，言辭中肯動聽，雙方自然就能談得投機，分別後也會給對方留下深刻的印象，從而達到自己的目的。

另外，還要懂得如何去找話題交談，有了好話題，就能融洽自如。好話題，是通往深入細談的催化劑。從這個話題開始，慢慢引誘，自然能獲得你想要的資訊。宗吾認為，好話題的標準是：投對方所好，同時自己亦不致因對方乏善可陳而冷場。投對方所好，是為了使對方感興趣而打開話匣子；自己對該方面亦瞭解，一方面是為了能配合對方，另一方面是為了能引誘對方，懂得如何在恰當的時候將話題切換到你的目的上。比如，面對上司，首先要選擇他關心的事件為話題，使他興奮，人一興奮自然話就多了，言多必失，必然能得到一些對你有用的資訊，然後根據話題將之引申出來，將話題的焦點放在你想表達的觀點上，那麼此時上司由於礙於情面，將會騎虎難下。聰明者談話還會九曲十八彎，懂得暗度陳倉，懂得如何去設陷阱，先讓對方踩下去，然後他也許並非心甘情願，但你還是可以獲得想要的答案。

總之，宗吾認為，為了營造良好的談話氛圍，為了使對方對你產生好感，講話前先斟酌思量，考慮該場合之下應使用的語言，不要不動腦筋，想到什麼說什麼，以致引起了別人反感自己還不知道為什麼。那些心直口快的人平時要多培養一下自己的深思慎言作風，切不可像隨地吐痰似的不看周圍是何處就脫口而出。

**【宗吾真言】為了營造良好談話氛圍，一定要善於做一個善解人意的好聽眾。有些人喜歡嘮叨個沒完，一遍遍地訴苦，或沒完沒了地恭維，以為這樣就能博取對方的好感，殊不知過猶不及，效果將會適得其反。**

宗吾認為，要想營造出良好的談話氛圍，就要充分發揮厚臉皮的本色，將自己的語言蒙上一層仁義道德，同時還要管住自己的嘴巴，豎起你的耳朵，當個好聽眾。因為，當你講些仁義道德的空話時，一來為自己樹立了一個正直良好的形象，二來因為這些話無關痛癢，不會帶來什麼不良後果。同時針對人性，當你表現出一副認真地聆聽別人講話的模樣時，你的認真、你的全心全意、你的鼓勵和讚美都會使對方感到你的尊重，當然你也會得到善意的回報。但是，如何才能成為一個厚臉皮的好聽眾呢？

在與人交談時，盡量地使對方談他所感興趣的事，並用鼓勵性的話語或手勢讓對方說下去，並不時地在不緊要處說一兩句讚嘆的話，對方會認為你在尊重他，並全心全意地聆聽。輕敲手指或頻頻用腳打拍子，這些動作是會傷害對方自尊心的。眼睛要看著對方的臉，但不要長時間地盯住對方的眼睛，因為這樣會使對方產生不自然的感覺。只要你全神貫注，輕輕鬆鬆地坐著，不用對方將音量加大你也可以一字不差地聽進耳朵裡。同時還要善於協助對方把話說下去。別人說了一大通以後，如果得不到你的回應，儘管你在認真地聽，對方也會認為你心不在焉。在對方話語的不緊要處，不妨用一些很短的評語以表示你在認真地傾聽，諸如「真的嗎！」「太好了！」「告訴我是怎麼回事？」這些話語會使對方興趣倍增。

宗吾認為，通常除說話以外，一個眼色，一個表情，一個動作都能在特定的語境中表達明確的意思，如果你能做一個善解人意的好聽眾，你就可以品出其中的真意，就是同一句話也可以聽出其弦外之音、言外之意。

編者按：李宗吾所說的「投其所好媚人心」就是提醒人們在辦事說話時，一定要尊重對方的習慣愛好，維護別人的尊嚴，而不能片面地理解，更不能為了達到目的，而不論別人的對與錯都一味恭維。否則，這樣既會讓人瞧不起，也達不到辦事目的，也曲解了李宗吾的本意，甚至弄巧成拙，搬起石頭砸自己的腳。

## 厚黑口才二 真心讚美，誠心恭維

■如果時機把握得當，就是輕輕地點頭致意，也能發揮鼓舞人心之大作用。

宗吾認為，「投其所好媚人心」實質上是針對人性的弱點而言，人人都需要情感，需要別人的尊重，所以，多說些恭維話，會使人在飄忽不定的柔軟聲音和慈眉善目之中，撤去防線。一旦對方失去了對抗能力，堅城自然不攻自破。因此，宗吾在透徹瞭解人類弱點的基礎上，為營造一團春光的談話氛圍，就須表現出「真心讚美，誠心恭維」的態度，給人留面子、捧場。如此，能消除對方因個人虛榮之心未得滿足時產生的不滿情緒。

**【宗吾真言】　一副冷漠的面孔和一張缺乏熱情的口齒是非常令人反感的。不要吝嗇自己的稱讚，把它當成一種無本投資，時間長了必然會得到豐厚的回報。對別人來說，稱讚是欣賞，是感謝，是對別人表示敬意，但對你來說只要厚著臉皮就能做出來。**

宗吾認為，只要厚著臉皮就能實現自己的目的，何必吝嗇自己的讚美。事實上每個人的潛意識裡都渴望被人讚美，因為那樣才會知道別人對自己的認同。可以說，人類本性之一就是期望能被人讚美、欽佩、尊重。同時，這個社會是用平等的交換來滿足希望被人重視的欲望。卡內基有一句名言：「在跟別人相處的時候，我們要記住，和我們交往的不是邏輯的人物，和我們交往的是充滿感情的人物，是充滿偏見、驕傲和虛榮的人物。要瞭解別人，我們需要個性和自制。」其實，人性有這些弱點，就為我們籠絡人心提供了方向。當然，雖然人人都希望得到別人的讚美，但是在讚美不同的人時一定要具體分析對方的喜好，有的放矢地稱讚。否則，不但事情辦不成，還自討沒趣。

例如，于先生是一家生產保健器械公司的員工，剛剛到職時，他每天都要接待許多陌生的客戶，由於一開始他未能很好地把握對待不同職業者的距離，工作中曾出現過不少的尷尬場面。有了經驗之後，他慢慢懂得了如何接待陌生的客人了。只要對方自報家門，是哪個單位的，他就會以相應的方式對待。

有一次，一家醫院的採購人員到公司訂購保健器械，于先生知道這家醫院在國內具有相當的影響，又聽說這名採購員相當挑剔，光說好話沒有用。可是，他知道，如果處理好了，會使公司增加一大批訂單，提高公司的知名度；搞不好，會直接影響公司的聲譽。他從這名業務員的行事作風上推斷出，與這種人交往要不卑不亢，不可太疏遠，也不能太熱情。但是，這並不意味著對方不願意聽讚美的話，關鍵在於說什麼，如何說。

憑自己多年的經驗，于先生認為，對待這種人，最重要的是，要讓對方感覺到你認為他是一個有決定權的大人物，讓他感到自己的重要性，滿足了他的這種自尊心，其他的自然都好辦了。果不其然，于先生那一句句得體親切的讚美使這位採購員甚為高興，彷彿于先生不是他的談判對象，而是他的同事。於是他談起接洽過的幾家公司，有的太過死纏爛打，讓人受不了，使人懷疑他們公司的產品有缺陷；有的則太冷淡，讓人不能忍受。在這兒，受到于先生的得體讚美，他也熱情地把于先生及其公司讚美了一番，最後的結果就可想而知了。

總之，在宗吾看來，每個人都想擁有自己和家人的健康、生活的幸福、親人的團聚、足夠的金錢、物質上的滿足、子女的幸福、一種重要人物的自豪感等等，這種人的本性決定了厚黑行世中千萬不能吝嗇自己的稱讚。

**【宗吾真言】既然讚美是每個人都需要的，「投其所好媚人心」就應該值得我們重視。但是，應該怎樣讚美、恭維別人才不致招來別人的反感或者當成「馬屁精」？關鍵就要做到「吹捧不留痕跡；恭維不致反感」。**

在宗吾看來，做到「吹捧不留痕跡；恭維不致反感」，要有敏銳而準確地洞悉他人心理的能力，捕捉對方在心理上渴求什麼，避諱什麼，以針對性地吹捧和恭維。如某女士事業心強，從不喜歡生活在作為名人的丈夫的光環裡。但她最近的一次晉升之機確是夫君助了一臂之力。這使她既高興又慚愧。如果，你在向她表示祝賀時說：「妳是有眼識泰山，選對了老公，嫁人就要嫁妳老公這樣的，我真是恨不得再嫁一次。」這話是讚美嗎？無異於一根根刺向敏感神經的鋼針。

同時，要有對別人優點和成績的鑑賞力，坦然地容納別人與眾不同的特點，有重點地吹捧和恭維。比如，當你的好朋友取得成績時，要知道你們之所以成為好朋友，是因為你們彼此瞭解對方，因而他會最希望先得到你的首肯。如果這時你不主動真誠地去讚美你的朋友，久而久之，你也許會失去令你引以為豪的朋友。而且很有可能，到這時你還不知道這全都是你的「金口難開」造成的。沒有一個人不希望自己在各方面都比別人強，但也沒有一個人各方面都比別人強，嫉妒是「投其所好媚人心」的大敵。

此外，對於自己的對手，也要有寬廣的胸懷，不計較個人恩怨和得失，當他取得成績時多說些實事求是的承認、讚美的話，表現出真心實意地吹捧和恭維。這樣，不但能消除對方的敵意，使你免受更多的打擊，從而可以全力壯大自己的實力再圖超過他；另外，當你表現出一臉誠心恭維的樣子，還會為你帶來良好的口碑，一舉多得，何樂而不為。在世人看來，讚美對於讚美者來說，是一種給予，只有具有寬廣的胸懷，才會將自己的心靈付出與他人分享。一個臉皮不夠厚的人，會讓世人認為你心胸狹窄，嫉妒心強，那麼你也就難於得到眾人的尊重了。所以，只有表現出胸懷寬廣的人，慷慨地給予別人讚美，以謙虛、誠懇的態度客觀地評價他人，讚美他人，才能在滾滾紅塵中，左右逢源。

最後，要有一副好的口才，完美地表達你的判斷，準確無誤地傳達你的讚美，有聲有色地吹捧和恭維。要吹捧和恭維就要緊扣對方的心弦。如果用詞不當，不但達不到「投其所好媚人心」的目的和效果，反令對方極為尷尬。但若信口開河，滔滔不絕，卻常被人認為虛偽、矯揉造作，甚至有溜鬚拍馬的嫌疑，從而使人反感。只有具備好的口才，你才能巧妙地打出潛藏於心底的暗語，使你的恭維成為所有聲音中最甜蜜的一種，你也必將成為大受歡迎的朋友。

總之，在宗吾看來，吹捧和恭維他人時要懂得掌握火候，過分的誇張對雙方都是有百害而無一益，有時為了表現出你的恭維更加真誠，還要切合實際適時指出存在的缺點和不足。要做到真正的「投其所好」，不要說陳詞濫調，對誰都是一樣的「啊，你真棒！」之類。恭維對方要投入，抓住對方的心理去讚美，這樣才能使你的吹捧和恭維與眾不同，從而獲得極其明顯的效果。同時，肯定和讚美是建立在理解的基礎之上的，只有真正認知、懂得某物或某事，才能理解其價值和意義。如果不懂裝懂，就難免在讚美別人時說外行話，這也是恭維他人的禁忌。另外，千萬不要冒犯別人的忌諱，人人都討厭別人冒犯自己的忌諱，要尊重他人的忌諱，不要開那些殘酷的玩笑。

**【宗吾真言】　要達到「真心讚美，誠心恭維」的目的和效果，最要緊的還是熱誠。一兩句敷衍的話，立刻會被人發覺你的虛偽。因此，每當你吹捧別人的時候，不可僅從大處著眼，有時還要從小處發揮，表現出你的熱誠。**

宗吾認為，「真心讚美，誠心恭維」一定要讓人真切地感覺到你的「真誠」。「你的文章寫得好極了」，光這樣說是不夠的，因為實在有點敷衍，如果再加上一句：「能夠使青年人讀了更加奮發」，那麼效果就完全兩樣了。同樣地，僅說「這件衣服真漂亮」，也是不夠的，為了要博得對方更大的歡心，你必須具體說這衣服色彩配得好，圖案很好看，或式樣大方美觀等等。善於表達熱誠的人，在「真心讚美，誠心恭維」時，必定是把最深的欣賞情緒說出來。

首先，表達自己真誠的最佳方式之一就是給人熱情的鼓勵。可是，如果老念叨些陳詞濫調，是難以激動人心的，也不足以表達自己的真誠。美國大詩人惠特曼的詩作問世後長時間裡遭到冷落，這幾乎讓他萬念俱灰。就在這時他正好收到了一封信。「親愛的先生，你所饋贈的大作《草葉集》我十分看重。深以為這是美國有史以來智慧與機巧的極致。對你在詩壇上的良好開端，我表示由衷的敬意。」這封信是R．W．愛默生寫來的，它對於此時的惠特曼來說就是最大的讚美。馬克．吐溫曾說：「我可以靠別人對我說的一句好話，快活上兩個月。」

其次，表達真誠要多挑些實事求是的話來大加讚美，如果做不到真實，也就談不上真誠了，因為你說得不符合事實，那麼對方就會覺得你造作，甚至看穿你的目的。比如，一個推銷員去見客戶時，光說讚美的話，就會讓人對他話裡的真實成分產生懷疑，顧客會認為你是為了讓他買你的東西才恭維他。可見，過分虛假的恭維只能被看作是拍馬屁，這樣只能導致失敗。怎樣才能使自己的恭維話變得真實呢？應學會敏銳地發現對方的優點，只要發現了對方的優點，就可以給他誠實而真摯的讚美。因此，必須以找出對方的特殊優點為首要任務，這樣，便會使「真心讚美，誠心恭維」在友好、和諧的氣氛中形成高潮。當你讚美一個人的優點，可能那是他自己都沒有發現的，對方會因此對自己有了新的認知，可能會由此而創造出一個新的「他」。你可能也沒有想到自己在他的轉變中，扮演了鼓勵他、幫助他、創造出他自己的角色，只感覺到對方對你的好感愈來愈強烈。因此，出自肺腑之讚美，總能產生意想不到的奇效。

再者，宗吾認為，表達自己真誠的另一個訣竅，就是要使自己顯得非常虛心，不要盛氣凌人。你可以虛心地向對方求教，讓對方覺得你非常重視他，覺得自己是個重要的人物。

例如，周先生是一個原材料推銷商，張老闆是一個材料包銷商。張老闆雖然業務大，但做人卻是極其的刻薄無情。每次周先生進門，張老闆就大吼：「今天什麼都不要！不要浪費你我的時間！出去！」

於是，周先生換了一個方式。他所在的公司準備在某個地區開一家新的分公司，正好張老闆在那個地方做了很多生意。因此，這一次周先生登門拜訪時說：「先生，我今天不是來推銷東西的，我是來請教您的，不知道你能不能抽出一點時間和我談一談。」弄清周先生來意之後，對自己的經商天賦非常自信的張老闆，用了一個小時的時間詳細解說了那個地區的市場特徵和優點，而且還幫助周先生討論了購買產業、材料和展開營業的方案，最後還和周先生聊起了生意上的困難。那天周先生走出辦公室時，不僅口袋裡裝了一份初步的訂單，而且還和張老闆建立了牢固的業務關係和友誼基礎。

最後，在表達自己的真誠時，還要注意一個問題，就是讚美要恰到好處，適可而止。因為過分的奉承往往會讓人感到厭煩，使讚美的效果大打折扣。你可能有這樣的體驗，當有人說「你再多一些恭維奉承的話吧」時，你反感嗎？社交經驗豐富的人姑且不論，那些不得不整天低三下四求人的人，一想到成天講一些酸溜溜的奉承話也會垂頭喪氣。那麼如何把握恭維的「度」呢？只要恭維得有根有據，自己表現出發自內心喜歡羨慕對方，對方埋藏於內心的自尊心被你所承認，那他一定非常高興。人們都有自尊心，也總是希望別人能對自己的長處給予較高的評價。如果你能把握這一點，滿足對方的這種願望，那你就能取得成功，對方還會認為你很會體諒人，說不定他能把「心」也交給你。因此，只要是有根據的恭維那你就大膽地盡可能地去說吧。

編者按：俗話說「禮多人不怪」，真心地讚美別人，不僅能獲得好人緣，也證明自己有氣量。如果一個人不分青紅皂白事事恭維，除了會喪失自我外，別人也會把你看成是奴才。因此，恭維要有度，如果照本宣科，不懂靈活運用，就算把厚黑學讀破了，最終也是誤人誤己。

## 厚黑口才 三 人好水甜，花好月圓

■「投其所好媚人心」，一定要善於察言觀色，掌握好尺度，做到當進則進，當退則退。

宗吾認為，人在高興時，心情舒暢，看見高樓大廈，會想到「凝固的音樂」；看見車水馬龍，會想到「滾動的音樂」。人性都有這樣的弱點，情緒好，容易體諒人，也願意與人攀談，接受別人的邀請，甚至看見小狗也可能熱情地打個招呼。正所謂「人逢喜事精神爽」。因此，「投其所好媚人心」一定要善於把握開口的時機，使對方的情緒興奮起來。

**【宗吾真言】出門觀天色，是為了推知陰晴雨雪，攜帶行具，以免受日曬雨淋。進門看臉色，是為了知道對方的情緒，以決定什麼該說什麼不該說。不然像過河卒子那樣一味地橫衝直撞，不但達不到目的，說不定還會因說話的失誤引起對方的反感。**

宗吾認為，對於「投其所好媚人心」來說，「出門觀天色，進門看臉色」是非常重要的，否則只能招致他人怨恨，為自己帶來不必要的麻煩。例如，有一位記者曾去採訪剛和一支國外勁旅交過鋒的「國腳」們。一進門就發現休息室氣氛沉悶，隊員們鐵青著臉，圓睜著眼，他趕緊退了出來，取消了這次採訪。因為這些「國腳」們吃了敗仗，正在嘔氣。這位記者倘若當時不看臉色，硬要不知趣地採訪吃敗仗的「將軍」，非挨罵不可。好在這位記者頗有經驗，懂得說話的「火候」。

《三國演義》中第七十二回記述了曹營發生的一件事：

操屯兵日久，欲要進兵，又被馬超拒守；欲收兵回，又恐被蜀兵恥笑，心中猶豫不決。適庖官進雞湯。操見碗中有雞肋，因而有感於懷。正沉吟間，夏侯惇入帳，稟請夜間口令。操隨口說道：「雞肋！雞肋！」於是，夏侯惇便傳令眾官，都稱「雞肋」。行軍主簿楊修，見傳「雞肋」二字，便教隨行軍士，各收拾行裝，準備歸程。有人報知，夏侯惇大驚，遂請楊修至帳中問曰：「公何收拾行裝？」修曰：「以今夜號令，便知魏王不日將退兵歸也：雞肋者，食之無肉，棄之可惜。今進不能勝，退恐人笑，在此無益，不如早歸；來日魏王必班師矣。故先收拾行裝，免得臨行慌亂。」夏侯惇曰：「公真知魏王肺腑也！」遂亦收拾行裝。於是寨中諸將，無不準備歸計。當夜曹操心亂，不能穩睡，遂手提鋼斧，繞寨私行。只見夏侯惇寨內軍士，各自準備行裝。操大驚，急回帳召惇問其故。曰：「主簿楊德祖先知大王欲歸之意。」操喚楊修問之，修以雞肋之意對。操大怒曰：「汝怎敢造言亂我軍心！」喝令刀斧手推出斬之，將首級號令於轅門外。

在宗吾看來，此事實在不是曹操之過，一方面楊修「恃才放曠」屢屢地犯曹操之忌，有賣弄手段和奴高壓主之嫌，而另一方面，曹操進退無計，正是有氣無處發的時候，楊修出風頭耍小聰明，這不是往槍口上碰嗎？那麼，什麼「火候」開口合適呢？

首先，要在對方情緒高漲時說。人的情緒有高潮期，也有低潮期。如果當人的情緒處於低潮，他的思維就顯現出封閉狀態，心理具有逆反性。這時，即使是最要好的朋友讚頌他，他也可能不予理睬。

而當人的情緒高漲時，他的思維和心理狀態與處於低潮期正好相反。此時，他比以往任何時候都心情愉快，說話和顏悅色，寬宏大量，能接受別人對他的請求，能原諒一般人的過錯，也不過於計較對方的言辭，同時，待人也比較溫和、謙虛，較能聽進一些意見。因此，厚黑學認為在對方情緒高漲時，正是我們與其談話的好機會，切莫坐失良機，如果條件允許，還應主動創造這種機會，盡量提振對方的情緒，使對方心情愉快。

其次，是在對方喜事臨門時說。也就是在令人高興、愉快、振奮的事情降臨之時，與對方交流，以達到難言妙說之目的。如：對方在職位上晉升時；在科研上攻克難關、取得重大成果時；工作中成績突出，受到獎勵時；經濟上得到收益時；找到稱心伴侶、婚嫁或遠方親人來探望時，等等。常言道：「精神愉快好辦事」，在喜事降臨對方時，你找他交談，他一定會不計前嫌，而且會認為是對他成績的肯定、喜事的祝賀、人格的敬重，從而也就樂意為你效勞，這樣「投其所好媚人心」的威力就可以淋漓盡致地發揮出來。

**【宗吾真言】說話看「火候」，這裡的火候是指時機，是說雙方在能談得開、說得攏的時候，對方願意接受的時候。可是，「火候」不僅要看要等，還要善於創造和把握。**

宗吾認為，對於一些「投其所好媚人心」的說話高手來講，即使對方正處於十分懊惱或不快之時，同樣可以「開口」，而且只是在旁邊說了幾句得體的美言，便使對方雲開霧散。

例如，解縉有一次與朱元璋在金水河釣魚，整整釣了一個上午一無所獲。身為皇帝的朱元璋十分懊喪，就讓解縉寫詩記述這件事。沒釣到魚已是夠掃興了，這詩怎麼寫？解縉不愧為才子，稍加思索信口念道：「數尺綸絲入水中，金鉤拋去永無蹤，凡魚不敢朝天子，萬歲君王只釣龍。」

朱元璋一聽，龍顏大悅，剛才的懊喪一掃而光，這就是「投其所好媚人心」的妙處。

還有南朝宋文帝在天泉池釣魚，垂釣半天同樣沒有任何收穫，心中也不免有些惆悵。王景見狀便說：「這實在是因為釣魚人太清廉了，所以釣不著貪圖誘餌的魚。」一句話說得宋文帝拿起空杆高高興興地回宮了。

反之，即便是一個非常高興的場合，或對方情緒很高的時候，幾句話就會使大家掃了雅興。比如，有這樣一則笑話：有一個不會說話的人，很多人都厭惡他，為此他的父親不准他出門。時間一長，他忍耐不住，就懇求父親，讓他外出去轉轉，並且保證不再多說話。他的父親看他說得誠懇，就同意了他的請求。這天，正好趕上他父親的一位友人，為兒子的生日大擺筵席，於是，他父親就讓他代為赴宴，出門前他父親反覆叮囑，不要多說話，以免別人討厭。席間，他謹遵父親教誨，一語不發。瞭解他的人都感到非常奇怪，就問是什麼原因，他說：「平時，大家都說我不會說話，容易得罪人，今天我一言未發，看你們明天兒子死了還能怪誰？」這位友人聽後大怒，命人把這位老兄亂棒打出。

又比如，唐朝時的孟浩然，早年就顯示出過人的才華，而且名傳京師，他也很想在政壇上一展身手。孟浩然與王維是好朋友，王維利用自己的關係巧妙安排，在自己內署值班時約孟浩然入內閒談，恰遇玄宗駕臨。玄宗久聞孟浩然的大名，當下便讓他朗誦幾首自己的詩作。孟浩然誦了一首《歲暮歸南山》：「北闕休上書，南山歸敝廬，不才明主棄，多病故人疏。白髮催年老，青陽逐歲除，永懷愁不寐，松月上窗虛。」

唐明皇聽到「不才明主棄」一句後，非常不滿，就說：「你不是『不才』我也不是什麼『明主』，是你自己不來見我，我什麼地方嫌棄了你呢？」第二天當有人向皇帝推薦孟浩然時，唐玄宗仍念念不忘「不才」「明主」之說，以為孟浩然是在諷刺他不分賢愚，埋沒人才，遂對推舉者說：「還是成全他的志向，讓他『歸南山』去吧！」

就這樣，孟浩然不但沒得到什麼官做，還惹怒了龍顏。孟浩然是個明白人，他知道這一下子仕途更加無望了。「當路誰想假，知音世所稀，只應守寂寞，還掩故園扉。」於是告別友人，離開長安回到故鄉過起了隱居生活。

在宗吾看來，像這兩個例子，就不是火候到不到的問題了，而是他們根本不會看火候，他們完全有機會說話，但就是說得讓別人反感，「自尋晦氣」也就怪不得別人了。

## 厚黑口才 四 演技高明，言語得體

■「人而無禮，不知其可」，粗俗的言行與得體的禮貌，在「投其所好媚人心」中將產生截然不同的效果。

古人說：「人無禮則不生，事無禮則不成，國無禮則不寧。」粗俗的言行與得體的禮貌，在說話中會產生截然不同的效果。在三國時，袁紹謀士許攸投奔曹操後，向曹操獻了一計，致使袁紹失敗，他自恃功高，在曹操欲進冀城城門時，這位仁兄來了一句：「阿瞞，汝不得我，焉得入此門。」一過了幾天，許褚騎馬入東門，許攸再次以「汝等無我安得入此門」時，被許褚怒而殺之。許褚在將其人頭獻給曹操時，說了一句話：「許攸無禮，某殺之矣！」因此，如果不能「演技高明，言語得體」，還是少開口為妙。

**【宗吾真言】 謙恭有禮在說話中，首先表現在打招呼上。和別人打交道，總是以稱呼開頭，它好像是一個見面禮，又好像是進入社交大門的通行證。稱呼得體，可使對方感到親切，交談便有了基礎。**

在宗吾看來，在運用「投其所好媚人心」這一厚黑口才時，一定要表現出謙恭有禮以打開說話的局面。具體而言，就是要稱呼得體，以避免引起對方的不快甚至惱怒，雙方陷入尷尬境地。那麼，怎樣稱呼才算得體呢？

一是要考慮對方的年齡。見到長者，一定要呼尊稱。比如：「老伯」、「老太太」、「大叔」、「阿姨」、「老先生」及「您老」等，不宜隨便喊：「喂」，否則，會使人討厭。另外，還需看年齡稱呼人，要力求準確，否則會鬧笑話。比如，看到一位二十多歲的婦女就稱「大嫂」，可是實際上人家還沒結婚。

二是要考慮對方的身分。有位大學生有一次到老師家裡請教問題，不巧老師不在家，他的太太開門迎接，當時不知稱呼什麼為好，脫口說了聲「師母」。老師太太感到很難為情，這位學生也意識到似乎有些不妥，因為她也不過這位學生大十多歲。遇到這種情況該怎麼稱呼呢？按身分，老師的太太，當然應稱呼「師母」，但這是舊稱，對方因年齡關係可能不願接受。最好的辦法就是稱呼「老師」，不管她是什麼職業，稱呼其為老師都含有尊敬對方和謙遜的意思。

三是要考慮自己與對方之間的親疏關係。比如，和你的哥兒們、同學、老朋友見面時，還是直呼其名更顯得親密無間，無拘無束，否則，見面後一本正經地冠以、「班長」、「小姐」之類的稱呼，反倒顯得見外、疏遠了。當然，為了打趣開個玩笑，故作「正經」也是可以的。特別是在與多人同時打招呼時，更要注意親疏遠近和主次關係。一般來說以先長後幼、先上後下、先女後男、先疏後親為宜。在外交場合，宴請外賓時，這種稱呼先後有序更為重要。

總之，在宗吾看來，只要注意到了以上幾個「稱呼」方面的問題，你就會因為懂禮貌而成了一個受歡迎的人，進而就可以為你的「投其所好媚人心」打開了一個良好的局面。

**【宗吾真言】「演技高明，言語得體」還體現在說話到位，能說到點上。同時，講究說話的分寸和注意自己的身分，也就是知道什麼話是自己該講的，什麼話是自己不該講的，應講到什麼程度為宜。**

宗吾看來，要做到「演技高明，言語得體」，有兩點需要注意：一是說話要到位，說不到位，說不到點子上，別人可能琢磨不出你的真實用意，你提出的想法或要求也不會被人重視和接受，還常常不被人瞧得起。二是話說得太過頭不行，要求太高，讓人聽了不愉快，覺得你不識大體，不懂規矩，不知好歹，這樣的人常常被人敬而遠之，也同樣無法與人正常交往。

首先，無論採用哪種方法與人交流，都是在以一定的身分向別人表達自己的思想感情。要想達到「投其所好媚人心」的效果，除了要有對象意識外，還要有自我身分意識，就是說話要得體，言語形式的選擇要符合自己的身分，保持自我本色。

其次，自我介紹是說話時經常遇到的，由於目的、要求不同，自我介紹的繁簡分寸也應有所區別。在有些情況下，自我介紹的內容很簡單，只要講清姓名、身分、目的即可。

在另外一些情況下，自我介紹的內容就需要較詳盡了，不僅要講清姓名、身分、目的、要求，還要介紹自己的經歷、學歷、資歷、專長、興趣等等。為了取得對方信任，有時還得講一些具體事例。近幾年來，許多企業實行租賃，公開招標。投標者要做的第一件事就是向招標單位的負責人做詳盡的自我介紹。什麼情況下做簡單的自我介紹，什麼情況下做詳細的自我介紹，這沒有定規，只能視具體情況而定。

第三，樸實無華的語言最能打動人心，一定要防止夸夸其談。因為，語言的樸素美來自平日的處事態度，話如其人，言為心聲。如果你平時為人處世質樸真誠，而你說話表現扭捏做作，那麼大家就會認為你這個人虛假。古語說：「其行也正，其言也質」，大家都以這種眼光來衡量一個人，自然要表現出真誠的態度，用語言樸素美為前提。語言的樸素美貴在保持個性，該怎麼表達就怎麼表達，或嚴肅，或幽默，或直率，或調侃，或委婉，都能得到大家的接受。如果開口「當然」，閉口「絕對」，武斷得驚人，這樣，別人就無話可說了。

難怪有人說，武斷是交談的毒藥，誰也不願和武斷的人多談幾句的。即使同一個詞，修飾後也有程度的差別，如「一切」、「根本」、「多數」、「一些」、「凡是」，要根據實際來選擇，萬萬不能掉以輕心。把「部分」說成「一切」，把「可能」說成「肯定」，實際上是一種「虛張聲勢」，最終都會碰釘子，使自己陷入被動。

第四，人們歷來都把說真話當成一種美德，所以，寧願多說空話、套話，也不要說假話。早在《韓非子．外諸說左上》中就有關於曾子教妻的故事，一直歷久不衰。曾子把妻子開玩笑說的話付諸行動，將豬殺了，讓孩子相信母親的諾言。曾子的妻子未必是有意欺騙孩子，曾子雖近乎愚拙，但是他堅持了一種最可貴的精神，不讓妻子說假話，不讓孩子學假話。

因此，厚黑學認為，說話如果讓人感到不可信，那麼它的效果也就無從談起了。當然，從長遠的角度考慮來說，空話、套話也是少說為妙，因為空話就像吹肥皂泡，被吹出來的肥皂泡在陽光下閃耀著色彩豔麗的光澤，實為美妙。但是，隨著五彩泡泡的不斷升高，接著一個接一個紛紛破碎了。所以空話只能偶爾在無關痛癢的時候說一下來糊弄對方，切不可空話不離嘴，那樣遲早會讓人覺得生厭無味。

# 厚黑口才 五 順毛扶驢，強驢上套

■ 愛撫寵物最基本的方法就是順著牠的毛輕撫，每當主人有這個動作時，牠們往往會眯起眼睛，並發出滿足的叫聲。人，也是一樣，喜歡順著說。

厚黑行世者，會遇到形形色色不同的人。如果對方是一頭強驢，這時對運用「投其所好媚人心」的辦法來實現自己目的的人就提出很高的要求，因為，弄不好拍馬屁可能拍到馬蹄子上，輕者不起任何效果，重者可能還會被踢傷。宗吾認為，這種強驢並不難對付，只要針對性地多下點功夫，終究會使「強驢上套」。

**【宗吾真言】 厚黑行世時還有一種給「強驢上套」的方法，就是激將之法，讓別人心甘情願地為你辦事。俗話說：「水激石則鳴，人激志則宏。」這種以激燃自尊火花為目標的遊說藝術，往往能在短時間內激發巨大的動力。**

在宗吾看來，每個人都有自尊心、榮譽心，但有時由於某種原因，這種自尊心、榮譽心受到了自我壓抑，此時開導與說服往往不能使之振奮。如果有意識地運用刺激性語言「將」他一軍，便會使其自尊心從自我壓抑下解脫出來，產生新的興奮。這種方法對付性格倔強的人，特別有效。

激將法在歷史上，被廣泛地運用於軍事爭鬥中。例如，唐天佑年間，叛臣朱溫用計誘騙五路兵馬反對駐守太原的晉王李克用。叛軍中有一猛將高思繼異常勇猛，善用飛刀，百步取人。後來被晉王李克用的十三太保李存孝生擒。本意留他在帳前聽用，但高思繼卻執意要回山東老家過田園生活以為改惡從善。後來李存孝被奸臣康君立、李存信所害。朱溫聞李存孝已死，又發兵來犯，帳前王彥章不僅勇猛蓋世，且智謀過人，晉王將士聞風喪膽，畏敵如虎。晉王長子李嗣源說道：「昔日降將高思繼閒居山東，何不請他迎敵。」晉王聞言大喜，遂命李嗣源前往山東求將。

李嗣源來到山東農村，直奔高家莊尋高思繼。提起前事，高思繼說道：「自勇南公存孝擒我，饒了性命，回到老家，『苦身三頃地』與世無爭，今已數年，早把兵家爭戰之事置之身外。今日相見，別談這些。」

李嗣源心想，自古「文官言之，武將激之」。對高將軍好言相求，難以收效，必須巧用激將之法。於是，編出一通謊言，說道：「天下王侯，各鎮諸侯，皆聞將軍之名，如雷貫耳，稱羨不已。我與王彥章交兵被他趕下陣來，我對王彥章說：今來趕我，不足為奇。你如是好漢，且暫時停戰，我知道山東渾鐵槍白馬高思繼，蓋世英傑，有萬夫不當之勇，待我請來，與你對敵。王彥章見我陣前誇耀將軍，忿然大叫：『就此停戰，待你去請他來，不來便罷，若到我這寶雞山來，看我不把他剁成肉醬！』」高思繼經此一說，不禁激得心頭起火，口中生煙，大叫家丁：「快備白龍馬來，待我去生擒此賊！」遂披掛上馬，辭家出山，望寶雞山飛馳而去。

在宗吾看來，高思繼本來已經看破紅塵，決心棄武從耕。李家雖對他有再生之恩，但正面動員他出山，重返軍旅時，他卻以自己「與世無爭」加以拒絕。然而，當李嗣源藉用謊言激他時，他卻毅然披掛上馬，重返戰場。可見，這種激將起興就是一種變相的「投其所好媚人心」。

**【宗吾真言】如果你的想法從根本上講與對方的心意背道而馳，而對方又是一個「強驢」，這時你絕不能說出真實的目的，「強驢」發起脾氣來，吃不完是要兜著走的。你必須隱藏真正目的，讓對方不知不覺為你出力。**

宗吾認為，只要你能把真實目的偽裝起來，而且偽裝成對方非常想達到的一個目標，這時對方就會在不知不覺中上了「套」。

例如，皇帝身邊如果有奸人，國家大事會常被他們干擾。要整肅國政的話，就必須清除這些奸人，這叫「清君側」。但是，社鼠城狐是不容易清除的，因為老鼠可以憑恃社神的威靈，狐狸可以借助城垣的保護。瓷盤上蹲一隻耗子，你敢輕易去撲打嗎？這叫「投鼠忌器」。如果直接提出讓皇帝趕走他身邊最信賴的人不但不會成功，而且還可能會招來殺身之禍。

宋真宗時的王欽若是有名的奸相，為人陰險奸詐，而又善於逢迎獻媚，深得真宗信任。他常常在真宗面前進讒言，中傷其他正直的人士。而被中傷者卻為他的假心假意所蒙蔽，多數不知自己已被他所中傷。

契丹進逼時，王欽若藉口局勢危急，力勸宋真宗向江南逃跑，到他的老家去建立小朝廷。寇準以其驚人的膽識和指揮若定的雄才，堅決挫敗了王欽若的逃跑主義，簇擁真宗親征，直抵前線。由於王欽若也跟隨真宗到了前線，仍舊在真宗面前叨咕這，叨咕那，事事掣肘寇準，干擾他抗擊契丹的軍國大計。寇準一直在找機會，想把王欽若這個奸相從真宗身邊趕走，以清君側。

有一天，真宗正在為人事安排發愁。他對寇準說：「現在，契丹直逼城下，天雄軍被隔絕在敵後。天雄軍若有不測，河朔全境便會淪入敵手。你看，該讓誰去鎮守天雄軍呢？」

寇準回答說：「當前這種形勢下，沒有什麼妙計可施。古人說，智將不如福將。參知政事王欽若仕途順利，長得白白胖胖，真是福星高照。讓這樣一位有名的福將去鎮守天雄軍的話，定會吉人天相，可保萬無一失。」

真宗歷來看重王欽若，今天難得寇準也這樣看重他，心中特別高興，便欣然同意寇準的意見，命令寇準草擬詔書，通知王欽若上任。當寇準把真宗的旨意傳達給王欽若時，王欽若嚇得臉色慘白，說不出話來。他原本是個膽小鬼，只會溜鬚拍馬，挑撥離間，哪有深入敵後去固守孤城的本領？此去準是白白送死。

寇準見他可憐兮兮的模樣，便對他說：「國家危急，皇上親自掛帥出征，你是皇帝一貫倚重的執政大臣，現在正宜體貼皇上心意，為國效力。」並說：「護送你上任的部隊已經集合待命，皇上指示免去了上朝告辭的禮節，讓你馬上出發，不可耽誤軍機。」說罷，舉杯為王欽若餞行，祝他早日奏凱歸來。

王欽若沒法，只得硬著頭皮到天雄軍去上任。他來到駐地一看，田野全是契丹兵，王欽若哪有退敵良謀？只好堵死城門，固守待斃。

在宗吾看來，寇準所為正應了「為公事，愈心黑，愈偉大」之說，他透過「投其所好媚人心」的厚黑口才，趕走了王欽若，上下齊心，一致對敵，迫使契丹退兵求和，天雄軍也因契丹撤軍而得以解圍，解除了宋朝開國以來最大的一次軍事危機。

## 厚黑口才 六 滿足虛榮，留足面子

■樹有皮，人有臉，人人都有自尊心、虛榮心，當這些需要得到滿足時，便會產生愉快的心情，同時也使人放鬆戒備。

對中國人來講，人生在世，「面子」是一件頂重要的事情。世人動輒就說「寧可站著死，不可跪著生」，聽起來感覺很注重尊嚴，其實與氣節根本沒有關係，只有個「面子」問題。俗話說「大人有大臉，小人有小臉，老母豬還有個長瓜臉」。所以在宗吾看來，你說話時只要給足對方面子，對方就會認為這是最大的「捧場」，而如果你不給面子，對方就會認為你是在「拆台」。所以，在面子問題上，厚黑行世者一定要留下足夠的迴旋餘地。

**【宗吾真言】「哪壺不開提哪壺」的說話方式是愚蠢的，揭人「瘡疤」造成的傷害是雙方的。常言道，不看僧面看佛面，盡量不要把事做絕了。更何況多個朋友多條路，少個冤家少堵牆！**

宗吾認為，並不是有求於人時才讓對方非常有「面子」，不求人時，對人說話就不留面子。比如，恭維女人，是不是只有漂亮的女人或你要追求的女人，才值得恭維？這就大錯特錯了，要記住

「事不能做絕，話不能說絕」的古訓！

可是，如果碰到一個相貌平平的女性，如何恭維？如果直接說她長得不怎麼樣，一定會傷了她的自尊心。如果硬著頭皮把對方說成貌如天仙，也同樣會傷了她的自尊心。是不是沒有辦法了？眾所周知，每個女人都有自己的特質，也就是別的女性所沒有的特徵，包括生活經歷、家庭環境、教育層次、性情氣質等。因而，每個女人所關心的內容和重點也不一樣，完全可以根據不同的女人需要，採用不同的稱讚和誇獎方式。

我們可以從她的修養上找話題，一個擁有好的修養的女性，雖然外表不能打動我們，但是隨著時間的推移，她的魅力會愈來愈大。這種女性的吸引力是內在的。因此，對一個從不愛說話的女孩可以說：「妳是我們這裡最文靜的女孩。」對一個總愛說話的女孩可以說：「妳是我們這裡最活潑可愛的女孩。」

善解人意也是女人征服男人的技巧與本能，它使男人感到一種溫暖，也是不漂亮的女人比較自豪的方面之一。當一位女性為你端上一杯熱茶時，你千萬別忘了誇她一句：「妳真善解人意！」

現代社會女性的參與意識愈來愈強。而且，愈是相貌平平的女性，在這方面的要求愈是強烈。因此，讚美其事業心強是對這種女人最好的吹捧。對一位剛剛向上司提過意見的女性可以說：「妳的意見是我們大家的意見。我很欣賞妳的勇氣。」對一位從不願意做出頭鳥的女性可以說：「我真佩服妳的處世方式，沉穩得很，別看妳這麼年輕，但是看問題卻很有見地。」

因此，在宗吾看來，只要懂得給對方留「面子」，就一定會不自覺地尋找對方的優點來加以讚美，這就很容易使你的「投其所好媚人心」說到點子上。

**【宗吾真言】「滿足虛榮，留足面子」這一厚黑口才，還有一個重要運用方面，就是利用對方好「面子」的心理，讓對方感到由於抹不開面子，不得不被牽著鼻子走，這樣可以巧妙地使對方接受自己的意見。**

宗吾認為，「抹不開面子」是世人普遍的一個心理弱點，厚黑行世者要抓住這個弱點，來發揮「投其所好媚人心」的威力。

例如，一位老師在路過學校操場時，發現前兩天幫忙搬運實驗器材的那幾位同學，正拿著一枚實驗室的凸透鏡在陽光下做「聚焦」實驗。他心想，他們一定是在搬遷時趁人不備拿了一枚，實驗室正好丟了一枚。正在這時，這幾個同學發覺了他，於是這位老師上前說：「喲，這透鏡找到了！謝謝你們！昨天我到實驗室準備實驗，發現少了一枚透鏡，我想大概是搬遷過程中丟失了，我沿途找了好幾遍都未能找到，謝謝你們幫我找到了這枚透鏡。」這幾位原以為會挨一頓臭罵的同學輕鬆地點了點頭。

宗吾認為，這種利用對方抹不開面子的方法，使對方屈服，又可以擺脫尷尬，的確是一個兩全其美之法。此外，利用這種方法，不僅可以擺脫尷尬，同樣也可以使雙方達成共識，促成交易。

例如：有一位顧客決定買一輛新車，於是他開著原來的舊車來到車行選購。車行老闆替這位顧客打開車門後說：「哦，先生，我認為您開的這輛車，是我見到過的二手車子中最好的一輛，真夠漂亮的！」

因此顧客聽老闆說車漂亮，立刻表示感謝，並且告訴老闆說自己也十分欣賞這輛車。車行老闆接著說：「這樣吧！讓我把估價員叫來，看看我們能給您這輛好車付多少錢。如果這輛車的機器也像外表一樣好的話，今天就可以作成貼舊換新的交易，包您滿意。」他找來了估價員，一起跨進車子，開走了。當他們回到停車場後，車行經理再次重複說：「某某先生，這確實是一輛好車。機器的情況比外觀更好。」

經理接著又說：「請不要誤會，我很高興您來到這裡，但我又有點兒好奇：您為什麼在這個時候要把這麼漂亮的一輛好車換掉？」其實，他心裡非常清楚對方打算換一輛汽車一定有他自己的道理。

顧客說：「老實對你說，大約再過三星期，我們要在密西西比州舉行一次家人聚會，我想如果能開一輛凱迪拉克汽車去那裡，就太好了。」

車行老闆馬上表示此舉會使他在那次聚會中非常有面子，並開始計算，幾分鐘後他抬頭望著顧客，以激動的聲調說：「X先生，報告您一個好消息，由於您那輛車的狀況良好，與眾不同，您只要再付七三八五〇元就可以換一輛新的凱迪拉克了。」

儘管這位顧客感到像挨了刀一樣，但是由於已經扯不開面子拒絕，於是，只好順從地接受了這筆交易。

總之，在宗吾看來，「滿足虛榮，留足面子」在「投其所好媚人心」中具有無法替代的作用。正如上述車行老闆那樣，對顧客那輛車的任何攻擊，就是對顧客個人的攻擊。因為攻擊一項購貨，就等於攻擊了購貨者，攻擊了他的判斷力。反之，稱讚這輛舊車就是吹捧對方的判斷能力，這樣就使「投其所好媚人心」的威力得以充分發揮。

# 厚黑口才 七 對症下藥，激起共鳴

■世上千人千面，除去民族和地域的差異外，又有七十二行、三教九流，如果見人說話一律點頭哈腰，就不算是「投其所好媚人心」了。

人常說到什麼地唱什麼歌，見什麼人說什麼話。運用「投其所好媚人心」一定要講究對象。社會上的各種人，具有不同的年齡、性別、性格、脾氣等等，他們各有不同的思想認知。各人所處的地位不同，對同一事物的理解是有差異的，「投其所好媚人心」的分寸也就要根據各種人的地位、身分、文化程度、語言習慣來做不同的處理。這就是「對症下藥，激發共鳴」，可以為行世打下良好的基礎。

**【宗吾真言】　「投其所好媚人心」的實質就是說話要有的放矢，其關鍵在於摸透對方內心的想法。比如，多方面搜集資訊，歸納出對方心裡的想法，再選擇一個主要話題，並圍繞這個話題做好充分準備，以便隨機應變，投其所好。**

宗吾認為，在運用「投其所好媚人心」之前，如果可能找一些人為你提供些內部消息，如對方屬於什麼性格的人，有什麼志趣愛好或特長，尤其是有沒有什麼癖好或嗜好，以及文化層次、氣質修養等細枝末節，都要盡可能地採聽到。從這些方面放手摸透對方內心想法，以便使「投其所好媚人心」這一招正中下懷。

比如，男孩子在第一次去拜訪女方父母之前，除了要準備一份適當的禮物之外，還要準備好一份好的說辭。這份說辭的好壞就取決於能否摸準未來岳父、岳母的心理。

宗吾認為，要摸準對方的心理，一個有效的方法就是能站在對方立場思考問題。比如，站在女方父母的立場上，他們或許對未來女婿的外貌、家庭背景不做過高的要求和挑剔，卻對學歷及事業上有沒有發展前途比較關注。如果你摸準了對方的心理，在說話過程中，多方面表現你的確有雄心壯志並確實在努力著，那麼他們就會認定你是可造之材，對你未來的前途充滿信心，把女兒託付給你，他們也就放心了。

如果你已經摸準了對方的心理，但一時無法滿足對方的期望，這時如何投其所好呢？可以採取旁敲側擊和暗示的方式來表白，而不直接回答對方。比如，有些父母比較愛慕虛榮，他們對男子有沒有才華不大苛求，卻對有無錢財非常關心。若你沒有雄厚的財力，你在言談上旁敲側擊地進行規勸，並暗示出你現在雖沒有錢財但日後說不定會財源滾滾，讓他們對你未來的經濟實力充滿憧憬，再加上你很年輕，說不定真還致富有門。

可是，假如對方的心願非常容易滿足，你就千萬不要放棄機會，一定要使用全身本領，來一番正中下懷式的表白，以達到「完勝」的效果。比如，有些家長知足常樂，對什麼都不做刻意追求，對女婿也一樣，只要他有健康的身體，純正的心地就行了。把女兒嫁給他，只要他能做個好丈夫就可以使這樣的父母滿意。對於這種類型的父母，你就可以在初次拜訪時用足夠的語言去表達你如何愛他們的女兒，將來也一定會好好愛護、照顧他們的女兒，使他們無後顧之憂就足夠了。

**【宗吾真言】「投其所好媚人心」應針對對方的特點。在對方諸多特點中，其性格特點是最重要的考慮因素。因為，「性格決定人生」，其性格特點是和其身分、地位、行為方法直接相關的，因此應成為「對症下藥」的重點。**

在宗吾看來，不同性格特徵的人，彼此在思想、觀念、習慣、風俗等方面都有區別，對說話者言辭的接受，會有所不同。因此，說話一定要「看人下菜碟」，當然這裡不是指對待人的待遇有高低之分，而是根據不同人的性格特點，採取不同的形式。也就是說，不能不看對象，一副直腸子，一根筋捧到底。

例如《三國演義》中，馬超攻打葭萌關的時候，諸葛亮本想讓張飛出戰，但根據張飛的性格，當張飛主動討戰時，卻又故意不讓其出戰，並對劉備說：「馬超智勇雙全，無人可敵，除非往荊州令關雲長來，方可降敵。」張飛一聽，大為不滿，說：「軍師為什麼小瞧我，我曾單獨抗拒曹操百萬大軍，難道害怕馬超這個匹夫？」結果，張飛立下軍令狀，出戰後與馬超戰了二百多回合，雖未分勝敗，但已為諸葛亮降馬超立了頭功。

諸葛亮之所以要激張飛，就是因張飛性格魯莽、脾氣暴躁，容易吃酒誤事，所以用立軍令狀的辦法激發他的鬥志，掃除輕敵思想。

當馬超歸降之後，關羽因心高氣傲，提出非要與馬超比試一番不可。但同是自家人，二虎相爭必有一傷，為了不使傷了和氣，諸葛亮專程給關羽寫了一封信，說：「我聽說二將軍想與馬超比武，依我看來大可不必，馬超雖英勇過人，但只能與翼德將軍並驅齊名，怎麼能與你『美髯公』相提並論呢？再說將軍擔當鎮守荊州的重任，如你離開，荊州有失，就得不償失了，所以二將軍還是不比為好。」幾句話把關羽捧得樂呵呵，笑著說：「還是軍師知道我呀。」並將書信給賓客們看，非常得意地打消了比武的念頭。

又比如，曹操的父親被徐州陶謙的部下所殺，曹操一心要報殺父之仇，東征徐州，部下陳宮叛變，呂布趁機佔了兗州。可是，曹操卻未能打下徐州，只得急忙趕回，和呂布在濮陽打了幾仗，又屢戰屢敗。於是，袁紹趁機派人來對曹操說，想跟他聯合，讓他把家屬安頓到鄴城去。曹操當時剛失了兗州，軍糧也沒了，加上蝗蟲又來湊熱鬧，曹軍連野菜都難得，一向英雄豪氣的曹操，這時也不免沮喪，打算接受袁紹的建議。

程昱聽說了這件事，馬上求見曹操，冷靜地說：「我想您是對目前的困難感到懼怕了，要不然，怎麼會不往深裡想呢！袁紹佔據了相當於古代燕國、趙國的地盤，有兼併天下的野心，然而他的智謀不足以成大事。您自己想想看，能甘居他之下嗎？您以蛟龍猛虎般的威勢，能夠去做韓信、彭越那樣的蠢事嗎？秦朝末年的田橫，是齊國的貴族，兄弟三人輪著稱王，佔據方圓千里的地方，擁有上百萬人口，與其他諸侯一樣，面南而坐，受人禮拜。後來漢高祖享有天下，而田橫反要被俘當奴隸了，當這個時候，田橫怎能忍受得了呢？」

程昱的話在曹操心裡引起巨大的迴盪，於是，他接著說：「我程昱很蠢，不識大體，以為您的志向不如田橫。田橫不過是齊國的一位勇士，尚且羞於做高祖的臣子。現在聽說您要派家屬到鄴城去，您反而不羞於做袁紹的臣子。可是，我都從內心裡替您感到害臊啦……」

曹操經程昱這麼一激，心裡便已轉了念頭，決定與眾將官一起努力，重整旗鼓，度過難關，共圖霸業。

在宗吾看來，從性格上講曹操不愧為一代梟雄和豪傑，程昱正是利用這一點，徹底打消了他與袁紹聯和的念頭，並再次激發起他的鬥志。由此可見，分析清楚對方性格特點，可以使「投其所好媚人心」收到事半功倍之效。

**【宗吾真言】凡是有興趣愛好的人，當你談起有關他的愛好這方面的事情來，對方都會興致盎然。同時，對你無形中也會產生好感。因此，如果你能從此著手，發現對方特殊愛好，就會為「對症下藥」打下良好的基礎。**

宗吾認為，一定要考慮對方興趣愛好上的差異。一旦你發現對方的特殊愛好，就等於打開了「投其所好媚人心」的大門，剩下的事就是投其所好，對症下藥了！

段芝貴是安徽合肥人，他畢業於北洋武備學堂。袁世凱編練新軍時，段芝貴加入了新軍。當時袁世凱掌握著新軍大權，清政府對他十分器重。段芝貴想跟著袁世凱，既非同鄉，又無親無故，苦於沒有門路。

一天，段芝貴在天津一家酒樓中無意間遇上阮忠樞，兩人臭味相投。這個阮忠樞是袁世凱的總文書，對袁世凱的愛好自然十分清楚。於是，阮忠樞偷偷地說：「袁平生最大的嗜好就是貪女色，只要有長得漂亮的，他都要想盡辦法弄到手。聽說咱天津某一個戲班裡有個叫劉芳的女子，長得天生麗質，袁也知此女，就是不好明娶，你若能促成此事，他定會提拔你。」

段芝貴告別阮忠樞後，馬上趕到這家戲班打聽，對方說確有劉芳此人。第二天，段芝貴就從家裡攜帶了五萬多兩白銀到戲班，對領班說自己兄弟幾人，沒有妹妹，老母親非常想有一個女兒，想得快瘋了。領班很是同情，當下雙方達成協定，由段芝貴出五萬兩白銀，讓劉芳認段芝貴為乾妹妹，並把她帶回段家。

自從把劉芳帶回家中，段芝貴請了很多「名師」指點她，把她打扮得更加動人，然後透過阮忠樞的牽線，又花了六萬兩銀子在一個夜裡送進了袁世凱的宅中。

袁世凱心想事成，不出兩天，即任命段芝貴為營務處提調，管理所有新軍的調動。段芝貴對袁十分感激，跑到袁世凱家中，一跪到地，並稱：「生我者父母，恩公對我比父母還親，您老就是我爹！請受小兒一拜！」

袁世凱竊取了辛亥革命成果後，決心恢復封建帝制。恢復帝制是違背民意的行為，袁世凱十分清楚這一點，南方的革命黨人正在竭力反對袁世凱稱帝，並對袁的帝制活動大加討伐。然而，「御兒子乾殿下」段芝貴卻把恢復帝制作為向袁拍馬的良機，並別出心裁，想了個絕招。當時，「籌安會」在北京策劃成立「全國公民請願團」，致電擁護袁世凱恢復帝制，以表示「眾望所歸」，上街遊行，高呼口號，以博袁世凱歡心。由於他懂得袁世凱的心思，因此袁對他十分賞識，袁稱帝後，段芝貴如願以償地當上親王。

在宗吾看來，像段芝貴這種厚顏無恥的行徑，他的下場是可想而知的，但是，他的「投其所好媚人心」的難言妙說厚黑技巧卻可以給人很多啟示。

## 厚黑口才 八 屈尊降貴，自貶聲譽

■ 透過吹捧對方，可以達到滿足其虛榮心的目的；透過貶低自己，同樣可以達到目的，而且往往有意想不到的效果……

宗吾認為，運用好「投其所好媚人心」的技巧，必要時要「屈尊降貴，自貶聲譽」，這樣才能反襯出對方的高大，由此一來，再想在語言上打動他就不是什麼難事了。這是一種變相的吹捧和恭維，但必須有點「自甘墮落」的精神才可以使用。厚黑行事者信奉的就「無行到了極點，便可以無法無天」的信條，他們運用這個厚黑口才就再合適不過了。

**【宗吾真言】　「假輿馬者，非利足也，而致千里；假舟楫者，非能水也，而絕江河。君子生非異也，善假於物也」。同樣，善假於人者，則可以展宏圖，「屈尊降貴，自貶聲譽」可以從中得到啟發。一旦身分高貴的人屈尊求下人為他辦事，一般是不會被拒絕的。**

在宗吾看來，上司的屈尊降貴會使下屬甘心效死。三國中的劉備，要算是善假於人的典範，這也是他能成大業的訣竅。

在前半生，劉備的勇不如人，常用關、張、趙自輔，而他們也發揮了不小的作用；但智不如人，卻致使其人生走到了窮途末路。也正是在這個時候，劉備領悟了一個道理：決策人才是創業的關鍵。他思賢若渴，終於招來了徐庶；徐庶走了之後，三顧茅廬請出了「萬古雲霄一羽毛」的諸葛亮。諸葛亮一來，劉備絕處逢生了。諸葛亮看準了曹、孫之間的尖銳衝突，助孫抗曹，卻趁機佔據了荊州，一下子就初步解決了劉備朝思暮想的問題——立足之地。劉備從此把權力全部交給諸葛亮，自己安心做一方之主。從赤壁之戰的前夕起，十多年的時間裡，他從不干擾諸葛亮的部署，總是對其千依百順。

劉備與諸葛亮的關係，在名分上是主與臣的關係，但是在各種政治與軍事的行動中，則是主為從，臣為主。曹操重視人才，尤其對郭嘉更是十分重視，郭嘉英年早逝，曹操每每想起還痛哭流涕，但郭嘉在世之時，曹操仍以下屬視之。而劉備對諸葛亮不只是重視，而且敬重，事之如師。在司馬遷筆下的劉邦，他對張良、陳平、韓信也沒有這樣的待遇。而三國中的劉備與諸葛亮，卻著實存在著這種特殊關係。

例如：當年東吳想用「美人計」陷害劉備，答應將孫權的妹妹嫁給劉備為妻，實則想藉招親之名扣留劉備為人質。諸葛亮將計就計，同意這門婚事，整個過程簡直把劉備「指揮」得團團轉。這次婚事由諸葛亮一手操持，劉備對這次的大冒險，本身是感到非常害怕，他對諸葛亮說：「周瑜定計欲害劉備，豈可以身入危險之地？」可是諸葛亮卻偏偏要他去，既不把預定的密謀告訴他，也不經過他同意，竟教孫乾往江南說合親事。劉備也只得懷著「不安」的心情出發前往。這時上下級的關係位置，簡直顛倒過來了。

宗吾認為，劉備表面上對諸葛亮依賴到了無以復加的地步。這種依賴，固然表示了智謀的不足，但是劉備之所以能做到這點，決定的因素還是由於他是一位厚黑大師，為了實現自己宏圖大志，不過是透過「屈尊降貴，自貶聲譽」厚臉的手段利用諸葛亮罷了。

**【宗吾真言】　厚黑求人者，為了達到貶低自己以抬高所求之人來獲取對方的好感的目的，必要時就必須「賣傻裝憨」，即使受到污辱，臉上也絕對看不出一絲一毫的不滿，甚至還要做出滿心歡喜的樣子。**

宗吾認為，這種「賣傻裝憨」的背後，其實是絕頂的聰明。歷史上有這種厚黑修為者往往能開創一番大事業。

安祿山在發起攻擊之前，用了整整十年時間來進行「賣傻裝憨」，可謂用心良苦。

安祿山故意裝出憨直、篤忠的樣子，贏得唐玄宗百般信任，對他毫不防備。西元七四三年，安祿山已任平盧節度使，入朝時玄宗常常接見他，並對他特別優待。他竟趁機上奏說：「去年營州一帶昆蟲大嚼莊稼，臣即焚香祝天：我如果操心不正，事君不忠，願使蟲食臣心；否則請趕快把蟲驅散。下臣祝告完畢，當即有大批大批的鳥兒從北飛下來，昆蟲無不斃命。這件事說明只要為臣的效忠，老天必然保佑。應該把它寫到史書上去。」

如此可笑的謊言，玄宗竟信以為真，並更加相信他憨直誠篤。安祿山是東北混血少數民族人，他常對玄宗表示：「臣仰蒙皇恩，得極榮寵，自愧愚蠢，不足勝任，只有以身為國家死，聊報皇恩。」玄宗甚喜。有一次正好皇太子在場，玄宗與安相見，安故意不拜，殿前侍監喝問：「祿山見殿下何故不拜？」安祿山假裝吃驚地問道：「殿下何稱？」玄宗微笑說：「殿下即皇太子。」安祿山復道：「臣不識朝廷禮儀，皇太子又是什麼官？」玄宗大笑說：「朕百年後，當將帝位託付，故叫太子。」安祿山這才裝作剛剛醒悟似的說：「愚臣只知有陛下，不知有皇太子，罪該萬死。」並向太子補拜，玄宗感其「樸誠」，大加讚美。

西元七四七年的一天，玄宗設宴。安祿山自請以胡旋舞呈獻。玄宗見其大腹便便竟能作舞，笑著問：「腹中有何東西，如此龐大。」

安祿山隨口答道：「只有赤心。」玄宗更高興，命他與貴妃兄妹結為異姓兄弟。安祿山竟厚著臉皮請求作貴妃的兒子。從此安祿山出入禁宮如同皇帝家裡人一般。楊貴妃與他打得火熱，玄宗更加寵信他，竟把天下一半的兵權交給他掌管。

安祿山的叛亂陰謀許多人都有察覺，一再向玄宗提出。但唐玄宗被安祿山「賣傻裝憨」所迷惑，將所有奏章看作是對安祿山的妒忌，對安祿山不僅不防，反而予以同情和憐惜，不斷施以恩寵，讓他由平盧節度使再兼范陽節度使等要職。

在宗吾看來，安祿山並不是一個真正有雄才大略的英雄，他後來的失敗就證明了這一點。然而，就是這樣一個目光短淺的無賴之徒，竟然把大唐皇帝打得潰退千里，也足見「賣傻裝憨」計謀的效力了。可見，在自己勢單力薄之時，用此法來得到別人的幫助亦能奏效。

**【宗吾真言】人表現得過於精明，過於完美，常常會帶來麻煩，特別是身為屬下，尤其如此。聰明人運用「投其所好媚人心時」有時要裝作糊塗，並表現出有人格的缺陷，這樣才能保全自己，達成目的。**

怎樣來表現自己的「不完美」呢？這也要因時而定，因人而定。如果上司是一個雄才大略的人，如果自己太笨，肯定是不會被重用的；但如果太聰明又可能犯忌，這時怎樣確定他到底喜歡哪種？宗吾認為，這時不妨聰明一些，但不可顯得過於精明，只要不「聰明反被聰明誤」就可以了。

人生活在社會中，面對的是紛繁多變的世界，與之打交道的是形形色色的人物，要想立身於世，不得不精明些。但是，精明技巧要因人因地而異，有時候就不能顯得太聰明。

善辯者不能信任，這已是很多人心中十分牢固的觀念。因此在談話時，一定要注意顧及別人心理，不要處處顯示自己的聰明。必要時不但要把自己的聰明歸於別人，而且要善於自損形象。要深悟「大智若愚」的道理，既顯示自己的謙遜，又不致使對方相形見絀。

世界上沒有不愛聽讚美話的人。這是由於人類內心深處的弱點所致。人活在世上，需要同情、關心、愛護和尊重，沒有這些，人類的心靈就會像沙漠一樣乾枯寂寞。

讚美別人，就是給予別人同情、關心和愛，就是對別人勞動和創造的尊重，因此，讚美對於人類心靈的重要性，猶如陽光和生命，同時亦可以透過這些來使別人更加賣力地工作。

學會讚美別人，會使你成為處處受歡迎的人，甚至能幫助你逢凶化吉。深諳讚美之道，能使你順利地消除與他人的隔閡，鏟平顧忌和疑慮，使你在成功路上減少障礙。

秦國有位難言妙說之士名叫中期。有一天他應召入宮，和秦王討論政事，結果秦王被駁得體無完膚。秦王大怒，心想：你怎能一點不顧全我這一國之君的臉面！

而中期卻不理不睬，緩緩走出宮去。秦王恨恨地說：「不殺你這賊子我誓不甘心！」

中期回去後便託一位朋友進宮對秦王說：「中期真是個粗人！剛才他是遇到聖明的君主了，大王您沒有責怪他。假如換了夏桀或商紂那樣的暴君，早把他殺了。我要向人們宣傳此事，讓大家都知道大王的豁達大度，禮賢下士。」

秦王頓覺飄飄然：「先生過獎了。中期的話是很有道理的，我還要獎賞他呢！」

在宗吾看來，中期的高明在於，原則上毫不讓步，但懂得在危險關頭如何設法，運用讚美之辭使自己逃避災禍。其實，愈是身居高位的人，愈需要別人的稱譽和讚美。因為身居高位，難免產生自高自大、唯我獨尊的心理，屬下的讚美就可滿足他的這種心理，而且還不至於使他感到寂寞孤獨。因此，學會對那些居於高位的人予以讚美，分擔他們那份沉重的孤獨，用你的愛心去關心和溫暖他那包裹著冰雪的心靈，他就會對你另眼看待，倍加重視。

## 厚黑口才 九 溜鬚找鬚，拍到點上

■「投其所好媚人心」之所以可以稱其為一種說話的藝術，一個重要的方面就在於其運用不是一件容易的事。如果捧不到點上，就不如不捧。

「投其所好媚人心」不能僅僅理解為就是「溜鬚拍馬」那麼簡單，運用中是非常講究技巧性的，否則拍馬拍不好就可能拍到「馬蹄子」上。法國作家大仲馬要到一家全國最大的書店瞭解售書情況。書店老闆知道這個消息後，決定為著名的作家做件讓他高興的事，在所有的書架上，他只擺放大仲馬的書。當大仲馬走進書店後見只有自己的書時，大吃一驚：「別的書在哪裡？」

「別的書？我們已經賣完了。」

顯然，這位書店老闆不會恭維，拍馬屁拍到了馬蹄上。可見，「溜鬚」要找到「鬚」，「拍馬」要找到「馬」，避免使雙方陷入難堪。

**【宗吾真言】世人都喜歡被人恭維，但是拍馬要拍到點上。根據「投其所好媚人心」的要求，必須按照不同人的不同特點，用不同的方式，講不同的恭維話。**

在宗吾看來，自古以來，愛「溜鬚拍馬」的人很多，但效果大不一樣，關鍵就在於能不能

「溜」到位、「拍」到點。

比如，有的人非常高傲，你稍有讚許他便以為你是別有企圖，因而便對你非常戒備。其實對於這種人，只要找準了「點」，照樣可以「拍」。

有這樣一個笑話：有兩個學生要出外上任做官，臨行前特地去拜訪恩師，老師問：「你們準備怎樣做個好官？」

其中一個學生答：「我們準備了一百頂高帽子，誰用就讓誰戴一個。」

老師聽了很不高興，把臉一沉說：「為官要清正廉明，你們這樣怎能做好官呢？」

另一個學生急忙附和說：「老師說得有理，但當今世道，像老師您這樣不喜歡戴高帽的又有幾個呢？唯一人耳。」老師聽了很高興，不再說什麼了。

這兩個學生出門後，其中一個便對另一個說：「哎，想不到沒出京城就剩九十九頂了。」

這個笑話說明有些人表面上不喜歡奉承，但實際上還是喜歡，只不過看你吹捧的地方和火候對不對。在這方面，清末太監李蓮英，可以說技高一籌。

例如，慈禧愛看京戲，並經常賞賜藝人一點東西。有一次，她看完楊小樓的戲後，把他召到眼前，指著滿桌子的糕點說：「這一些賜給你，帶回去吧！」

哪知道楊小樓叩頭謝恩之後，竟壯著膽子說：「叩謝老佛爺，這些尊貴之物，奴才不敢領，請……另外恩賜點……」

好在慈禧心情好，並沒有發怒，還問他想要點什麼？

楊小樓又叩頭說：「老佛爺洪福齊天，不知可否賜個『字』給奴才？」

慈禧一聽非常高興，便讓太監捧來筆墨紙硯，慈禧大筆一揮，就寫了一個「福」字。

站在一旁的小王爺悄悄地說：「福字是『示』字旁，不是『衣』字旁的呢！」

慈禧太后也覺得挺不好意思，既不想讓楊小樓拿去寫錯了的字，又不好意思再要過來。正在這時，站在旁邊的李蓮英笑呵呵地說：「老佛爺之福，比世上任何人都要多出一『點』呀！」

楊小樓一聽，就坡下驢，急忙叩頭說：「老佛爺福多，這萬人之上之福，奴才怎麼敢領呢！」

而慈禧也正為下不了台而發愁，聽這麼一說，急忙順水推舟，笑著說：「好吧，隔天再賜你吧！」

在厚黑學看來，大總管李蓮英的應變巧在借題發揮，將錯就錯，不但解了當時的窘境，還順勢拍了慈禧的馬屁。對於錯誤生硬地扳正是不圓熟的做法，借力使力把錯誤說「圓」，方見其應變的機智。

例如，在鎮壓太平軍的行動中，一次曾國藩用完晚飯後與幾位幕僚閒談，評論當今英雄。他說：「彭玉麟、李鴻章都是大才，為我所不及。我可自許者，只是生平不好諛耳。」

一個幕僚說：「各有所長：彭公威猛，人不敢欺；李公精敏，人不能欺。」說到這裡，他說不下去了。

曾國藩問：「你們以為我怎樣？」眾人皆低首沉思。忽然走出一個管抄寫的後生來，插話道：「曾帥仁德，人不忍欺。」

眾人聽了齊拍手。曾國藩十分得意地說：「不敢當，不敢當。」後生告退而去，曾氏問：「此是何人？」幕僚告訴他：「此人是揚州人，入過學，家貧，辦事還謹慎。」曾國藩聽完後就說：「此人有大才，不可埋沒。」不久，曾國藩就把督造火砲的重任交給他，哪知此人趁機攜造砲的鉅款逃走了。

在宗吾看來，曾國藩的幕僚想讚美曾國藩，但苦於「威猛」、「精敏」之語都已讓別人先說了，因而想不出恭維他的詞句。而管抄寫的這位老兄，卻從曾國藩說過的「生平不好諛耳」中推斷出曾特別看重自己「仁德」的性格特徵，於是投其所好，在這一點上加以吹捧，果然奏效。

**【宗吾真言】 「溜鬚找鬚，拍到點上」有時很難，可是有時也很容易，甚至是現成擺在眼前的，比如，當人在遇到不幸時，最需要別人的安慰，如果你能得體地安慰他，就等於是「雪中送炭」，對方自然會非常感激你。**

宗吾認為，如果能針對性地實施「心靈按摩」，這時「投其所好媚人心」效果是非常明顯的。可是，很多人在自己認識的人遭遇不幸時，他們的反應總是不大得體，他們偏偏說出別人不願意聽的話，令別人難過；別人需要他們時，他們卻不在身邊；或者，就是見了面，他們也故意迴避那個敏感的話題。這是非常愚蠢的，其實這種機會正是你表達自己真誠收買人心的好機會。

當你去探訪一個遭遇不幸的人時，你要記得你到那裡去是為了支持他和幫助他的。你要留意對方的感受，而不要只顧自己的感受。不要以朋友的不幸際遇為藉口，把你自己的類似經歷拉扯出來。每個人的悲傷方式並不相同，所以你不能硬要一個不像你那樣公開表露情緒的人感到悲傷。

喪失了親人的人需要哀悼，需要經過悲傷的各個階段和說出他們的感受和回憶。這樣的人談得愈多，愈能產生療效。要順著你朋友的意願行事，不要設法去逗他開心。只要靜心傾聽，接受他的感受，並表示瞭解他的心情。有些在悲痛中的人不願意多說話，你也得尊重他的這種態度。

某個大醫院的護理臨床醫生，曾給幾百個絕症患者提供諮詢服務。據她說，許多人對得了絕症的人都不知道說什麼才好。他們只會說些「別擔心，過一陣子就會好的」之類的話。

而這位醫生卻不是這樣，例如，她會說：「你現在覺得怎樣？」「有什麼我可以幫忙的嗎？」「有什麼問題盡可以來找我」「我隨時都在，打電話問我也很方便」等等，這些永遠都是得體的話。要讓病人知道你關心他，知道有需要時你願意幫忙。不要害怕和他接觸，拍拍他的手或是摟他一下，可能比說話更有安慰作用。

必要時，主動提供一些具體的援助。一個傷病的人可能對日常生活的細節感到不勝負荷。你可以自告奮勇，向他表示願意替他跑腿，幫他完成一項工作，或是替他接送孩子。

在宗吾看來，在運用「投其所好媚人心」時，不要總抱怨「拍馬」找不到機會，總是拍到「馬蹄上」。其實，很多機會就在眼前，就看你會不會把握。

# 第二篇　假作真時真亦假

◆處世，離不開語言。一副天花亂墜、胡吹海侃的口才，是行厚黑者不可或缺的基本素質。說謊儘管為世人所不齒，但卻是社會公例使然。比如，你遇到一個人，你問他年齡？他答：「今年五十歲了。」你說：「看先生的面貌，只像三十歲的人。」他聽了一定很歡喜，這就是「逢人短命」的謊言。又比如，荀子本來是入了孔廟的，後來僅僅因為他不願意說「世間盡是好人」這樣的謊話，才被請了出來，這就是受了這種公例的制裁。因此，厚黑行世者，一定要敢於並善於發揮謊言無孔不入的穿透力，在人生戰場上翻轉騰挪、巧妙周旋。

## 厚黑口才十 環環相扣，以假亂真

■行厚黑者的謊言絕不是隨口說的，它們都是經過精心設計，以達到天衣無縫、滴水不漏的效果。

宗吾認為，不說謊成不了大事。謊話人人會說，但並不是人人都說得好。這好與不好之間有著天壤之別。說得好說得巧，可擺脫困境，加官晉爵，受寵於上司；說得不好，身陷囹圄，身敗名裂，引來殺身之禍。謊言能不能被別人接受，首先取決於「謊言」設計得好壞，哪怕是無中生有，也要編得有鼻子有眼，煞有介事，這樣的「謊言」說起來才有把握，騙起來才有依據。否則，如果「謊言」本身漏洞百出，你就是真有「三寸不爛之舌」，還是會弄巧成拙。而設計「謊言」的最高境界就是「假作真時真亦假，無為有時有還無」，達到「以假亂真」地步。

**【宗吾真言】 謊言中任何一個細節的疏漏，都可能成為他人識破謊言的關鍵。因此，在說謊之前，哪怕是一個最微不足道的細節也不要放過，都要設計周密，盡可能地做到滴水不漏。**

在宗吾看來，事先想好所有的細節對於「假作真時真亦假」是至關重要的。二次大戰時期，盟軍曾成功地製造了一個精密的謊言。

盟軍剛把德軍趕出北非，西西里島就成為了下一個攻擊的目標。這個勢頭本來就是傻瓜也看得出來。可是，盟軍偏要讓希特勒認為盟軍不會來攻取西西里島。於是，英國最高情報機構設計了一個滴水不漏的行動計畫：

第一步：英國總參謀長阿奇博爾德將軍給北非的第八軍司令官亞歷山大將軍寫了一封信，信中「透露」了盟軍下一步打算突襲希臘阿拉科斯角；蒙巴頓將軍也給在北非的盟軍最高司令艾森豪寫了一封信，信中開玩笑似的提到了「沙丁魚」。以便使德國人立刻聯想到薩丁島。

第二步：他們找到了一個罹患肺炎死亡的屍體，情報人員給他穿上飛行服和救生衣，把一些個人財物和文件放在公事包內，繫在他的手腕上面。這些物品包括：一張身分證，根據身分證顯示，這是一位叫威廉·馬丁的海軍少校，出生於英國加的夫。由於證件看上去很新，為了不使德國人產生懷疑，上面寫道：「補發。原證件號 096050 號，遺失。」錢包裡還有一張五英鎊和三張一英鎊的鈔票，褲袋裡有五鎊十便士。此外，他身上還有一包香煙、一盒火柴、一支鉛筆、兩張用過的汽車票根、一串鑰匙、一張在倫敦皮卡丹利大街軍人俱樂部住宿的帳單和兩張音樂會入場券票根。至於「馬丁少校」的私生活是這樣安排的：他隨身帶有未婚妻寫給他的兩封充滿愛意的信、兩人的合影，一張購買訂婚戒指的收據，以及他父親得知他們訂婚後從故鄉寄來熱情洋溢的信。

一切準備就緒之後，他們把「馬丁」裝入一個冷凍的容器裡運往蘇格蘭，然後再由一艘潛艇將他的屍體運到西班牙南部海面上後，在他的救生衣裡充滿氣投放在距西班牙韋爾瓦河口一英里的海水中，形成了一位信使在飛往北非途中，飛機墜毀，跳傘後被海水淹死的情形，他的屍體和攜帶的公文被沖到西班牙海邊。

西班牙當時是中立國，但是實際上佛朗哥政權和法西斯德國是一個鼻孔出氣。於是，雖經過外交努力，屍體和文件被西班牙送回，但這個重要情報很快到了德國人手裡。戰後，在獲得的納粹文件中證實了這一點，當時那些信件都被德國領導集團研究過，希特勒對盟軍將突襲希臘和薩丁島確信無疑。德國最高司令部果真分散了他們的兵力，當盟軍像風暴一樣橫掃西西里島時，守軍只有一個義大利師和一個德國師。

按宗吾的觀點，這個謊言之所以天衣無縫，就是由於它的細節設計得滴水不漏，不容你不相信。可見，設計「謊言」時，細節的重要性無論如何強調都不過分。

**【宗吾真言】　人們在接收到一個資訊時，一般不會馬上相信，他們往往透過多方管道，以及前後發生的事件，聯繫起來加以印證。「謊言」想被別人信以為真，一個重要的因素，就是所使用的證據要具有內在的邏輯性，避免前後矛盾。**

宗吾認為，環環相扣的「謊言」是最有說服力的。這種環環相扣之法，是古時的縱橫家們最常用的一種方法。

張儀可以說是戰國時代最著名的說客了。他在秦國當了四年相國後，秦惠王派他跟齊國和楚國的相國在齧桑盟會。這時，魏國的外交政策發生了動搖。早在西元前三三四年，魏國用相國惠施的策略，想東聯齊國、南和楚國，聯合抗擊強秦。不料事與願違，卻接連遭到齊、楚兩國的攻擊。到了西元前三二二年，魏惠王因聯齊之策無效，便驅逐惠施，反而要與秦國、韓國聯合，報復齊國、楚國。看到這種情況，張儀便與秦惠王策劃了一個絕大的陰謀，他讓秦王免除了他的秦相國的職務，暗地裡派他去魏國活動。

張儀一到魏國之後，憑著他那張利嘴，和對天下形勢的深刻分析，使魏惠王深為折服，便委以相國的重任。在得到這個職位後，張儀便著力去實施拆散關東諸侯的合縱計畫，使魏國做個與秦國連橫的帶頭羊。為了達到這個目的，張儀實行軟硬兼施的兩種策略。他一方面暗中使秦王不時出兵魏國，以武力相威脅；一方面對魏國君臣動之以情，曉之以理，說得真真假假，虛虛實實，使魏國君臣難辨真偽。

他縱論魏國的弱點說：「魏國土地縱橫不到千里，士兵不過三萬。而且四周地勢平坦，毫無險阻可言，又四面受敵，既不能進攻，又不能防守。這是處於四分五裂的地理位置啊。」

在擊中魏國的要害之後，他又分析合縱抗秦難以成氣候：「現在合縱的國家想統一天下，結為兄弟，歃血為盟，以示堅守信約。這可能嗎？因為就是同一父母所生的兄弟，為了錢財還打得你死我活，更何況利益不同的國家！」

在講完這一大番道理之後，他才端出自己真正想說的，對魏國君臣大談背秦之害和聯秦之利。他說：「大王如果不服侍秦國，秦國一定會出兵攻佔黃河以南的地區，脅迫魏國，使趙國不能南向支援魏國，魏國就不能向北聯絡趙國，合縱聯盟的通路就被阻斷了。這樣的話，魏國就危險了。如果秦國再跟韓國聯合攻打魏國，那麼，魏國的滅亡就指日可待了。我替大王著想，魏國還是歸順秦國，這樣，魏國就可以高枕無憂了。」

在宗吾看來，張儀所用的就是環環相扣之法，所用來說服魏王的理由是層層遞進，最後不由你不相信。他就這樣憑著三寸不爛之舌，說服了魏國君臣，改變了魏國的對外方針，打破了蘇秦的合縱計畫，為秦國向東發展發揮了重要的作用。隨後，在張儀實施「連橫」計畫所採取一連串行動時，反覆運用的就是環環相扣之術。他在實施說服之前，對打算說的「謊言」都要進行精心的設計，這樣在實施起來才能一步一步緊密相連，才能使自己脫離危險，還進一步破壞了六國聯合抗秦的局面。

在宗吾看來，春秋戰國時的這些說客，之所以能以三寸不爛之舌，取得蓋世之功，很大程度上正是取決於他們所編「謊言」的分量。因為他們所編的「謊言」不是孤立的，而是一群，是一個緊密的整體，這就使得他們說服別人時的論據，具有了無比嚴密的邏輯性。

## 厚黑口才 十一 明知故昧，氣定神閒

■行厚黑者一定是說謊話面不改色心不跳的「職業說謊家」。否則一說謊就臉紅心跳，不穿幫才怪呢！

宗吾認為，「假作真時真亦假」。僅有一個設計周密的「謊言」還不夠，說謊的人還必須有過人的膽識和良好的心理素質。行厚黑者要想縱橫社會，必須把自己修煉成說謊話面不改色心不跳的「職業說謊者」，其中面不改色就是「厚」字訣，心不跳就是「黑」字訣。有了這種厚黑修養，就可以把「假的」當成「真的」說，不由你不相信！

**【宗吾真言】「瞎話」不說則已，要說就得「睜著眼睛」說，絕對不能「眨」眼睛。謊言編造得合乎情理，才能誘使別人深深陷進謊言的迷宮而不知回返。使謊話擲地有聲，任何一句都有鮮明的客觀性，都充滿了厚黑「智慧」。**

宗吾在寫厚黑叢話時，遇著典故不夠用，就杜撰一個來用。有人問：何必這樣做？他說：自有宇宙以來，即應該有這種典故，乃竟無這種典故出現，自是宇宙之罪，我杜撰一個，所以補造化之

窮。人說：這類典故，古書中原有之，你書讀少了，宜乎尋不出。他說：此乃典故之罪，非我之罪。典故之最古者，莫如天上之日月，晝夜擺在面前，舉目即見，既是好典故，我寫厚黑叢話時，為甚躲在書堆，不會跳出來？既不會跳出，即是死東西，這種死典故，要他何用！

宗吾想藉此說明，再荒謬的事情都可以找到其「合理性」，就看你能不能發現。對於行厚黑之道者，也許有一天謊言會被人識破，但自己已經達到了目的，且到那時又是另一種環境和認知，謊言破不破也影響不到自己了。所以，運用「明知故昧，氣定神閒」時，儘管放寬心。

裴延齡是唐德宗時掌管財政的大臣，其實他對財政一竅不通，可是為了顯示他的能幹，他就任之初上書皇帝說：「我清帳查庫，發現有二十萬貫的錢沒有入帳，請將這筆錢放在另外一個錢庫中貯存起來，以供陛下隨時取用，永無匱乏。」不久他又上書皇帝說：「朝廷倉庫收藏的錢物多有失落，最近我在庫房中收得銀錢十三萬兩，絲綢及其他物品又有一百多萬，這些錢物也都沒有入帳，應當算作節餘，也該轉移到別的倉庫收藏，以供陛下支用。」

唐德宗這個人本來就十分貪財，一得知裴延齡意外地發現了這麼多的錢物，自然喜出望外，於是不斷地伸手朝裴延齡要錢。其實，裴延齡所說的那些意外之財，全都是子虛烏有。可是，面對著皇帝愈來愈多的索取，他並不擔心，只是加緊了對百姓的勒索和巧取豪奪。就這樣，裴延齡自然是官運亨通。

比如，袁世凱有個本家兼親信叫袁乃寬，乃寬有一子名為袁瑛，與革命黨人過從甚密。當袁世凱暗中準備復辟帝制時，袁瑛非常憤怒地向革命黨人報告說：「一般走狗，不顧老百姓死活，瘋狗們忙著籌備大典，已定明年元旦捧袁世凱登基。我雖然也姓袁，卻恥於袁世凱倒行逆施的行為。我非常希望到時候有人能起義討逆，我也可以從中做點小玩意兒。」

一九一六年一月十八日，袁瑛的「小玩意兒」在新華宮裡爆炸。袁世凱僥倖沒被炸死，勃然大怒，命令爪牙追究主使者。結果證實此案是袁瑛所為。於是，袁世凱將袁乃寬召進宮來，劈頭蓋臉地把「罪犯」父親罵了個狗血淋頭。罵到最後，袁世凱高聲叫了起來：「我做皇帝是天與人歸，天經地義。方今外姓之人尚且上書請願，呈表勸進請我當皇帝，為什麼幹出這等大逆不道，企圖加害於我的事情的人偏偏卻是姓袁的？你袁乃寬怎麼生出這麼一個不爭氣的罪孽兒子呢！這簡直是在丟我們姓袁的臉啊……袁瑛現在逃走了，看在你追隨我多年的份上，我也就不再追究、不株連於你了，你放心繼續好自為之吧。但是，這有一個條件，那就是，你以後不准承認他是你的兒子，並且不准他再姓袁！」

袁乃寬聽到袁世凱如是一說，頓時變懼為喜，立即辯解說：

「袁瑛這小子，根本就不是袁家的後代，他原來是個小乞丐，是我看他生得怪體面的，便發了慈悲之心，將他收為養子，他哪配跟咱姓袁的同根哪？唉！都怪為臣白白長了一雙眼睛，沒能看出他的反骨來，真是罪該萬死！罪該萬死！」

這番謊言聽得袁世凱氣意漸消，最後說：「哦，我就說嘛，我們袁家怎麼會生出這等敗類呢！」

在宗吾看來，在官場上，下屬和上司之間，不可避免地會有些摩擦。官大一級壓死人，作為下屬，為了確保自己的地位，一定要揣摩上司思想，抓住他的心意，順著他的意思，讚美他的觀點，甚至可以曲解自己的見解，這樣來編瞎話，不僅可消災免難，保名保利，甚至還可以步步高升。

**【宗吾真言】「睜著眼說瞎話」的最高修為就是「明知故昧」，也就是明明知道了這件事是假的，卻能故意裝作不知道，甚至自己都相信是「真」，這樣才能達到的「說謊」最佳效果。**

在宗吾看來，謊言要說得真實自然，採取走一步算一步，不去想太多的確有一定效果。可是，此時說謊的「膽量」是靠自欺欺人獲得，因此也是暫時的，很有可能撐不了多久。而厚黑行世者，是非常理智的，他們的目的性極高，心理素質往往也極好，他們可用「明知故昧」，讓你摸不著頭腦。

東漢末年，曹操挾天子以令諸侯，傳檄江南，打算以泰山壓頂之勢，迫東吳臣服。東吳奮然發兵隔江對峙。當時曹操雄師三十萬，周瑜僅有五、六萬兵，兵力十分懸殊。周瑜瞭解北軍大多不善水戰，必須先除掉其精通水戰的水軍都督蔡瑁和張允。他正在帳中議事的時候，聞報同窗蔣幹到訪，於是，他設巧計讓蔣幹盜書，成功地除去了心腹之患。接著，周瑜又繼續明知故昧，向曹操施行「反間計」，利用降將蔡中、蔡和送假情報，用「苦肉計」黃蓋詐降，派龐統深入曹營獻「連環計」，然後趁「東風」之便，一把火把曹軍燒得焦頭爛額，敗回老巢。

在宗吾看來，周瑜說謊的天賦極高，心理素質也極好，因此，這一連串的計策才得逞。另外，明知故昧的較高境界就是可以無中生有，使對方信以為真。

比如，有一個江湖先生走至四川某地，已是山窮水盡走投無路。為了求得幾個錢換碗飯吃，他就幹起了無本買賣。只見他眼珠一轉，順手在路邊撿起了一塊乾牛糞，然後故作極為神秘之狀，站在路當中端詳「研究」。當好奇的人們在他四周圍滿之後，他就開始介紹起手中的「牛糞」來：

「各位兄弟同胞，各位鄉親父老，花開各樣紅，物與物不同。就說這個牛糞吧，就有水牛糞、乾牛糞、家牛糞、野牛糞、黃牛糞、沙牛糞、老牛糞、嫩牛糞……而我這是與眾不同世間稀有的犀牛糞！」

這時人群傳來一陣笑聲，有人說：「什麼！這牛糞那牛糞的，這『稀』牛糞也值得大驚小怪？」頓時有人附和道：「對呀，對呀，『稀』牛糞有啥了不起的。」

只見這位江湖先生不慌不忙地說：

「對，這位鄉親說了，『稀牛糞有啥值得大驚小怪的？』這您就有所不知了。這犀牛糞更是不可多得的稀世珍寶。五脈七傷，諸般疑難雜症無不神效，最靈驗的就是專治老年人多年不癒的哮喘病。看貴地山清水秀，人傑地靈，必是個出孝子的所在，所以我在此行個好，積個無量功德，將這味藥奉送給三位敬才學、知禮儀、懂孝廉的孝子。三位之後概不再送。你要買，一百個銀元也未必賣，要說送，逆子逆孫絕不送。我要說假話，說話不算話，那就吃石頭拉瓦片，三十挨刀、四十挨砲、五十遭雷打、六十要上吊、七十被車輾、八十遭天誅……」

在宗吾看來，這位江湖先生硬把一塊牛糞說成百年難遇的稀世珍寶，爾後在差點被擠昏的情勢下將那塊「犀牛糞」銷售盡淨，如果仔細品一品那位江湖先生的一番說詞，就會領會「睜著眼睛說瞎話」的精髓──「明知故昧，氣定神閒」。

## 厚黑口才 十二 人言噬骨，眾口鑠金

■ 在準備說出「謊言」之前，一定要先瞭解人們的接受心理，然後透過「做秀」去發揮輿論的倍增作用。

無論吹牛也好，造謠也罷，「謊言」都要透過一種媒介才能傳遞到對方耳朵裡，也才能發揮作用。因此，是否善於利用世人的從眾心理，發揮「輿論」的作用，就可以看作是檢驗厚黑道行是否精深的尺度。常言道，「眾口鑠金」。因為，輿論是一個倍增器，可以成倍地增大「謊言」的殺傷力。

**【宗吾真言】 對於一些大人物，想要製造有利於自己的輿論，其中一個更直接有效的方法，就是直接掌握輿論工具。當然這個輿論工具可能是你自己的，也可能是別人的，你只是利用工作之便。**

宗吾看來，政治家是最懂得輿論的重要性的，一旦有條件，他們都會不遺餘力地建立自己的輿論工具，為自己的「謊言」服務。

例如，拿破崙三世與墨索里尼雖不同世而立，兩人卻有很多共同之處，譬如都善於利用拿破崙的影響，藉以來大肆宣揚鼓吹自己。

拿破崙三世之所以上台，重要因素正是利用了各階層人，特別是農民對於拿破崙的盲目信仰。拿破崙正好又是他的伯父，為了鞏固帝制保住皇冠，他一再搬出伯父的偶像，如鼓勵上演有關拿破崙的劇本，勒令選編和出版《拿破崙書信集》達三十二卷之多，大肆宣揚對拿破崙的崇拜。

墨索里尼為了奪權，特地辦了一份好戰的《義大利人民報》，報紙一創刊，就引用了引人注目的兩句格言，一句是布朗基說的：「誰有鐵，誰就有麵包。」一句是拿破崙說的：「革命是一種理想，必須有刀槍維持。」這在很大程度上產生了煽動人心的作用，有效地激起了大部分的社會輿論。

拿破崙三世鼓吹自己，不擇手段。

他一手創建了「十二月十日社」，這個團體共有一萬人，成員有破落放蕩者、危險份子、退伍軍人、刑事犯、騙子、流氓、扒手、賭棍、私娼、妓院老闆……等等。拿破崙三世就是這個組織的首領，並把它當作自己最貼近的近衛軍，他們組織或雇用一些「啦啦隊」，在全國各大城市、交通要道或火車站活動。每當拿破崙三世出現時，他們就混進人群，夾道歡呼「皇帝萬歲」，為拿破崙三世捧場喝采。這些醜惡可笑的鬧劇，對城鄉那些耳目閉塞，不明真相的人們來說，頗能產生一些影響。

同時，拿破崙三世還採取一切手段壓制社會輿論，展開廣泛宣傳波拿巴主義的運動。一八五〇年一月一日，在凡爾賽附近大平原上舉行盛大閱兵儀式時，他為了取得軍隊的擁護，利用閱兵大擺宴會，用香檳酒、蒜臘腸、雪茄去收買官兵，有的士兵高呼：「皇帝萬歲！臘腸萬歲！」他陶醉在一片歡呼聲中。

誰對總統保持冷淡、沉默，誰的部隊就被解散，誰就被撤換。

同樣，墨索里尼也是靠輿論起家的，他時刻不忘記輿論的作用力。他創造了自己的政黨「革命同志會」，即義大利法西斯黨的前身，強力宣揚法西斯思想，竟然贏得了愈來愈多人的響應。第一次世界大戰後，他蓄意製造的混亂局勢終於不可收拾，國王屈服了，讓其副官西達迪尼將軍打電話，請墨索里尼速到羅馬接受國王的任命組閣。為了防備有詐，詭計多端的墨索里尼，要求副官將同樣的消息以電報形式正式通知他。兩個小時後，墨索里尼接到電報，命令《義大利人民報》用最快速度將王室電文以「號外」形式通報全國。大造輿論後，墨索里尼才得意洋洋地進入羅馬。

在宗吾看來，能夠在政壇「興風作浪」的政治人物，一定都要厚黑，他們不僅善於設計製造「謊言」，還善於利用輿論去使人們相信他們的「謊言」。

## 厚黑口才　十三　虛虛實實，添油加醋

■為什麼同樣的謊言在有的人嘴裡說出來就成了真理，而有的人說不了三句話，就露了底？其關鍵就在於是否懂得其中的門道。

宗吾認為，要想使自己的「瞎話」被別人接受，除了說謊者要有過人的膽勢和良好的心理，以及善於設計一個天衣無縫的「謊話」，並選擇合適的傳播途徑和方式之外，如何運用「說」的技巧同樣至關重要，同樣的謊話在有的人說來，別人馬上就會聽出來是假的，但從有的人嘴裡說出來就成了真理。

**【宗吾真言】　要把「虛虛實實」的謊言效果發揮出來，可以一會兒把事情順著說，一會兒反著說，以造成對方思維的混亂，而在對方開始迷惑時，渾水摸魚，趁機達到自己的目的。**

宗吾認為，要想製造思維混亂，以便渾水摸魚，一定要在順著說的時候，說得頭頭是道，讓對方不由得不信；反著說的時候，說得振振有詞，讓對方不敢懷疑。

劉邦和項羽接受楚懷王的命令，分路進攻秦國都城咸陽，並當眾宣諭「先入關者為王」。劉邦

先入，但權力盡歸項羽，反受其控制，改封劉邦為漢中王，駐節南鄭。項羽的謀士范增深忌劉邦，打算把他殺掉，沒有成功就想把他軟禁在咸陽。劉邦為了脫離虎口，問計於張良，張良說：「我有辦法。」

第二天，張良先以調虎離山之計向項羽奏請，派范增往彭城催懷王徙居郴州。范增臨行的時候，向項羽約法三章：一是不可離開咸陽；二是重用韓信，若不用則殺之；三是不可讓劉邦歸漢中。

事隔不久，張良再次讓劉邦上表說，國家經濟拮据，要想改變這種狀況，首先就要節約開支，目前駐咸陽有幾十萬軍隊，坐吃山空，不如將諸侯遣回駐地，減少開支。項羽准奏，即令新封諸王限五天內啟程返國，可是由於與范增有言在先，於是就單獨不准劉邦成行。

劉邦大驚，急與張良計議。張良眉頭一皺，計上心來，叫劉邦上表，向項羽請假回故鄉沛地省親。項羽看過了劉邦的表章，沉思了好一會兒，對劉邦說：「你要回鄉接取父母，亦是人子孝親之意，但怕不是出自本心，是不是我要你留在咸陽，才有此舉呢？」

劉邦裝出悲戚的樣子回答：「我父親年老，無人侍奉，我日夜懷念，無時或已。往日因見陛下初即位，事務繁忙，故不敢啟齒。今見各諸侯已返回駐地，能享天倫之樂，獨我留在此地，又不知何年何月得見父親之面了！」說到這裡，哭了起來。

這時，張良故意唱起了雙簧，他悄悄地對項羽說：「不可以放劉邦回鄉取家眷，寧可遣他駐漢中去，使人去沛地把他的家眷帶到這裡來當人質，就可以好好控制劉邦了。」

項羽認為張良的計策非常有道理，但是仍然不想放劉邦到漢中去。於是，陳平又趁機啟奏說：「陛下既封劉邦為漢中王，已佈告天下，臣民共知，不使他上任，恐不足取信於天下，大家會說陛下登位便說假話，那對以後的法令，他們不是也會陽奉陰違嗎？」

這樣也有道理，那樣也有道理，本來就有勇無謀的項羽開始糊塗起來，他想了很久，無可奈何地對劉邦說：「既然大家這樣說了，也是合情合理，現只可准你去漢中上任，不可回沛地，明天就啟程吧。」

在宗吾看來，劉邦正是在一幫厚黑之士的幫助下，從不同方面向項羽提建議，把項羽弄糊塗，最後得以放虎歸山。這裡也足見「虛虛實實，移花接木」這一技巧的奇效。

**【宗吾真言】要把「謊言」說得像，一定要運用虛實相間的技巧，也就是說，如果全是假的，別人很容易識破；如果全是真的，也就不是說假話了。最佳的策略是虛實相間，以小實掩大謊。**

兵聖孫子提出避實就虛、聲東擊西、以己之長、避敵之長、虛實相間、出其不意，才能掌握戰爭的主動權。「假作真時真亦假」也同樣，只有真真假假、虛虛實實，才可能達到欺騙他人目的。

例如，一位回國的華僑到一家字畫店，花了一萬多美元買得了兩幅齊白石先生的作品，老闆賭咒發誓地說是真跡。華僑興致勃勃地把畫帶回飯店，請當地畫院的畫家朋友鑑賞，一位老畫家，一眼就看出畫是假的。華僑聽了，十分驚訝，也十分惱怒，決定第二天到那家畫店去理論。但還沒到第二天，他便接到書畫商店老闆打來的電話，老闆一再道歉，稱自己昨天疏忽中將兩幅臨摹的作品賣給了他，商店打烊後，他檢查帳務和收檢書畫時才發現，並請那位朋友明天一早去商店換回或退款。

本來非常生氣的老華僑接到電話後，不僅氣消了反而對他們的行為非常感動。第二天，他帶著畫去了畫店，老闆再三就昨天的事道歉，並說如果華僑有意買，他可以將現在的這兩幅真跡以合適的價格出售，如果他不願意買，也可以退款。說著，將兩幅精心裝裱的畫從保險櫃中取出。

聽對方態度這麼誠懇，那位華僑就按昨天的原價買走了這兩幅真跡，而且再也沒對這兩幅畫發生一丁點的懷疑。老華僑回去後，突然有一天從一本藝術博物館辦的刊物上，看到介紹自己買的這兩幅畫的文章，文中稱，這兩幅畫現收藏於某藝術研究院內。

按宗吾的觀點，這位不法畫商知道對於像齊白石這種有名的畫作，對方買走後一定會找人鑑定，於是他就來了個虛實相間的手法，主動承認第一次是錯賣了假畫，從而騙取了對方的信任，使第二次可以真正得手。可見其對於虛實相間的手法已運用到出神入化的境地了。

## 厚黑口才 十四 無中生有，以小充大

■別人沒有，你說他有，一定是為了栽贓；自己沒有，你說你有，一定是為了達到某種目的。

宗吾認為，厚黑行世者與人交往時，如果想讓人高看你一眼，你手頭最好有一些可資利用的「資本」。假如你手頭並沒有這種「資本」怎麼辦？這時就可以用到「睜著眼睛說瞎話」了，透過「謊言」不擇手段地去創造「資本」。比如，以「小」充「大」、以「次」充「好」、以「此」充「彼」，甚至「無中生有」，矇過一時算一時，達成自己的目的就算萬事大吉。

**【宗吾真言】 要想獲得別人真誠的合作，就必須獲得別人的信任。厚黑行世者自己都不一定信任自己，可是他們卻有辦法使別人相信，其中之一就是在一些「小事」上博取對方的信任，然後在「大事」上造假。**

宗吾認為，如果能在「小事」上博取好名聲，就可以讓對方形成一種「先入為主」的思維定勢——這是一個值得信賴的好人。當你真正的「謊言」出台時，對手會不假思索地加以接受。

西漢元帝時的宦官石顯，善於奉承、猜測皇帝的心事，因而很受信任，被任命為中書令。中書令專管傳達、宣佈皇帝的命令，權力很大，石顯就利用這個機會，陷害那些反對過他的人，一批有名望的大臣，有的砍頭，有的自殺，有的判刑，有的終身免職。

石顯知道自己得罪的人多了，生怕別人在皇帝面前說他的壞話，就看準時機，故意安排一些事情來取得皇帝的信任。有一次漢元帝派他出宮辦事，他動身前先對元帝說：「今天要去的地方很多，恐怕回來太晚，宮門關了，請皇上命令守門人到時開門讓我進來。」

於是，這天他故意拖到很晚才回來，宮門當然關了，他就大聲對守門人說：「皇上命令我出去辦事，允許我晚些回來的，快開門！」

過了幾天，果然有人上奏章告發石顯假託皇帝的命令開宮門，漢元帝笑著把奏章拿給石顯看。石顯流著淚說：「皇上偏愛我，信任我，大臣們都非常嫉妒，千方百計陷害我。今天這件事幸虧皇上知道真相，不然我渾身是嘴也說不清啊，以後這樣的事情肯定還多，我官職小，地位低，哪是這些大臣們的對手！您還是免掉我的中書令，讓我幹些粗活，免得得罪這些大臣，也好多活些日子，多服侍皇上幾年吧！」漢元帝看他說得那麼可憐，心裡很難過，就好言安慰他，還賞了他很多財物。

從此，漢元帝更加信任石顯，再有大臣們上奏章揭發石顯的劣跡，漢元帝也不相信了。時間一久，再也沒有人敢說石顯的不是了。

宗吾看來，石顯聰明之處在於事先料到別人的「小動作」，於是順勢進行了一番巧妙安排，使漢元帝認為他是一個誠實的人。同時，對於他所說的「大臣們都非常嫉妒，千方百計陷害我」也就信以為真了。

**【宗吾真言】在厚黑行世中，要想引起對方的重視，就得有吸引對方的地方。而且，你手中的「王牌」一定應該是對方沒有的東西。假如你並沒有這種「可居」的「奇貨」，這時，你就要運用「無中生有」的辦法，假造一個「奇貨」。**

宗吾認為，要想製造「可居」的「奇貨」，就要針對對方感興趣的方面，去人為地進行包裝、宣傳和誇大。可是，厚黑行世者所追求的目標絕非一時一事，他們會無中生有地加工一個真的「奇貨」，也就是製造機會，以抬高自己身價，或掌握一些對方感興趣的「資源」。

例如，王君廓本是個盜賊頭子，投降唐朝後，憑藉超絕的武藝和勇猛作戰，立下了不少戰功，換來一個不起眼的小官——右領軍。

唐高祖有個孫子叫李瑗，無謀無斷，不但無功可述，還為李唐家族鬧過不少笑話，但高祖因顧念本支，不忍心加罪，僅僅把他的官位一貶再貶，最後調任幽州都督。因為怕李瑗不能勝任，便特地命王君廓同行輔政。李瑗見王君廓武功過人，心計也多，便把他當作心腹，許嫁女兒，聯成至親，一有行動，便找他商量。王君廓卻自有打算，他想現成的「奇貨」難得，何不無中生有造出一個？無勇無謀卻手握兵權的李瑗，稍稍加工，其腦袋可不就是政治市場上絕妙的「奇貨」嗎？

李世民發動「玄武門事變」，殺了太子李建成、齊王李元吉，自己坐上了太子之位。不少皇親國戚對此事公開不敢議論，但私下卻各有各的看法。李世民對此，當然也是心裡有數。王君廓為撈政治資本，對這一政治情形更是清清楚楚。於是，當李瑗來問他「現在該不該應詔進京」時，他便煞有介事地獻計道：「事情的發展我們是無法預料的。大王奉命守邊，擁兵十萬，難道朝廷來了個小小使臣，你便只能跟在他屁股後面乖乖地進京嗎？要知道，故太子、齊王可是皇上的嫡親兒子，卻也要遭受如此慘禍，大王你隨隨便便地到京城去，能有自我保全的把握嗎？」說著，竟做出要啼哭的樣子。

李瑗一聽，奮然道：「你的確是在為我的性命著想，我的意圖堅定不移了。」於是李瑗糊里糊塗地把朝廷來使拘禁了起來，開始徵兵發難，並召請北燕州刺史王詵為軍事參謀。他對王君廓說：「我已把性命都託付給你了，內外各兵，也就都託你去調度吧。」王君廓迫不及待地索取了信印，馬上出去行動了。

其後，王君廓早已調動了軍馬，誘殺了軍事參謀王詵。李瑗正驚慌失措，卻又有人接二連三地來報王君廓的一連串行動：朝廷使臣已被王君廓放出；王君廓暗示大眾，說李瑗要造反。王君廓率大軍來捉拿李瑗……李瑗幾乎要嚇昏過去。李瑗已無計可施，帶了一些人馬出去見王君廓，希望能用言語使王君廓回心轉意。沒想到，王君廓與他一照面，便把他抓了起來，不容分說就把他送給了朝廷。

詔旨很快下來了，貶李瑗廢為庶人，王君廓接替了廬江王李瑗的老位子——幽州都督。

宗吾看來，王君廓首先以「無中生有」的「謊言」，騙取李瑗的信任，誘使李瑗「謀反」，這樣就「無中生有」地為自己製造了一次為朝廷平叛立功的機會。

**【宗吾真言】利用「以小充大」之法「假作真時真亦假」還有一個重要的作用，就是能夠「疲敵誤敵」，使強大的對手迷失方向，忘卻事情的關鍵所在，糊里糊塗中被你牽著鼻子走。**

宗吾認為，透過「假作真時真亦假」讓對方迷失方向，糊里糊塗中被牽著走，不失為一個厚黑妙法。

例如，一九三六年，四川發生旱災，糧食供應短缺。各大糧商趁機囤積居奇，重慶糧價頓時一漲沖天。當時漢口糧價依舊平穩，但由漢口運糧至重慶出售，不但難於獲利，弄不好還會虧掉血本。「麵粉大王」鮮伯良經營的重慶麵粉公司因晚走一步，無法買進常價原料，眼看著就要斷送一年的大好生意，著急萬分。

鮮伯良為解重慶之危，經過一番辛苦籌謀之後，帶了三千包麵粉親自從漢口趕往重慶。

麵粉大王抵達重慶之後，第二天便依常規去走訪各大糧商。糧商見麵粉大王親臨「寒舍」，當然喜出望外，熱情備至。但在每一家糧商客廳裡，當麵粉大王與糧商談興正濃的時候，總會匆匆跑來麵粉大王的高級助理，遞給一紙合約後，在麵粉大王耳邊神秘細語一番。麵粉大王則總是正色厲聲道：「對某老闆用不著如此神秘。」接著便把助理的話告訴那老闆，說是剛剛獲悉與漢口某糧店達成協定，鄙人從那裡購得若干萬包糧食，於某日即可抵達重慶出售。就這樣，鮮伯良在輕描淡寫中把重慶的頭號特大新聞，一字一句地灌進了每個大糧商的耳朵裡：麵粉大王將從漢口源源不斷地運糧來幫助重慶度過乾旱之年。

接著，鮮伯良開始將漢口帶來三千包麵粉低價出售。糧商們這下子更急了，爭先恐後放棄了囤積居奇的美夢，開始競相減價拋售。

不多時，重慶復興麵粉公司的倉庫裡堆滿了低價糧食，而等到糧商們突然發覺自己手頭無糧食了，而漢口並未向重慶運糧時，便趕緊親自趕往漢口。沒料到，此時漢口的糧價竟比自己剛剛拋售的重慶糧價高得多了。而等到他們再次趕回重慶時，卻又發現重慶麵粉公司開始高價售糧了。

在宗吾看來，鮮伯良的這個「謊言」之所以有效，就是由於他採取了「以小充大」的手法，透過手頭的三千包麵粉，使人相信他們隨後還有幾萬包源源不斷地運來，於是，使其他糧商亂了陣腳，最後「著」了他的「道」。

## 厚黑口才 十五 鐵嘴鋼牙，死不認帳

■ 謊言終究是謊言，如果不懂得圓謊，就可能「紙裡包不住火」，使自己前功盡棄，並付出沉重的代價。

在宗吾看來，世上難有絕對完美的計畫，謊言一旦說出來，儘管事前設計得非常周密，但也難免有漏洞。世界上有些地區的法律規定，在定罪時如果沒有取得罪犯的口供，無論證據多麼確鑿，都不能給他定罪。如果碰上那些頑劣、奸詐的歹徒可就麻煩了，他們即使犯下滔天大罪，即使你證據如山，但他鐵嘴鋼牙，死不認帳，你也無奈於他。這樣惡劣的手段對於罪犯來說，確實太無恥了，但在「假作真時真亦假」中卻不失為一條行之有效的補救方法。

**【宗吾真言】　謊言終究是謊言，你企圖以謊言蒙蔽對方，如果對方也是一個厚黑之士，可能對方馬上就能察覺到你的意圖或跡象，如果你還一成不變地騙下去，勢必到頭來丟人現眼。**

宗吾認為，對於即將「穿幫」的，只要懂得突擊補救，順勢圓謊，同樣可以滴水不漏。

比如，在美國一家電視台上，曾經出現過這樣一則廣告：「某某啤酒，能夠滋補到其他啤酒滋

補不到的地方。」

它沒有明說是補什麼地方。過了些日子，中國向美國的動物園送去了一隻名叫歡歡的雄性貓熊，牠將和在那裡的一隻名叫「蘭蘭」的雌性貓熊交配，於是，這家啤酒廠又在電視上發佈了一則廣告：「某某啤酒祝歡歡、蘭蘭好夢成真！」於是，人們恍然大悟。原來，這種啤酒裡含有性激素，有點類似中國的壯陽藥酒和春藥。而這種啤酒是否真有奇效只有天知道。

可是，由於該啤酒再三地在傳播媒體上使用同樣的把戲，後來被全美消費者協會抓住了把柄，稱他們以暗示性廣告用語向消費者推薦壯陽藥酒，壓根兒就沒有什麼壯陽藥成分，按美國的廣告管理條例，他們將受到嚴重的處罰。

但是該啤酒的廣告代理商的確有一套，當面臨假話被揭穿的局面時，他們一面緊急聘請最出色的律師為他們在法庭辯護，一面在用戶和經銷商中加緊活動，透過活動，請他們對啤酒品質進行客觀的評價。與此同時，他們委託全美最有名的民意調查機構，向絕大多數該啤酒的用戶發放問卷，進行民意測驗。

他們在設計問卷時，有意使用了大量誘導性語言，讓人覺得如果把該廣告看成是壯陽藥酒，就說明自己生理上不夠健全，床上功夫不行。這樣一來，回收的問卷裡，公開承認自己將該啤酒廣告理解成壯陽藥廣告的比例極低。

客戶的反應和民意調查的結果，使全美廣告管理協會拿不出客觀充分的證據，證明該廣告使用了欺騙性語言，發佈不實廣告。

宗吾看來，行厚黑之道者，不怕說謊，而怕說了謊不會補救。如果只知一味說謊，不設法堵上謊言留下的漏洞，那結局一定是不妙的。

## 厚黑口才 十六 舌轉乾坤，化險為夷

■ 只有將事先「周密設計」、「滴水不漏」與臨機「靈活發揮」、「腦筋急轉」充分地結合起來，才能發揮出「假作真時真亦假」的威力。

宗吾認為，「假作真時真亦假」和其他所有厚黑之道一樣，只有真正聰明的人才可以運用。特別是在與上司交往中，「弱智」的謊言會使你死得很慘。可是真正的厚黑之士就不同了，憑著一張嘴吃遍四方，見人說人話，見鬼說鬼話，才能在危難來臨的時候，也可以來個「腦筋急轉彎」，扭轉乾坤化險為夷。

**【宗吾真言】 常言道：「伴君如伴虎。」可是，很多中國古代的厚黑大師，在可能面臨殺頭之禍時，沉著冷靜，察言觀色，詼諧幽默，以厚黑智謀之語保存了自己性命，並得到皇帝的賞識。現代的下屬們不妨學著一試！**

宗吾看來，現代的下屬們在處理與上司的關係時，沒有古時君臣關係那麼險惡。古時厚黑先賢們所創之「舌轉乾坤，化險為夷」大法，用於現時自是小菜一碟。

漢朝的智聖東方朔可說是「機言善辯，罪不加身」的謊言大師典型。漢武帝即位之初，下詔徵求賢良文學之士，東方朔靠著一番把自己吹捧得無以復加的「謊言」進入了漢武帝的視野。

一天，正值三伏盛夏，漢武帝賜下屬官肉。可是負責分肉的官丞不在，天都快黑了，還是沒有來。東方朔實在等不及了，就獨自拔下劍來割肉，並對其他僚屬說：「天這麼熱，我先回家了。」

一個大官在漢武帝面前參了東方朔一本，東方朔奉詔入朝謝罪。

東方朔一進殿，漢武帝就問他：「昨天賜肉，你不等官丞就擅自割肉走了，為什麼？」

東方朔知道又大事不好了，趕緊免冠叩頭請罪，漢武帝見他平日瀟灑自如，如今也有此窘態，心裡也不免發笑，說：「先生站起來自責吧。」

東方朔向漢武帝施禮兩次，方才挺身而起說：「東方朔來東方朔，受賜不等官丞，是多麼無禮！拔劍割肉，是多麼雄壯！割肉不多，是多麼廉潔！回家送給妻子，又是多麼仁愛啊！」

漢武帝不禁哈哈大笑：「讓先生自責，先生反倒自誇起來。」說完，又賜給他一石酒，一百斤肉，讓他送給妻子。

東方朔經常以其機智善辯對答漢武帝，使自己從危機中安然脫身，轉危為安。

還有一次東方朔陪漢武帝遊玩上林苑，漢武帝看到苑中有一棵樹，就問東方朔：「此樹叫什麼名字？」

「叫善哉！」東方朔隨口答道。漢武帝暗中叫人將這棵樹做了一個記號。

幾年後，漢武帝又讓東方朔陪同自己去遊上林苑。當到了上次那棵樹前面時，漢武帝又故意問東方朔：「此樹叫什麼名字？」

「叫瞿所！」東方朔又隨口說道。

漢武帝以為抓到了東方朔的把柄，把臉色一沉說：「你竟敢欺君？上次你說它叫善哉，這次卻又說它叫瞿所。為什麼同一棵樹，卻有兩個名字？」

東方朔心裡也有點發慌，但臉上還是不慌不忙地回答說：「陛下，這棵樹就好比馬和雞等動物。馬長大之後我們才叫牠為馬，但是牠小的時候我們稱之為駒；雞也是一樣，大的時候我們才叫牠為雞，而小的時候我們叫牠雛；牛只有在長大之後我們才叫牠為牛，而牠小的時候我們叫牠犢。同樣，人在剛生下來的時候，我們稱之為嬰兒，到老了之後又稱之為老人。這棵樹也有一個成長過程，我以前叫它善哉，現在叫它瞿所，這又有什麼好奇怪的呢？」

漢武帝明知東方朔是在詭辯，但是對他的靈活機智和善變多謀非常欣賞，而且自己也實在不知道樹的真名，也就沒有再追究下去，反而給了東方朔許多獎賞。

在宗吾看來，東方朔憑著自己的機變之術屢屢躲過殺身之禍，原因就在於他的臨機反應能力非常之高，有了這樣的「底子」，什麼「瞎話」不敢編，「睜著眼」還是「閉著眼」都一樣！

**【宗吾真言】「舌轉乾坤，化險為夷」，關鍵在於隨機應變。而且這種「變」通常都是被動的，一般人身處險境已嚇得半死，早就顧不上「變」了，更談不上把分寸拿捏得恰到好處了。**

宗吾認為，作為上司，為了維護高高在上的權威，會有意喜怒無常，使下屬無法摸清自己的脾氣。這種多變就導致下屬的被動。作為下屬，只有隨機應變，才能保證無憂。

在清代的大臣中，紀曉嵐的知名度極大，他所流傳下來的奇聞軼事，大多與「變」有關。稍微不注意，就可能身首異處，而他卻每每化險為夷。

比如，一年夏天乾隆到承德避暑山莊避暑，由紀曉嵐陪同來到大佛寺。乾隆見彌勒佛那副笑容可掬的憨態，覺得很有趣，心中一動，衝著紀曉嵐用手指著大肚彌勒佛道：「紀愛卿，此佛為何見朕發笑？」

紀曉嵐明白是乾隆有意難為他，沉吟了一下，答道：「這是佛見佛笑。」

「此話怎講？」乾隆問道。

「聖上乃文殊菩薩轉世，當今之活佛，」紀曉嵐裝得十分恭謹地說，「活佛來見佛，故曰『佛見佛笑』。」

乾隆突然眼睛一轉問道：「紀愛卿，佛見卿也笑，這又是為何呢？」這話說得很厲害，如果依照前面的理由解釋，那臣僚也成了與皇帝同等的地位，這在君臣關係上是犯大忌的。

紀曉嵐聽後馬上一怔，略一思索，笑著答道：「聖上，佛見臣笑，是笑臣不能成佛。」這話就把君臣差別拉得遠遠的，一點也不犯忌。

還有一年夏天，乾隆新添了不少扇子，便要紀曉嵐題寫扇面，把他喜歡的唐代王之渙的《涼州詞》寫上去。可是，倉促之中，紀曉嵐不慎把「黃河遠上白雲間」的「間」字漏掉了。乾隆把臉一沉，說他有意欺君！

紀曉嵐想皇上發怒，未必是真，可能又是考考自己，於是緩緩說道：「啟稟聖上，這不是詩，而是詞。」接著，紀曉嵐一字一句地吟誦出來：「黃河遠上，白雲一片，孤城萬仞山。羌笛何須怨，楊柳春風，不度玉門關。」

乾隆哈哈大笑，紀曉嵐又逃過了一關。

還有一則更險的故事：

紀曉嵐長得很胖，又最怕熱。但是，按照君臣禮儀規矩，當時官員見皇帝時，即使是大熱天，也得頭戴官帽，身穿蟒袍，齊齊整整，不能有絲毫失禮，否則就是大不敬。因此一到夏天，紀曉嵐的日子就不好過，總是熱得汗流浹背，十分難受。

因為紀曉嵐才思敏捷，學識淵博，皇帝偏偏選中他每天入值南書房。而紀曉嵐因為怕熱，見皇帝時衣冠齊整，畢恭畢敬，一回到南書房，連忙脫衣納涼。

這天，紀曉嵐到養心殿見過乾隆後，回到南書房連忙脫去衣服，邊搧著扇子邊談笑風生。誰知乾隆又突然駕到。眾人一見皇帝來到，嚇得一個個慌忙跪伏在地。而紀曉嵐是個近視眼，一直到乾隆幾乎走到了他的面前才看見，這時連披衣也來不及了，趕忙伏到桌子底下，不敢抬頭。乾隆在一張椅子上坐了下來，也不說話，一直坐了一個時辰也不走。紀曉嵐實在熱得吃不消了，便從桌子底下伸出頭來問眾人：「老頭子走了嗎？」

乾隆佯作惱怒的樣子，大聲喝道：「紀昀無禮，竟敢說出這種無禮的話！沒穿官服還可饒恕，

『老頭子』三字作何解釋？」

乾隆這一惱怒，將眾同僚都嚇壞了，可是紀曉嵐卻從容答道：「萬壽無疆之為老，頂天立地之為頭，父天母地之為子。」這自然是紀曉嵐隨機應變說的話，不過對乾隆來說聽起來很受用。

在宗吾看來，運用「舌轉乾坤，化險為夷」，有一個時機和火候的把握問題，「過早」根本無法預料危機的出現，「過遲」就成了「馬後炮」了。而紀曉嵐這幾次之所以「化險為夷」，就是由於其火候和時機把握得極好，而且最重要的是他懂得機靈善變而又臉皮極厚。

**【宗吾真言】運用「舌轉乾坤，化險為夷」有一個問題需要注意，就是怎樣不使自己的聰明過分地表現出來，以免刺激到上司的自尊心，而節外生枝、適得其反。**

在宗吾看來，東方朔與紀曉嵐所用「舌轉乾坤，化險為夷」這法，是有一種風險的，就是只能對一些真心喜歡下屬有「智」有「才」的上司管用，或只是對一些無關上司的小事上管用。如果，由於運用「舌轉乾坤」而過分顯露出自己的才華，使上司產生了提防之心或抵觸之心就不妙了。這時，不妨說些言簡意賅的話，給上司留足想像的空間，促其自省，又讓他感到自己的高明。

唐太宗晚年時，看到「普天之下一派祥和、四海之內莫非樂土」的景象非常自負。他常常將自己和歷代的帝王比較，覺得無論是創業還是守成，都沒有一人超過自己。

有一年，唐太宗想，如今百姓已經安居樂業，自己也應盡情享受享受了，於是便決定籌建洛陽行宮、登泰山，做一次聲勢浩大的東巡活動。唐太宗擔心這件事一旦讓魏徵知道，這個敢於犯顏的人肯定會出面阻止，所以就想悄悄地進行。不料，魏徵還是聽說了，他果然提出了反對意見。

魏徵和太宗進行了一場激烈的辯論，逼著太宗放棄了東巡的念頭。為此，唐太宗非常惱火，他想報復一下魏徵，就擺出皇帝的威嚴說：「東巡可以不去，洛陽行宮卻不能不建，朕就命你去主持修建洛陽行宮。」君命難違，魏徵就勉強答應了。

魏徵到了洛陽，正趕上河南一帶遇到天災，他將唐太宗撥給的銀兩用於賑濟災民了。唐太宗聽說後，立即召魏徵回來見駕。沒想到魏徵不但不知錯，反而說了一大通建造洛陽行宮的不是。唐太宗當即喝令將魏徵下了大獄。

唐太宗回到宮內，仍然氣憤難平，自言自語地說：「我一定要殺了這個鄉巴佬！」這句話被長孫皇后聽見，她大吃一驚地追問：「陛下想要殺誰？」

「還有誰，就是魏徵那個鄉巴佬兒！太不識相了，總是揭我的短，干涉我的喜好。」唐太宗回答。

當時，長孫皇后聽說皇上要殺魏徵，便細問緣由。唐太宗沒等皇后說話，就說：「妳不用勸我了，我意已決！」說完，便不高興地回自己寢宮去了。

長孫皇后聽說唐太宗要殺魏徵，深感這是大唐的不幸，必須設法從刀下救出這位難得的忠臣。於是，她穿上只有在參加盛大慶典時才穿的衣服，向太宗的寢宮走去。

唐太宗見皇后這副打扮非常吃驚地問：「愛妻在內宮何必如此拘禮？」

長孫皇后莊重地下跪，說：「我給陛下賀喜來了。」

「哦，朕何喜之有？」唐太宗茫然地問。

「陛下要殺魏徵，這是一件大喜事。說明我大唐還有一批冒死進諫的忠臣。我聽說主上聖明，大臣才敢直言進諫；主上昏庸，大臣們就會阿諛奉承。現在魏徵敢於直言犯上，不顧個人生死，足以表明我大唐是主聖臣忠。魏徵的死，使我大唐增添了許多榮耀，當然值得慶賀了。」唐太宗聽罷皇后的這幾句話，恍然大悟，立即讓人急奔大獄，讓魏徵官復原職。

在宗吾看來，長孫皇后透過「頌揚」太宗殺魏徵的舉動，達到了救魏徵的目的。這充分說明，運用「舌轉乾坤，化險為夷」的說話技巧，既要懂得機智善變，同時又要有睜著眼睛說瞎話的厚臉皮，如此而已。

## 厚黑口才 十七 空口無憑，遁跡匿形

■ 俗話說，「真金不怕火煉」。可是，由厚黑包裹起來的謊言儘管不是「真金」，同樣經得起檢驗。

在宗吾看來，如果是「假作真時真亦假」，就一定要把謊言「編」得「無跡可尋」，即使別人能感覺到你是在說謊，但就是抓不住口實與把柄，也就是說，讓對方無法核實你所說的究竟是真還是假。同時，謊言最怕被核實，只要來一個當堂對質，什麼樣的謊言都會被揭穿。因此，絕不能給人提供核實的機會，在這點上絕不能心慈手軟。

**【宗吾真言】 如果能做到「空口無憑」當然最好，可是，有時別人不但不相信自己的謊言，還提出質疑，拿出了證據怎麼辦？有時可以採用一些文字遊戲，以使對方的證據失效。**

宗吾認為，對方已經拿到了自己「假作真時真亦假」的「憑證」，也不要著急，採用一些諸如斷章取義、語意雙關等文字遊戲，說不定可以改變被動局面。

曾國藩鎮壓太平軍，連連失敗。他打算請求皇上增援軍隊，於是就草擬了奏章，其中講到戰績

時，不得不承認「屢戰屢敗」。一位師爺看了這個提法後，馬上提醒他，前段時間，一員大將面奏時，也曾講到「屢戰屢敗」，因觸怒龍顏而被貶謫。曾國藩不禁嚇出了一身冷汗。但是，對皇上又不能謊報軍情。於是他苦思良久，突然靈機一動，將「戰」與「敗」兩字調換一下位置，這樣「屢戰屢敗」變成「屢敗屢戰」，從而使這句話的意思產生了質的變化。「屢戰屢敗」是一種無能的表現，而「屢敗屢戰」卻是一種英勇無畏的表現。

皇上接到曾國藩的上奏，讀到「臣屢敗屢戰」果然龍顏大悅，認為他在失敗面前鬥志不滅、百折不撓，並對曾國藩大加讚賞。

宗吾認為，曾國藩明明是在為自己開脫罪責進行辯護，卻透過改變詞序使自己的「謊言」無懈可擊。

又比如，有一個公子哥兒因馬術未精而傷人致死。他的父親在訟師的夥同下，賄賂了縣署代書訴狀的小吏，將狀詞中的「馳馬傷人」改為「馬馳傷人」。馳馬傷人，是指人乘馬飛馳傷人，罪在人；馬馳傷人則是指馬脫韁而傷人，這屬意外事故，這位公子哥兒並不構成犯罪。

還有一個故事，蘇東坡幼年時，天資非常聰明，由於讀書特別多，書上的字也沒有不認識的，再加上文章寫得好，因而受到人們的尊敬和讚揚。於是，他有點飄飄然了，竟然在自己書房門前書上一聯：「讀盡人間書，識遍天下字。」

有一位長者專程來到蘇家，向蘇東坡「求教」，請蘇東坡認一認他拿來的書。書上寫的全是周朝史籀創制的字體，蘇東坡一個也不認識，羞得面紅耳赤。長者也沒有說什麼就走了。蘇東坡這才感到自己門前的對聯名不副實，馬上將對聯各填一字，上聯是：讀盡人間書易，下聯是：識遍天下字難。這樣一改，先前的尷尬就一掃而光！

透過篡改來說謊的，最高明的就算三國時的孔明。他為了智激周瑜，聯合抗曹，在勸說周瑜時，虛擬出「曹操征戰江南，是為了得到二喬」之說，為了使周瑜深信不疑，還故意將曹植的《銅雀台賦》的「連二橋於東西兮，如長空之蝃。」改為「攬二喬於東南兮，樂朝夕之與共。」巧妙地將二喬即周瑜與孫策的夫人攬入其內，一下子就激起周瑜的大怒，所以才在諸葛亮佯裝惶恐之狀後，堅定破曹信心。

總之，宗吾認為，無論在對方使用證據上，還是在自己使用的證據上，稍微做點手腳，既是一種巧妙的說謊的方法，也是一種維護自己的謊言不被揭穿的方法，如果運用得當，能發揮事半功倍的效果。

## 厚黑口才 十八 偷樑換柱，順勢反擊

■如果為了「圓謊」而疲於奔命，窮於應付，根本無暇顧及自己要實現的目標，「假作真時真亦假」就失去了真正的意義。

宗吾認為，「假作真時真亦假」最大優勢在於進攻，在於使自己在人性叢林中「攻城掠地」。可是，一旦處於被動局面時，厚黑行世者，一定要學會化被動為主動的技巧，可以透過移屍嫁禍、借屍還魂等「造假」手法，運用「偷樑換柱，順勢反擊」的「售假」戰術，實現以退為進的厚黑目的。這才是「假作真時真亦假」的真正意義所在。

**【宗吾真言】「欲加之罪，何患無辭」，這是權力支配者對被支配者的一種「假作真時真亦假」的手法；如果同等地位而要陷害對方的話，那就是「欲嫁之罪，何患無計」了。自己不用出面，又達到了自己的目的。**

宗吾認為，厚黑行世者必要時，可以運用「移屍嫁禍」的手法，轉移禍患於別人，以達到「偷樑換柱，順勢反擊」的目的。

例如，唐朝的武則天本是唐太宗的「才人」，太宗死後，她又成了高宗的「昭儀」，寵幸無比。可是，她是一個有雄才大略又野心勃勃的女人，自然不會滿足於此，她的目的在於奪取皇后寶座，獲得可以施展抱負的權力。

於是，她在取得了高宗的絕對信任後，便開始誣衊皇后。那時，武則天生了一個女兒，乖巧伶俐，高宗非常疼愛。一天，皇后找武則天聊天，見女孩很可愛，逗她玩了一陣才走。武則天趁機狠心地將女兒掐死，蓋上被子，自己卻溜到花園去看花。

高宗回宮了，武則天笑嘻嘻地從花園裡回來。接下來的一幕大家可想而知，高宗大怒，認為皇后竟如此狠心，死他的愛女！從此，產生了廢皇后的念頭。

沒過多久，高宗生病，武則天又派人潛入東宮去，在牆角裡埋下一個草人，上寫著高宗的生辰八字，又故意叫人向高宗告密，說皇后日夜在念符咒，要咒死高宗，高宗令人去掘出草人，證據確鑿，皇后想分辯也不行了，最後被打入冷宮。

又比如，明神宗即位時，大太監馮保，居中用事。而此時獨握大權的是內閣大學士高拱。張居正明白要奪權扳倒高拱，非借馮保之力不可，於是暗中與馮保交好。有一次，神宗早朝，剛走出宮，突有一無鬚男子疾趨而來，左右見後，即上前把他抓住，搜出一把利刀，顯有行刺企圖。

神宗馬上讓馮保審問，此人供說是來自南方的戚繼光的營裡。馮保聽了嚇了一大跳，當即停止審問，馬上去找張居正，商量如何處置這件事。張居正卻答非所問地說：「高拱總想把你逐出宮外，你難道不想除掉他嗎？何況戚繼光正握著南北軍權，不能輕易把他扳倒，何不如此如此？」

馮保回來就叫親信去辦，這名親信就去對疑犯說：「下次再審問你的時候，你只一口咬定是高拱主使你來行刺皇上的，便可赦你無罪，還會升你做錦衣衛，賞賜千金。如果你不照這樣說，必會當場把你打死。」

這名刺客在威逼利誘之下，勉強答應照辦。當這名刺客真的如此招供之後，卻被判了個斬立決，被滅了口。在此情況之下，高拱也不敢再貪戀自己的權位了，只好讓出相位，告老還鄉，朝政大權，獨自落在張居正手裡。

在宗吾看來，張居正的高明之處在於，製造謊言整掉對手，又殺人滅口，這樣「假作真時真亦假」就圓滿了。

**【宗吾真言】 遭到重大挫折，僅憑自己的力量無法恢復，為了能夠東山再起，利用一切可以利用的事物，從另外的地方，以另外的形式重新出現。這就是「借屍還魂」，此招用於「順勢反擊」再合適不過。**

宗吾看來，在自己面臨失敗之後，可以利用「借屍還魂」之計，實施「假作真時真亦假」，透過製造謊言，以便東山再起。

例如，劉邦用計謀誅殺了功臣韓信、英布、彭越、陳豨等異姓王，並把自己的兒子分封為王，在臨危時還召集列侯群臣於病榻前宣誓：「此後非姓劉的不得封王，非有功不得封侯，如違此約，天下共擊之。」

可是等到劉邦駕崩，大權落到了皇后呂雉手中。呂后一旦大權在握，就想變劉家天下為呂家天下。於是，諸王逐漸被她殺害了，未遭毒手的也都削了兵權。

齊王劉章原來的二十萬兵馬，就要被呂后收回去。就在他不知所措時，門客田子春表示，有辦法去長安把兵權討回來，並向劉章要了一筆活動費和黑白兩匹良馬。

田子春帶了七歲大的兒子奉郎一齊上路，在長安住下。他打聽到呂后最信任的心腹是張石慶，便在他身上打主意。

田子春知道張石慶每天上朝必經過門前，便故意把白馬拴在店門口。張石慶見到，對這匹良馬讚不絕口。第二天早晨，田子春又將黑馬拴出來，張石慶又看見了，更加欣羨不已。經打聽知道是個賣馬的住客。

於是，田子春被喚進張府，張石慶就問：「你那兩匹馬賣不賣，要多少錢？」

田子春恭敬地說：「我那兩匹馬是一對良駒，特地從齊魯趕來的，大人喜歡的話，哪敢說賣，送給大人便是了。反正我賣馬的目的，不外想賣點錢去求點事情做，光耀一下罷了！」

張石慶聽說後，對他非常有好感，就問：「你貴姓？」

「敝姓田。」

「那更好，恰好和敝眷同姓。既然你要做官，就索性做我的小舅子吧！」

從此，田子春便搬入衙門居住，儼然成了一家人。

田子春是個善於逢迎之人，每天和張石慶高談闊論。一天在閒談間，田子春說：「如果姐夫能向太后奏請封呂氏三人為王的話，將來姐夫可升做上大夫呢！」

第二天入朝，張石慶奏請封三呂為王，太后果然大喜，封張石慶為丞相。

張石慶喜不自勝地回來，田子春卻假裝非常後悔，說：「我真該死，不應酒後胡言，如此一來，壞了太后的大事。您想，劉氏還有三個王在外，自然不喜歡啦，萬一起疑心，造起反來，事情不是糟了嗎？」

張石慶聽他這麼一說，也沒有主意。

「現在唯有想辦法也給姓劉的一點好處，緩解一下。」田子春接著說。

當晚，張石慶入宮見太后，奏說：「外間已傳開了，說關外三王劉澤、劉號、劉長，知封三呂為王，心中不服，想造反了。」

太后問：「有什麼方法可以制止他們呢？」

「可不可以這樣？」張石慶說，「將三王中的有官者賜賞，無官者付給兵權，他們有了甜頭就不會造反了！」

太后認為非常有道理，立即叫陳平入宮，商議這件事。當太后問他，劉氏三王中誰無兵權時，陳平答：「只有山東劉澤久在賦閒，無職無兵權。」

「好，叫劉章入朝。」太后當即派使者到齊魯，告訴劉章，劉章大喜，即刻啟程上長安。太后便把兵印給張石慶轉交予劉章，給了他二十萬軍馬。沒過多久，劉章憑藉著這二十萬軍馬在山東起兵造反。

在宗吾看來，呂后正是由於被「假作真時真亦假」的田子春蒙蔽，才中了「借屍還魂」之計，使劉章不但沒有被殺，還重新掌握了兵權，為推翻諸呂重奪劉氏江山奠定了基礎。

**【宗吾真言】 運用「偷樑換柱，順勢反擊」的說謊技巧，必須在對方不知不覺中，用某種東西換走另外一種東西。調換的時候，一般都是用假的換掉真的，用壞的換掉好的，用次要的換掉主要的。當對方發現受騙上當的時候，已經來不及了。**

宗吾認為，對於「偷樑換柱」這種「假作真時真亦假」的技巧來看，歷史上的「沙丘之變」是一個成功例子。

秦始皇巡狩天下，行到沙丘地方，忽然舊病復發，他自知死期將近了，便悄悄對丞相李斯說：「我的病是不會好了，你輔助我這麼多年，事無大小，都是你代勞，我很相信你對我的一片忠心。我死了之後，你可要扶助太子扶蘇為皇帝，太子為人聰明能幹，仁民愛物，足能繼承父業。你能用輔我的心輔他，扶他登位，我死也瞑目了！」

可是，宦官趙高怕太子一旦登基，會對自己不利，便去對李斯威逼利誘，軟硬兼施，最後說動了李斯站到了自己這邊，和自己一同實施一個巨大的「偷樑換柱」的「謊言」。

趙高見李斯被說服了，便歡天喜地的去見胡亥，開口就說：「公子知道目前有一個大問題馬上要解決嗎？我已和丞相交換意見，不如把遺詔改為讓公子為帝，共享富貴。」

於是，趙高和李斯把遺詔改了，另偽造一道聖旨，派人帶交太子扶蘇要他自盡。扶蘇根本不知父親死訊，讀罷詔書，淚流滿面地說：「君教臣死，不敢不死！父要子亡，不敢不亡。今日君父要我死，我不能不自盡了，還是服藥酒吧，免得身首異處！」

見此情形，蒙恬連忙阻止說：「皇上派我率領三十萬大軍駐守邊疆，又叫太子來監督，責任重大，信任有加，既然信任我們，現在又要我們死，絕無此理，其中必有詐情，不如回京去問個明白，如果屬實了，那時再死未遲！」

太子扶蘇悲傷地說：「君父的命令既然下達了，絕不可以違反，若再回京奏請，豈不加重我的罪行？」說完，飲毒自盡。就這樣，扶蘇死了，胡亥就繼承了帝位，國家大權盡在李斯和趙高手中。隔了不久，趙高製造一個藉口，把蒙恬殺害，還株連九族，隨後又找機會除掉了宰相李斯，使自己獨霸了大權。

在宗吾看來，運用「偷樑換柱」的手法是有極大危險性的，對此應有足夠的認知。因此，運用此手法製造謊言時一定要乾淨徹底，不留後患。從這個角度來說，趙高不愧為一個厚黑高手。

# 第三篇　含沙射影動以情

◆厚黑口才的一個重要標誌，是能否透過一番說辭改變別人的意志。心理學研究顯示，缺乏「煽動力」的語言是很難做到這一點的。生活中，對於你的意見，有人會冷淡地應付你，有人會糾纏於枝節來敷衍你，或表面上對你的一切要求都大包大攬，可是隔一段時間後，又以各種理由拒絕你。出現這些情況的原因，就在於你沒有真正說服他，沒有在靈魂深處觸動他，要改變這種被動局面就需要極其高明的說服技巧。

## 厚黑口才 十九 摸清底牌，消除對抗

■「知彼知己，百戰不殆；不知彼而知己，一勝一負；不知彼不知己，每戰必殆」，要想改變對方的意志，首先必須弄清其真實想法。

宗吾認為，運用「含沙射影動以情」的關鍵在於摸清對手的底牌，在說服對方的過程中，明明是為了自己的利益，卻會擺出為對方著想的姿態，使對方心存感激，在不知不覺中被你牽著走，解除了自己的心理武裝，敞開了自己的心扉，接受了你的意見，改變了自己原本的想法。由此可見，「摸清底牌，消除對抗」的實質就是哄騙對手，以便始終掌握著說服工作的主動權。

**【宗吾真言】 要想使對方完全改變自己的意志，必須摸清對方的思維脈絡，然後順著對方的思路來哄騙他，這樣對方就會心甘情願地改變自己的意志。這實質上就是透過「含沙射影動以情」讓對方自己說服自己。**

宗吾認為，在運用「摸清底牌，消除對抗」時，順著對方的思路針對性地說服才有效果。

例如，袁世凱竊取了中華民國臨時大總統權力後，每天都在做著皇帝夢。有一天，他正在睡覺

時，一名侍婢正好端來參湯，誰知不小心將玉碗打碎了。婢女自知大禍臨頭，因為這只玉碗是袁世凱在朝鮮王宮獲得的寶貝。過去他都捨不得用來孝敬慈禧太后，現在被自己打碎了，這一定是死罪難逃了。正當這時，袁世凱醒了，他一看見玉碗被打得粉碎，氣得臉色發紫。這時，已經冷靜下來的侍婢心想反正是福不是禍，是禍躲不過，於是跪倒哭訴道：「不是小人之過，實在是有下情不敢上達。」

袁世凱罵道：「有什麼話，快說。」

侍婢說：「小人端參湯進來，看見床上躺的不是大總統。」

「混帳東西！床上不是我，那會是誰？」袁世凱以為侍婢已經被嚇糊塗了。

侍婢接著說：「床上……床上……床上躺著的是一條五爪大金龍！」

袁世凱聽她如此一說，以為自己是真龍轉世，登上夢寐以求的皇帝寶座，看來順理成章了，想到這裡，不僅怒氣全消了，還情不自禁地拿出一疊鈔票來打賞婢女為她壓驚。

在宗吾看來，這個婢女正是看透了袁世凱想當皇帝的心思，並順著他的思路哄騙他，才使她的謊言一矢中的，在生死存亡關頭，不僅免了殺身之罪，還得了大筆的獎賞。

又比如，有一個人帶著一大筆款子，騎車去他的鄉間別墅。半路上突然遇到一名強盜，強盜用槍頂著他，逼他交出錢來。這個人滿口答應了強盜的要求，只是懇求他說：「朋友，請幫個小忙，在我的帽子上打兩槍，我回去好向主人交代。」

強盜一想也有的道理，就摘下他的帽子打了兩槍。接著他又說：「謝謝，不過請再把我的衣襟打兩個洞吧！」

強盜又不耐煩地扯起衣襟打了幾槍。這個人又深深地鞠了一躬，央求道：「太感謝您了，可是我們主人疑心非常重，乾脆勞駕你將我的褲腳也打幾槍。這樣就更逼真了，主人不會不相信的。」

強盜一邊罵著，一邊對著他的褲腳連扣了幾下扳機，但不見槍響，原來子彈打完了。這個人拿起錢袋，跳上車子飛也似的跑了。

在宗吾看來，這個人的成功逃脫，正是由於他順著強盜思路，使強盜相信了他的請求是有道理的，是合乎邏輯的，這樣，強盜就不會深究他的真實目的了。可見，在厚黑口才中，摸清對方思維脈絡的重要性。

**【宗吾真言】 哄騙對方的一個基本前提就是使對方相信你是在為他著想，只有這樣，他才能接受你的意見。反之，如果對方的心理武裝沒有解除，那麼你的一切說辭，對方都會提出質疑。**

宗吾認為，運用「摸清底牌，消除對抗」這一說服技巧，必須善於把自己的真實目的隱藏起來，偽裝成是在為對方著想。

例如，春秋時期，齊相田常要蓄謀篡位，為了樹立自己的威望，說動國君出兵討伐魯國。孔子聞訊後，讓善於辭令的子貢出使齊國，阻止齊國進攻魯國。

子貢到了齊國後，首先去拜見田常。子貢壓低聲音說：「我聽說，國內有憂患之時，攻擊強敵；國外有憂患之時，攻擊弱者。現在您進攻魯國，雖易取勝，但必定會導致國君驕橫，群臣妄自尊大，其位更加鞏固，對您成就大事有什麼好處呢？如若攻吳，可藉強敵之手剔除異己，減少相國之阻力，那孤立國君制服齊國的，不就只有您一人嗎？」

田常說：「先生之言極是，但我的兵已派往魯國了。如果離開魯國轉而討伐吳國，群臣必會議論，頓生懷疑，該怎麼辦呢？」

子貢不慌不忙地說：「我前往吳國見吳王，讓他救魯伐齊，這樣，相國出師迎戰吳國就有理由了。」

於是，子貢又跋涉到了吳國，他向吳王夫差說：「如今齊國發兵去攻魯國，打算奪取魯國後與吳國爭強，大王何不發兵救魯，顯名於天下？」

吳王本來就是一個非常有野心的君主，聽了子貢的話有些動心，但是還有些猶豫，他對子貢說：「這樣雖然是好，但越王正苦其心志，養兵屯糧，伺機對我報復。故我應先平越患，再揮師北上，討伐齊國。」

子貢說：「如果那樣的話，魯國就會被齊國吞併了，與大王爭霸的就非越國而是齊國了。」

子貢又說：「我願去面見越王勾踐，讓他派兵從征，跟隨大王討伐齊國。這樣實際上是挖空了越國的兵力。大王亦無後顧之憂了。」

子貢又來到越國，越王勾踐親自遠迎。子貢說：「我勸吳王伐齊救魯，他本來想去，但是擔心越國趁機報復，所以打算等討伐越國後再出兵齊國，這樣一來，越國又要遭難了。」

越王勾踐聞言一時不知如何是好，子貢又好像自言自語地說：「有報復之心還沒有報復行動，事情還未做，就走漏消息，這是很危險的。」

越王勾踐更是心驚肉跳，便叩頭拜謝子貢說：「現在我日思夜想，恨不能和吳王同日而死，以了我的心願。不知先生有沒有什麼好辦法？」

子貢回答說：「吳王驕橫殘暴，軍士都極其不滿，百姓也滿懷怨恨。如果大王發兵助吳伐齊，可奪他滅越之志；贈送重金珍寶，可取悅其心；進卑謙之辭以禮，可消其疑慮。這樣，他一定會去討伐齊國，而不再與越國為敵。如他伐齊敗北，那是大王的福分；如他伐齊取勝，必然用兵威逼晉國。晉國必與諸侯一起攻討吳國。吳國被削弱，大王趁機攻吳，一定會滅掉吳國。」

越王勾踐非常高興，五天之後，就派大臣向吳王進獻，並告之：「越王勾踐願意帶領三千士兵隨吳王伐齊。」

子貢又想到，如果吳王討伐齊國取得勝利後，對魯國要脅，魯國的危險仍然未解。於是又匆匆來到晉國，對晉國國君說：「現在吳國將要與齊國打仗，如果吳國敗於齊國，越國必將襲擊吳國；如果吳國打敗了齊國，吳國必將移兵攻晉，爭霸中原。」晉國國君聽後大吃一驚，子貢又接著說：「晉應早做準備，修造武器，陳兵以待。」

果然不久，吳王夫差親率吳兵和越兵向齊國大舉進攻。吳王軍隊與齊國軍隊在艾陵交戰。結果齊軍陷入重圍，傷亡慘重，齊國幾員大將都死於戰場。吳軍大獲全勝後，果然移師攻晉，與晉國軍

隊在黃池交戰。由於晉軍早有準備，打敗了吳國的軍隊。越王聽到這個消息，馬上派兵渡江攻擊吳國。吳王得知後，立即回師與越軍在五湖交戰。吳國城門失守，越軍包圍了吳國的宮殿，逼死了吳王夫差。

在宗吾看來，子貢遊說四國，都是打著為他們著想的旗號來哄騙他們的，從「內心深處」打動了四國，使他們上了大當，最終達到了他亂齊、破吳、強晉、霸越，保全魯國安全的真實目的。

# 厚黑口才二十 以情之矛，攻情之盾

■在運用「內心深入一把火」這一技巧時，以自身堅韌的「情感」攻擊對方脆弱的「情感」，既簡便又有效。

「情感」是人類的特徵之一，試想獅子絕不會因為「憐憫」而放過到手的羔羊，老虎也不會看在猴子的面上對梅花鹿大發慈悲，而人類卻不同。但是，「情感」也是人類最脆弱之處。可是這種「情感」的脆弱性又是因人而異的，對於一個奉行厚黑之道者來說，這種經過了「厚黑錘煉的情感」就非常堅韌。因此，宗吾認為，要改變人的思想意志，從情感著手是最簡單有效的。

**【宗吾真言】在社會上的每一件事，都在明裡暗中交織在錯綜複雜的關係網中。因此，一定要善於運用關係網，有了熟人，才有人情，有了人情，才好說話，你的口才才可以淋漓發揮，你的目的才能順利達到。**

宗吾認為，透過「以情之矛，攻情之盾」的手法，發動情感攻勢，其中就包括「人情」攻勢。比如利用「同窗之情」。同窗之情，猶如朋友之情，但又有別於朋友之情；同窗之情，情如手足，在某種程度上猶勝於手足之情。昔日同窗的音容笑貌還存留在記憶之中，雖時隔多年，現已不認識對方，但經言語的生動再現，可以使對方想起往事，在這種氛圍之中，要說服對方是非常容易的。

宗吾認為，利用同學關係，在談話時先勾起對方的回憶，在水到渠成之時，再順勢說出自己的要求，對方往往也會樂得做個人情。不僅「同學之情」可以利用，「同鄉之情」也同樣。中國人的鄉土觀念非常強烈，對同鄉人有一種天生的熱情，尤其到外地遇到同鄉時，這種「老鄉見老鄉，兩眼淚汪汪」的感情就愈發強烈。因此，在運用「含沙射影動以情」時，如果對方是你的老鄉，一定要運用你的口才，與老鄉談起家鄉的話題，以此來觸動他的思鄉情緒，達到共鳴，從而順利地達到說服的目的。

又比如「鄰里之情」。俗話說：「遠親不如近鄰。」鄰里關係是最簡單也是最實用的關係。鄰里之間近在咫尺，他們的適時照顧和幫助，有時能解決你的燃眉之急。鄰里關係的好壞與會不會說話大有關係。擁有一張好「嘴」的人往往有一個好的鄰里關係，而那些不善表達的人，其鄰里關係往往也不好，這樣，他們不免要吃些「嘴」上的虧。

還有「同僚之情」。只要踏入社會，就會有許多同事，同事之間由於在一起共事，友誼會自然而然地產生，一個人在家和家人相處的時間和在公司與同事相處的時間幾乎差不多。因此，在「以情之矛，攻情之盾」時完全可以充分利用同事關係打動對方。

**【宗吾真言】如果對方有錯在先，自知理虧，這時如果你能採用一種「得饒人處且饒人」的姿態，甚至做到以德報怨，對方通常會馬上改變態度和觀點。因此，以德報怨是「以情之矛，攻情之盾」的一個重要方面。**

宗吾認為，在運用「含沙射影動以情」時，以德報怨會使人感激涕零。反之，如果你得理不饒人的話，就可能激化衝突，使對方更加堅定地站在了你的對立面。

例如，建武元年，劉秀在滎陽稱帝，隨即親率大軍由黃河北岸沿河而上，包圍了黃河南岸的洛陽，洛陽的守將叫朱鮪。洛陽城高牆堅，糧草充足，劉秀圍攻三個月都沒有攻下來。於是，劉秀想起手下大將岑彭與朱鮪有過一段交情。於是，劉秀讓他去勸降朱鮪。

岑彭來到洛陽城下，高聲叫道：「請稟告朱將軍，故人岑彭求見。」守城的兵卒立即通報了朱鮪。朱鮪來到城頭上，兩人互道別情以後，岑彭說：「過去，我有幸追隨麾下，又承蒙將軍提拔，常思報恩。如今赤眉已下長安，更始劉玄敗亡。光武皇帝陛下受天之命，平定燕趙，盡有幽燕，百姓歸心，有識之士紛紛來投。今陛下兵臨洛陽城下，正是將軍建功之時。天下重歸於漢乃大勢所趨，將軍為什麼還堅守這座孤城呢？」

朱鮪十分懇切地說：「足下所說的道理，我自然領悟。只是三年前大司徒（劉秀的哥哥）被害時，我也曾參與謀劃；後來劉玄遣蕭王（劉秀）北伐，我又出面阻止，所以在蕭王面前，我是個有罪之人，怎能奢望蕭王的寬恕呢？」

岑彭把朱鮪的顧慮告訴劉秀，劉秀大笑說：「欲建大事者，豈能記人小怨？朱將軍若肯獻城來降，官爵均可保留，何談誅罰？」然後，劉秀又手指黃河誠懇地說：「我以河水為誓，絕不食言！」岑彭趕去把劉秀的話轉告了朱鮪，朱鮪答應投誠。

五天以後，朱鮪對守城的部下說：「我先去探望虛實，爾等仍舊守城，如我不歸，爾等率軍南下，投奔郾王尹尊。」他安排好之後，一個人騎馬來至漢營，先見了岑彭，並把自己綁了起來，由岑彭帶至劉秀的行轅。劉秀急忙起身迎接，並親自解開了繩子，朱鮪跪在地上說：「臣知有罪，望陛下寬恕。」劉秀忙把朱鮪扶起，寬容地說道：「為主盡忠，何罪之有？請將軍不要再這樣說，今能與將軍共同匡復漢室，真是社稷之幸，天下之幸。」

隨後，劉秀傳令準備酒宴，與朱鮪同飲，不知不覺中，朱鮪的顧慮全部消除了。宴罷之後，劉秀命令岑彭說：「請廷尉送朱將軍過河，然後請朱將軍自歸洛陽。」朱鮪回到洛陽後，與諸將談起了劉秀不記舊怨，寬厚大度，是一位聖明的英主。第二天，朱鮪就率全體守城將士投降，被劉秀封為平狄將軍，扶漢侯。

古往今來，像劉秀這樣的政治家有很多，他們之所以能以德報怨，是因為他們心中懷有大志，一般的「小怨」在他們的宏偉目標面前是不值一提的。也正是他們的以德報怨，才使得天下歸心，成就一世英名。這也就是所謂的「以自身堅韌的情感攻擊對方脆弱的情感」的實質。

**【宗吾真言】　如果你曾經有恩於對方，或者說對方曾經欠你的人情，你在說服對方時，一定**

**要善於以這一點打動他，設法使對方重新升起對你的歉疚之情，這時你的情感攻勢就很容易發揮威力。**

宗吾認為，「知恩圖報」是人的本性，如果能讓對方感到欠你的情，他就會懷有「報恩」的想法，這時你很容易打動他。

例如，春秋戰國時期，楚國相國孫叔敖，一心為國，為政清廉，從不謀私利，做了很多年的官，卻沒有給子孫留下家產。楚國藝人優孟，身材修長，容貌美麗，不只是戲演得好，而且厚黑口才，常常寓諷諫於談笑之中。孫叔敖知道優孟為人正直賢明，所以待他不錯。後來，孫叔敖患了病，臨死之際，囑咐他的兒子說：「我死了以後，你必定會貧困。如果見到優孟，你就說是孫叔敖的兒子，他一定會替你想辦法的。」

孫叔敖死了以後，他的兒子生活非常貧困。一天，孫叔敖的兒子真的遇上了優孟，優孟有感於孫叔敖對自己的恩情，就對他說：「你不要到很遠的地方去，會有人來找你。」

從這以後，優孟便細心模仿孫叔敖的言談舉止，一段時間後，他已經能把孫叔敖學得非常像。一天，楚莊王設宴會客，優孟扮成孫叔敖的樣子，走上前去敬酒，莊王抬頭一見，大吃一驚，以為是孫叔敖復活了，要讓他再任相國。優孟忙說：「請讓我回去與我夫人商量一下，三天後給您答覆。」

三天後，優孟又來見楚王。楚王忙問：「夫人怎麼說？」

優孟說：「夫人要我慎重考慮，說不要做相國，特別是楚國的相國不要做。」

楚王非常不解，優孟回答說：「比如像孫叔敖做楚國相國這麼多年，功勞沒有能與他相比的了。他忠心為國，廉潔奉公，把楚國治理得這麼強大，號稱諸侯霸主。但現在死了之後，他的兒子沒有立錐之地，貧困不堪。像孫叔敖這樣，我還不如自殺。」

楚王見此，感慨萬端，想起了孫叔敖當年為自己立下的大功，而他的後人卻要忍受貧困，於是感到自己非常對不起他，馬上傳令，將一塊很大的土地封賞給他，以後十代都不收回。

在宗吾看來，優孟如果直來直往的去替孫叔敖的兒子說話，楚王也可能會給他一定的賞賜，但是絕對不會這樣豐厚。而優孟設法使楚王產生了一種愧疚之心，這種愧疚之心使他感到必須做些什麼來補償，這就與直來直去相比，在效果上有了天壤之別！

## 厚黑口才 二十一 旁敲側擊，觸動心靈

■不要明言，話只說一半，剩下一半讓對方自己掂量著辦，對於對方來說，這樣往往可以產生更大的震懾作用。

宗吾在《厚黑學》中再三聲明，「用『恐』字的時候，要有分寸，如用過度了，大人們惱羞成怒，做起對來，豈不就與自己的宗旨大相違背？這又何苦乃爾，非到無可奈何的時候，恐字不能輕用。」其實，在設法去觸動對方心靈時，不一定非冒很大風險，完全可以採用一個低風險的策略——「旁敲側擊」。

**【宗吾真言】　要把一個現成的結論強加給對方很難，但卻可以很容易地把推理和思維的程序「推銷」給對方，這時，只要點撥一下問題的癥結所在，對方就很自然地沿著你指定的思路得出結論。**

宗吾認為，點撥關節，由對方自己推想後果，可以達到很好的「旁敲側擊，觸動心靈」的目的。因為，結論不是你強加對方的，一切都是水到渠成，不由得對方不相信。

例如，楚靈王於周景王七年召開諸侯大會後，為了向各諸侯國展示自己兵力強盛，兩次攻打吳國，但都沒有成功。於是就大興土木，欲以物力誇示於諸侯。

他修建了一座宮殿，名叫章華宮，佔地四十里，非常雄偉。周景王十年楚國邀請魯昭公前來祝賀章華宮落成。前去邀請的大夫啟疆說：「魯國國君起初還不肯來，我再三向他敘說他與我國大夫嬰齊的舊情，又以討伐相威脅他害怕被攻打才來的。魯君對禮儀很熟悉，願主公多多留意，不要被魯人笑話。」

楚靈王問：「魯君相貌如何？」

大夫啟疆說：「白面皮、高身材，留著一尺多長的鬍子，可謂一表人才。」

楚靈王暗中選了十名大漢，都留著長鬍子，讓他們學習魯國的禮儀，作為魯昭公的陪同。魯昭公乍見之下，十分吃驚。又見章華宮華麗壯觀，誇讚之聲就不絕於耳。

楚靈王十分得意，問：「貴國亦有這樣的宮殿嗎？」

魯昭公忙躬身回答：「敝國小得很，比不上貴國萬分之一。」

楚靈王更得意洋洋，遂下令在章華宮中宴請魯昭公。宴畢，楚靈王一時興起，便將楚國兵庫中的鎮庫寶弓、一只名為「大屈」的弓贈給魯昭公。

第二天，楚靈王酒醒後就後悔了，他捨不得此弓被別人拿走。

啟疆說：「主公放心，我能使魯君把此弓還給你。」

啟疆到公館拜訪魯昭公，假裝不知道這件事，對魯昭公說：「我國國君昨日宴請時，贈給君王什麼東西沒有？」

魯昭公拿出了大屈弓。啟疆見了，佯裝畢恭畢敬的樣子，向魯昭公祝賀。

魯昭公說：「一把弓有什麼值得祝賀的。」

啟疆說：「這只弓可謂名揚天下，齊、晉、越三國，都曾派人來索求它，我國國君都未答應。現在把這弓贈給君王，他們三國，將向貴國索求了。貴國應加強防禦，小心地保護著這只寶弓。這還不值得祝賀。」

魯昭公說：「我不知道這是只寶弓。要知道這樣，怎敢接受呢？」

於是，便把大屈弓還給楚國。

宗吾看來，啟疆所用的就是「旁敲側擊，觸動心靈」之法，巧妙地利用寶弓的名氣與大國的實力，表面上是在恭維魯昭公，而實質上卻是在嚇唬他，從而達到為自己「要回大屈弓」的真實目的。

**【宗吾真言】 有權有勢的人一般都非常自負，不大願意接受別人的意見，這時要想觸動他們的心靈就得用更巧妙的辦法。不妨可試一試類比和比喻的方法，使對方悟出假如不按你所說的去做，後果將非常嚴重。**

在宗吾看來，中國古代有名的說客辯士，大都是善用「旁敲側擊」，以「觸動心靈」，他們最常用的方法就是「類比」和「比喻」。

比如，明成化十五年權閹汪直受命巡邊，防邊官吏畏之如虎，甚至坐在路邊等候迎接。鎮守遼東的兵部侍郎馬文升對汪直不滿。於是，汪直與陳鉞合謀，把陳鉞擾邊的罪責一古腦兒轉嫁到馬文升身上。原來，陳鉞濫殺邊民冒功激起民憤，馬文升前往剿撫，才得平定。由於汪直的奸詐，馬文升被貶。陳鉞細心揣摩汪直的心意，覺得應當為他創造一個立戰功的機會，於是，就假報邊警。憲宗讓朱永統兵，汪直做監軍，到邊境轉了一圈，便凱旋了。這次出征的結果有兩條：一是殺了許多無辜邊民，搶了不少財物；二是朱永被封為保國公，陳鉞升為右都禦使，汪直加了俸祿。

王越見陳鉞升官發財，也依樣畫葫蘆，假稱邊關有警。憲宗也不問明原委，只管稀裡糊塗地下命令，再次讓朱永領兵，王越輔助，汪直監軍，「凱旋」之後各有升賞，王越如願以償，被封為威寧伯。

王越和陳鉞成了汪直的心腹爪牙，時人把他倆比作兩把「鉞」（古代的一種斧子），莫不畏懼。

偏偏有一個善於戲謔的小宦官阿醜看不過去，就設法在憲宗面前揭發他們。一天，阿醜在憲宗面前扮戲，裝作街頭醉漢的樣子，胡說亂罵，憲宗聽了不解。另一小宦官扮做一個行路人，大聲喊：「官長到了？」阿醜不理，謾罵如故。一會兒又上了一太監，大呼：「御駕來了！」阿醜仍然不理。最後，小太監上來急呼：「汪太監來了！」阿醜立即顯出驚慌之狀，小太監故意喊住他問道：「皇上來了，你都不怕，怎麼單怕汪太監？」阿醜答道：「我只知有汪太監，不知有皇上，汪太監不是難惹嗎？」憲宗聽了這些話，若有所思。

阿醜見皇上已被打動，便進一步仿效汪直的衣冠，持兩把大斧而行，旁邊的伶人問：「你拿這斧子幹什麼？」阿醜道：「是鉞，不是斧！」又問他為什麼要持鉞而行，阿醜答道：「此鉞非同小可，自點兵遣將，全靠此二鉞！」伶人又問道：「什麼鉞有如此威力？」阿醜答道：「怪不得你是一隻呆鳥，竟連王越、陳鉞都不知道？」憲宗聽了微微一哂。

自此，憲宗對汪直開始有所忌憚。恰在此時，御史徐鏞上表彈劾汪直。汪直集團內部也因爭權奪利而互相傾軋，把汪直的不法隱情全部報告了憲宗，憲宗終於決定處置西廠。憲宗先撤了西廠，驅逐汪直的心腹死黨王越、戴縉等人，因陳鉞此前已犯罪被殺，沒有追究。

宗吾看來，汪直等原來都是憲宗最信賴的人，如果誰直接去說，這些人已經危害到皇權的統治，皇帝肯定不會相信，而且敢於直諫的人還會有生命危險。阿醜巧妙地運用在戲中以「兩把鉞」為比喻，點醒皇上，使他從內心感到了真正的威脅，剩下的事情自然好辦了。

例如，春秋時的晉國，自晉文公即位後，發憤圖強，國家迅速興盛起來。但接下來，晉靈公卻只圖享樂，晉國的霸主地位被楚莊王代替了。

晉靈公即位不久，便大興土木，以供自己和嬪妃們享樂遊玩。有一年，他竟想要建造一個九層的樓台。可以想見，在當時那種科學水準、建築材料、建築技術等條件下，如此宏大複雜的工程，要耗費多少人力、物力！但靈公不顧一切，徵用了無數的民夫，花費了鉅額的公款，持續了幾年也沒能完工。全國上上下下，無不怨聲載道，但都敢怒而不敢言，因為這位晉靈公明令宣佈：「有哪個敢提批評意見、勸阻修造九層之台的，處死不赦！」

一天，大夫荀息求見。靈公料他是來勸諫的，便拉開弓，搭上箭，只要荀息開口勸說，他就要射死荀息。誰知荀息進來後，笑嘻嘻地對靈公說：「我今天特地來表演一套絕技給您看，讓國君開開眼界，散散心。國君感興趣嗎？」

靈公：「什麼絕技？快表演給我看看。」

荀息見靈公上鉤了，便說：「我可以把十二個棋子一個個疊起來以後，再在上面加放九個雞蛋。不信，請看。」說著，便真的玩起來。他一個一個地把十二個棋子疊好後，再往上加雞蛋時，靈公禁不住大聲說：「這太危險了！這太危險了！」

荀息趁機說：「大王，別少見多怪了，還有比這更危險的呢！」

靈公覺得奇怪，便迫不及待地說：「是嗎？快讓我看看！」

荀息說道：「九層之台造了三年，還沒有完工。三年來，男人不能在田裡耕種，女人不能在家裡紡織，都在這裡搬木頭，運石塊。國庫的金子也快花完了，兵士得不到給養，武器沒有金屬鑄造，鄰國正在計畫趁機侵略我們。這樣下去，國家很快就會滅亡。這難道不比壘雞蛋更危險嗎？」

靈公一聽，猛然醒悟，意識到了自己做得事情多麼荒唐，便立即下令，停止築台。

宗吾認為，靈公不是不知道亡國的可怕，只是他不願意接受別人的勸說。只有略施小計，就可以點化這個愚頑不化的腦袋。

總之，宗吾認為，對於一些非常不便於說明的問題，如果直接說明，一方面對方絕不會相信，另一方面，還可能給自己帶來極大的損失。這時如果能巧妙地運用類比和比喻就可能使僵持不下的局面有所突破。

**【宗吾真言】要說服愚頑不化的人，最好是讓他自己得出結論。如果能讓他自己驚出一身冷汗，效果更佳。這時可以順著對方的邏輯，把對方行為的後果誇張放大，直至荒謬的程度，使對方自省。**

宗吾認為，如果明知對方行為不正確，可以故意表示贊同，並進一步放大對方的錯誤，讓其自己意識到錯誤的嚴重性。

例如，五代時後唐的莊宗，酷愛打獵。有一次，他帶著一群朝廷官員來到牟縣，一隻野豬從叢林裡竄了出來，隨從呼擁而上，野豬嚇得慌忙向麥田跑去。一看野豬沒了蹤影，莊宗命令隨從拚命追趕，一追，田裡的麥苗被踏壞了一大半。這事恰好被在外視察民情的縣官看到了。這縣令歷來就關心民生疾苦，這次又親眼看到長勢正旺的麥地一下子成了一片廢墟，心裡很不好受。縣官知道是皇帝在打獵，但他還是斗膽勸說他們不要再追趕野豬，以免損壞更多的莊稼。

當時莊宗正在興頭上，見有人出來阻攔他的人馬，頓時大為憤怒，不由分說叫人將縣官捆了起來。

莊宗的隨從裡有個叫敬新磨的人，他生性好打抱不平，看到縣官被無辜捆綁，想搭救一把。只見他衝上前去，指著縣官罵道：「你這個糊塗蟲，難道你不知道皇上喜歡打獵嗎？」

莊宗見隨從有人出面為他說話了，頓時化怒為喜。見皇上情緒好轉，敬新磨便馬上趁機「訓斥」縣官道：「你應該把這片地空起來，讓皇上隨心所欲地追趕獵物。你難道還怕老百姓餓肚皮嗎？怕國家收不上稅嗎？再說百姓餓肚子的事小，皇上打獵的事大；國家收不上稅是小事，讓皇上打獵高興才是大事啊！」縣官聽到這裡，終於悟出了話外音，七上八下的心總算平靜了下來。

這時莊宗卻覺得敬新磨的話愈聽愈不對勁，直到最後，他才徹底明白是在批評自己。他連忙走上前去，用溫和的口氣圓場道：「算了，這只不過是場遊戲，還不趕快把縣官給放了！」

在宗吾看來，敬新磨所說幾個不必「怕」，其實正是皇帝最「怕」之處。所以，他的這番說辭真是句句打在皇帝的心坎上。可見，這種正話反說，是很容易打動對方的。

## 厚黑口才二十二　裝扮弱者，換取同情

■ 淚水是很有殺傷力的，只要哭出感情、哭出風度、哭出特色，讓觀眾為自己的哭而傾倒，就能達到目的。

中國有一句古話：「劉備的江山是哭出來的。」在宗吾看來，江山尚且能夠哭來，其他的自然不在話下。不過，這種「哭」都有一個原則，就是裝作一副誠實的樣子。明明是假哭，卻用真情來感動觀眾，博取別人的同情。「同情」是人類最常見的情感之一，厚黑行世者完全可以把「裝扮弱者」當成一種說話辦事的銳利武器。因此，宗吾才說，劉備的特長「全在臉皮厚，依曹操、依呂布、依劉表、依孫權，依袁紹，東竄西走，寄人籬下，恬不知恥，而且生平善哭。寫《三國演義》的人，更把他寫得維妙維肖，遇到不能解決的事情，對人痛哭一場，立即轉敗為勝。」

**【宗吾真言】　人類天生就會同情弱者，這是人性的弱點。運用眼淚戰法，對人哀哀以求，動之以情，這種求人術，古今中外，屢試不爽，原因就在於此。當然，對於厚黑行世者除外，他們已看破了情關，對淚箭具有極強的免疫力。**

宗吾認為，運用「含沙射影動以情」這一厚黑口才時，一定要利用「人類同情弱者」的人性弱

點，即使做了再大的壞事，也有可能得到原諒。

例如，明朝劉瑾在朝中為非作歹，草菅人命，而且把持朝政，欺上瞞下，搞得滿朝文武怨聲載道。於是，大學士劉健、謝遷、王岳等人聯合了一些大臣，上書武宗皇帝，彈劾劉瑾。劉瑾雖然是武宗的親信，但是這麼多的大臣聯名上書，也不能坐視不理。考慮再三，武宗決定第二天早朝時處置劉瑾。

不料隔牆有耳，劉瑾的死黨吏部尚書焦芳聽到這個消息後，立即秘密告訴劉瑾。焦芳把事情的前後經過講完後，劉瑾如同一灘稀泥倒在地上，他嘗到了伴君如伴虎的滋味。和所有的奸臣一樣，劉瑾絕不會束手待斃。於是，他決定用「哭」為武器，替自己辯護。

他對自己的同黨說：「聖上年幼，只有用哭才會打動他脆弱的感情。我們放聲痛哭，不怕聖上不動情。」當天晚上，劉瑾帶著一班太監連夜來到皇帝的住處。此時武宗正在更衣睡覺，見一班太監突然進來，莫名其妙。

劉瑾等人齊刷刷地跪在御榻前，放聲大哭。劉瑾邊哭邊哀求道：「皇上，開恩……開恩啊……」

武宗說：「爾等為何深夜啼哭？」

劉瑾也不擦淚，哽咽著說道：「皇上，您要救奴才一命，您不救奴才，奴才要被王岳等人殺來餵狗了。」

皇帝平時對這些太監一向寵愛有加，現在眼睜睜地看見他們俯首在地，放聲痛哭，自己不覺也掉下幾顆龍淚。於是，武宗動了惻隱之心。想到平時這些太監把自己侍候得舒適體貼，讓自己開開心心，就說道：「朕並未降旨捉拿你們，爾等何必大放悲聲？」

劉瑾見保命有一線生機，就繼續做出悲痛的樣子說：「我等奴才知道皇上寬宏大量，是個千古難覓的明主，不會聽信那些奸臣小人的讒言。我們這些做奴才的倒不怕死，再說皇上要殺我們，奴才也毫無怨言，只是奴才丟了命，今後誰來服侍皇上？萬一找一個不知禮數的人進宮，不但不能讓皇上開心，反而讓皇上憂愁，那才是奴才們的罪過！」

劉瑾的哭辯果然十分奏效。武宗皇帝尋思：王岳這些大學士，成天吃飽無事做，這個要奏本，那個要彈劾，連我玩幾隻鷹犬、幾個民間小女子他們也要左一次進諫、右一次進諫，好像天下除了他們幾個讀書人，其餘都是昏庸無能者。

劉瑾一見有機可趁，便哭訴道：「我主聖明，陷害我們、目無皇上的就是王岳。古人云：普天之下，莫非王土，率土之濱，莫非王臣。皇上富有四海，普天之下都是聖上領土，玩幾隻鷹犬又算得了什麼呢？但是這個王岳卻到處造謠說聖上玩物喪志，有傷國事，更可惡的是他外結閣臣，妄圖挾制皇上，又怕奴才從中阻攔，所以才惡人先告狀，欲置奴才等人於死地，真是可惡之極。」說完，又伏在地上放聲痛哭。

武宗看他們痛哭流涕，實在於心不忍，便說道：「起來吧，哭什麼呢？我又不殺你們。」

劉瑾繼續號啕大哭，說道：「聖上，王岳、劉健這些人不除，我大明江山不保呀！」

武宗說：「這些大臣只是看不慣朕玩樂，並沒有什麼異心，爾等不必憂慮。」

劉瑾一邊擦淚一邊說：「聖上只知其一不知其二。這幾個老臣以為聖上年幼可欺，今天上奏不准玩鷹，明日又上疏不准放犬，如此下去，恐怕再過幾天連飯都不准皇上吃了。這些人目無聖上，以為自己資格老，肆意橫行，而且他們怕奴才把真實情況轉奏皇上，所以時時都在算計奴才。奴才死而無怨，但奴才擔心的是皇上您啊……皇上想想，假如司禮監與皇上一心，這些閣臣怎敢如此威逼皇上？」

於是，武宗決定不但不殺這個十惡不赦的宦官，還立刻下令劉瑾掌握司禮監並兼任提督團營兵馬。還下令將王岳等大臣逮捕，劉健、謝遷等大臣被迫辭職還鄉。

在宗吾看，劉瑾的這一場哭辯，既保住了性命，提升了權力，還反咬一口，足見「裝扮弱者，博取同情」的巨大威力。

**【宗吾真言】 常言道：「男兒有淚不輕彈。」男子漢大丈夫哭哭啼啼實在不雅，有失風度，但男人若肯放下臉面，大流眼淚，效果更強。只是男子漢若哭必須臉皮厚。**

在宗吾看來，哭的方法千奇百怪，哭的效果也奇妙無窮，巧於用哭的，可以達到事半功倍的效果。男子不能像潑婦一樣，一屁股坐到地上，雙手握住腳脖子，像狼叫一樣哭。男子漢的哭，要高昂著頭，任眼淚直往下流，若淚水少，千萬不能擦，眼淚就是讓人看的，此時不要不好意思，要以哭為榮，要哭出感情，哭出特色，哭出風度，要讓人們為自己的哭而傾倒。

明末清初的吳三桂，這個被稱之為明末悍將，武功世家的邊關大將，竟為一個名妓而接引清軍入關，最終成為千古罪人。後來因為獨樹一幟，又被滿清皇帝撤藩，最後自己造反稱帝。這個一生血戰疆場的將軍，什麼樣的血腥風雨場面他沒見過？血染沙場尚未滴下一滴淚水，但是，當他起兵反清，祭奠明朝皇陵時，卻放聲痛哭。

當時吳三桂雖然兵強馬壯，但是要和比他更強大的滿清抗爭，取勝的把握十分渺茫，而且「師出無名」。但是，吳三桂老謀深算。明知自己無起兵叛清的理由，卻非要找一個冠冕堂皇的理由：即為恢復大明江山而起兵。

空打死人的旗幟，而不做出實際行動當然是徒勞無功的。所以他選擇了「哭」。用哭來表示他為明朝收復河山的決心。他先率三軍到明朝永曆皇帝的墳前祭拜，向死人宣佈誓師北伐。

在永曆帝陵前，吳三桂對諸將說：「諸位將官，我們都是食明朝俸祿的軍人，現在清狗吞併了我大明江山，作為前明的臣子，我們不為先王復仇，枉為明朝軍人。」

吳三桂自稱是明朝的臣子，那他十多年前為什麼不為明朝效力呢？所以他為自己辯解道：「過去，闖賊入京，都城難保，吳某為了保存實力，伺機光復明朝河山，不得已假降清狗。如今我三關兵士決心為先王復仇，將滿清韃子打回關外去。我們要拜別已故的君主，應當穿故君時的衣服去見他。他指著自己的頭：「這不是我明朝的帽子，」又指著身子說：「這也不是我明朝的衣服。現在我們大家易服祭故君吧！」

吳三桂脫掉清朝的服裝，改穿明朝的漢服，而且重新蓄髮，標誌著他將和滿清朝政徹底決裂。

這一招果然奏效，贏得一些明朝故將的擁戴，但是好戲還在後頭。

吳三桂選擇吉日，率領改穿明朝服裝，重新蓄髮的三軍將士去朝拜明朝的死皇帝。吳三桂頭配方巾，身穿孝服，來到明朝永曆皇帝的墓前，痛哭一聲，便昏厥在地。經救起後，吳三桂又親自倒酒，三呼萬歲，拜倒在地。吳三桂的淚水止不住地往下流，他不去擦，而是趴在地上不起來，一味地痛哭不止，大放悲聲。他自己哭昏過去幾次，被救醒後，又長哭不止，哭得天昏地暗，軍心悲痛。

在宗吾看來，吳三桂哭得高明，統帥一哭，三軍同悲，哭聲如雷。吳三桂的哭功比劉備有過之而無不及。他這麼一哭，幾十萬士兵就與他同心同德，舉起了反清大旗。

**【宗吾真言】「裝扮弱者，博取同情」也要講究策略。電影裡經常有這樣的場面，女主角撒嬌似的哭了，背對著女主角的戀人忽然轉過身來，用驚訝憐愛的表情注視著她，接著熱烈地吻著。這就是女性征服男性的一種方式。**

宗吾認為，這裡所說的哭並不是說一定要擺出一副可憐兮兮的樣子，流下幾滴眼淚。關鍵是設法激起對方的同情心，使聽者首先從感情上與你靠近，產生共鳴，這就為問題的解決打下了基礎。人心都是肉做的，只要你將受害的情況和你內心的痛苦如實地說出來，對方是會感動的。

例如，拿破崙的妻子約瑟芬原是博阿爾內子爵夫人，一向生活放蕩。當拿破崙在義大利和埃及戰場浴血搏鬥時，新婚不久的她卻與一個叫夏爾的中尉偷情私通。她原以為拿破崙會戰死在沙漠中，已經不再等待他回來，而要像沒有拿破崙一樣安排後事。

一七九九年一月，拿破崙從埃及回到法國，並受到人們熱烈歡迎的消息傳到巴黎後，約瑟芬嚇呆了。拿破崙成了歐洲最知名的人物，法國的救星，前程無量。她這時開始後悔了。

於是她不辭辛苦，坐著馬車，長途跋涉，去法國南部的里昂迎接拿破崙。她想在拿破崙與家人見面前見到他，並趁著他的興奮矇騙住他，不使自己的醜事暴露。

她好不容易到達里昂，可是拿破崙卻從另一條路走了，並與家人會合。拿破崙對妻子的不貞早有耳聞，當他確信約瑟芬對他不忠時，他暴跳如雷，下定決心與其離婚。

約瑟芬知道大事不好，日夜兼程趕回巴黎。

拿破崙吩咐僕人不讓她走進家門。她勉強進了門，不知怎樣來應付與丈夫見面的場面。片刻之後，她靜下神來，決定壯著膽子去見丈夫。

約瑟芬來到拿破崙的臥室門前，輕輕敲門，沒有回答。

她再次敲門，並溫柔而哀婉地呼喚，拿破崙沒有理睬。

她失聲大哭，短促呻吟，拿破崙無動於衷。

她哭著，用雙手捶打著門，請求他原諒，承認自己一時的輕率、幼稚而犯下了錯誤，並提起他們以前的海誓山盟……說如果他不能寬恕，她就只有一死。這仍然打不動拿破崙堅定的心。

約瑟芬哭到深夜，不再哭了，她忽然想起孩子們，眼睛一亮，燃起了希望之光。

她知道，拿破崙愛她的兩個孩子奧當絲和歐仁，尤其喜歡歐仁，這是打動拿破崙心腸的好辦法。倘若孩子們求他，他可能會改變主意的。

孩子們來了，天真而笨拙地哀求著說：「不要拋棄我們的母親，她會死的……還有我們，我們怎麼辦呢？」

人心都是肉做的，約瑟芬這一招終於成功。拿破崙雖然知道約瑟芬已背叛了他，然而她的哭聲在他的腦海裡泛起他們相愛時的美好回憶。奧當絲和歐仁的哀求聲衝破他心中設下的防線，他已熱淚盈眶。

在宗吾看來，同情心可以促進對方的理解，但這並不等於說馬上就會下定決心。因為對方還會考慮多方面的情況，有時會處於猶豫之中。這時候的「哭」，就是要努力激發對方的責任感，要使對方知道，他有責任處理此事。

## 厚黑口才二十三　自嘲自譏，妙口回春

■一席詼諧的話語往往既活絡了氣氛，又可把兩者之間的距離縮短，融洽雙方關係，彌補語言上的失誤。

誰都無法保證說話時可以滴水不漏，誰都難免說「溜了嘴」。一旦言語上出現了紕漏，重者得罪了對方，輕者引起對方的恥笑，造成了一種非常尷尬的局面。如果不想灰頭土臉地逃走，以後再也不想見對方，就必須迎難而上。這就必須能夠靈機一動，巧作運籌，「自嘲自譏」，以達到「妙口回春」的效果。

**【宗吾真言】與人交流過程中，一句話不對心，就有可能引起別人的誤解、反感，甚至惱火。在這種時候，如果你懂得「自嘲自識，妙口回春」之法，就可以讓對方有火發不出。**

在宗吾看來，社交場合最大的尷尬，莫過於失言。比如一時不慎揭了人家的短，這時候採用這種自嘲的方式就能彌補這種過失，收到良好的效果。

例如，一天晚上，甘迺迪的父親約瑟夫·甘迺迪談起家庭的財務狀況。「不知道我死後家裡會

成什麼樣子……」他說，「誰花錢都那麼漫不經心，大手大腳。不知道我死後你們的境況會怎麼樣呢？」隨後，他嚴厲地申斥了甘迺迪的一個姐姐，為此她淚流滿面。這時，甘迺迪抬起頭說：「好啦，姐姐，別擔心。我們認為唯一能夠解決問題的方法，就是讓爸爸更加賣力地賺錢。」全家都大笑起來。

在宗吾看來，人在生氣發火的時候很難聽得進別人的勸告，這時，你不妨順著他說一些助長他發火的話，待他認為自己正確而得到了你的支持後，你再因勢利導，也許能使他的火氣消一些。例如，美國國防部長斯坦頓有一天來到總統林肯跟前，氣呼呼地訴說一位少將用侮辱的話指責他偏袒一些人。林肯裝出很為他不平的樣子，並建議他寫封信針鋒相對地反駁他。林肯說：「可以狠狠地刺痛他一下嘛。」

斯坦頓馬上回去寫了一封措辭很強硬的信，並拿給林肯總統看。「對了，對了，」林肯大聲喊道：「寫得好！嚴厲地批評他一頓，這是個最好的辦法，斯坦頓。」

接著林肯問道：「你打算怎樣處置它？」

「寄出去呀。」斯坦頓說。

「不要胡鬧，」林肯大聲說，「你不應把它寄出。快把它扔進火爐中去吧。每次當我發火時，我就盡情地寫封信發洩發洩，寫完後就把它扔了。我每次總是這樣做的。這可是一封很有作用的信。當你花了很多時間把它寫好時，不消說你的氣已經消了，也就心平氣和了。」

斯坦頓就問林肯他該怎麼辦，林肯回答：「那麼現在再寫第二封信吧。」

在宗吾看來，林肯的這種方法就非常巧妙，不但為部下出了氣，還避免了一場不必要的紛爭。日常生活中一旦遇上這種情況同樣可以運用此法，將火氣消弭於無形。

**【宗吾真言】一些社交場合，可能會遇到下「不了台」的尷尬境遇，這時「自嘲自識，妙口回春」同樣可以發揮作用。你只要懂得如何採取一種有趣的方式來說話，就能很體面地擺脫尷尬。**

一位鋼琴家在一次演奏中，發現全場有一半座位空著，他很失望。演出完畢，向聽眾鞠躬致謝後，對聽眾說：「朋友們，我發現這個城市的人都很有錢，我看到你們每個人都買了兩、三個座位的票。」於是，這半屋子聽眾放聲大笑，使勁鼓掌。正是幽默的話語，使這位鋼琴家擺脫了窘境，贏得了聽眾的尊重。

其實，幽默不是男人的專利，有一次，一位女士參加同學聚會，和同學們回憶著大學時代的美好生活。不料主人在招呼客人時，一不小心將一杯水打翻，全灑在了她的腳上，把她那雙新皮鞋潑濕了。主人不知所措，這位女士不慌不忙地說：「正常情況下是洗腳之前先脫鞋。」一句話，就使難堪的氣氛也一掃而空。

在社交場合，這種說話方式，可以體現出一個人的修養和禮儀，也表現出其人格魅力。在生活中，遇到尷尬的情況是非常多的。

比如，一個冬天的深夜，有一班火車到站時又晚了二十五分鐘，一位旅客向列車長抱怨。列車長說道：「碰到下雪，火車總難免誤點的。」旅客一聽認為列車長是在搪塞，因為今天並沒有下雪。「不錯，」列車長說道：「可是，根據天氣預報今天下雪。」

在宗吾看來，雖然列車長並未直接回答旅客的問題，但卻已經告訴旅客，預報是不準確的。相信聽了列車長的話旅客一定生不起氣來了。

又比如，在美國的一所學校裡，一位女教師向她的學生提了個問題：「『要嘛給我自由，要嘛讓我死』，這話是誰說的？」結果，教室裡鴉雀無聲。正在老教師失望時，有人用不熟練的英語答道：「一七七五年，美國國務卿巴特利克·亨利說的。」

「對，同學們，剛才回答的是一位日本同學。你們生長在美國卻回答不出來，而來自遙遠的日本的同學竟能回答，多麼丟臉喲！」這時，從教室的一角突然發出一聲怪叫：「把日本人幹掉。」女教師氣得滿臉通紅，大聲問道：「誰？這話是誰說的？」教室有一個人答道：「一九四五年，杜魯門總統說的。」

這位同學把一九四五年對日作戰時總統的一句話，巧妙地接移過來，這位老師自然不好再追究搗亂學生的責任了。

在宗吾看來，運用「自嘲自識，妙口回春」，一定要有幽默的功夫。正如一位幽默大師所說：「懂得幽默的男人是最佳男人，長得醜一些是無所謂的。」無論何人，只要充分運用自己的睿智，隨機應變，用幽默的言辭以緩和窘境，這就是一種成功。這種「妙語解開窘迫境」，能化衝突為喜悅，變危機為幸運，即使在充滿火藥味的場合，也可以成為最佳的緩和劑，幫助你擺脫困境。

**【宗吾真言】　在社交場合，幾乎每個人都會不由自主地「吹幾句牛」或說些無關緊要的「謊言」。可是如果當場露了「餡」，處理不好往往是很尷尬難堪的，遇到這種情況該怎麼辦呢？**

這種同樣可以用到「自嘲自識，妙口回春」之法。比如巧妙地運用「癡言呆語」便是其中的一種方式。

例如，某人常向人們吹噓自己是位好獵手，沾沾自喜地談論自己高明的槍法。一天，他和朋友去打獵，朋友指著河裡的一隻野鴨請他「露一手」，結果他沒有打中，野鴨飛走了。朋友為他感到難為情，但他卻毫不介意，對朋友說：「真怪！我還是第一次看到死鴨子能飛呢！」朋友聽了捧腹大笑，窘境自然消失。

事實上，言語交際中，「癡言呆語」會使你的語言幽默風趣，妙趣橫生，創造輕鬆、活潑、詼諧的交際氛圍。故作「癡言呆語」會讓人詫異，感到「荒唐至極」，瞬間思考後便恍然大悟，覺得巧妙絕倫，諧趣無窮，發出會心的微笑。這種方法在具體運用時，

一是要扮演癡呆者的角色。只有這樣，才能使人產生疑問，繼而加以思索，隨之理解用意，捧腹大笑。

二是要讓人明白你的用意。如果別人不理解你「癡言呆語」背後隱藏的真實用意，幽默感就不會產生。

三是要打破生活常規。順著生活中固有的邏輯思考便不可能產生幽默。

此外，還可以假裝「無知」或「不理解」，以化解尷尬。「裝作不知道」就是指對別人的話裝作沒有聽到或沒有聽清楚，以便避實就虛、猛然出擊的處理問題的方式。它的特點是：說話的鋒芒主要不在於傳遞何種資訊，而是透過打擊、轉移對方的說話興致使之無法繼續設置窘迫局面，化干戈為玉帛，能夠寓辯於無形，不戰而屈人之兵。其技巧關鍵在於躲閃避讓的機智，雖是「裝作」，卻一定要表演得自然。

## 厚黑口才 二十四 緊要關頭，趁熱打鐵

■兵法云：「三軍之害，猶豫為大。」說服工作也同樣，在對方已心動但仍猶豫不決時，你卻不能有絲毫猶豫。

在宗吾看來，「含沙射影動以情」不是一下就能「動」起來，它有一個過程。同樣，從吊起對方的「胃口」使對方動心，到真正接受你的意見改變自己的想法，還有一個過程，這個過程並不是自然就能實現的。就好比是將顧客的購買欲望轉變成真正的購買行為，達成交易對推銷者意味著成功與報酬，購買者卻意味著佔有和代價。通常情況下，不是一有了購買欲望立即就產生購買行為。俗話說：「編筐織簍，全在收口。」說服工作的最後階段，在已經打動對方，但仍在對方猶豫不決、反覆權衡得失的情況下，應抓住時機，在傾向於自己觀點一方的天平上增加砝碼，來推動說服活動走完最後路程。

【宗吾真言】 要想抓住機會，促成對方思想轉變，必須能夠發現對方心理的微妙變化，否則到了嘴邊的肉又溜走了。這就必須注意觀察對方，透過觀察獲取的大量資訊，迅速回饋到大腦，迅速想出「緊要關頭，趁熱打鐵」的措施。

宗吾認為，運用好「緊要關頭，趁熱打鐵」，首先要注意觀察對方，準確判明對方心理的微妙變化，這樣才能確定不同的應對方法。

這種觀察要貫穿於整個說服的過程。可以透過對方關心的話題來判斷他的興趣所在，可以透過對方的面部表情來揣測他的內心活動，也可以透過對方對你的觀點的表態確定他的內心動機。透過觀察就可以知道一個人究竟是想和你隨便聊聊，還是有求於你？對於你的觀點，他是在認真傾聽，還是心不在焉？你的眼神要始終與對方保持接觸，使心靈的這扇窗戶大開。這樣，你肯定會找出攻破對方內心「堡壘」的途徑。表情和態度屬於無聲語言，你可以透過細心觀察，捕捉到對方表情態度變化。例如，對方對你的態度從開始的冷漠和戒備狀態，轉化為隨和、親切的神態，顯示了他對於你的說辭已經有了興趣，表達了願意進一步交流的意向。

宗吾認為，一個人的全部心理活動都可以從他的臉部表情上表現出來，精明的厚黑口才者會依據對方表現出來的複雜表情來判斷對方對於自己話語的反應，並積極主動地採取相應的措施把握有利時機，促成對方接受自己的意見。人的喜怒哀樂表現得不是非常直接，甚至是相反的。不過，即使人的內心活動再複雜，再令人感到迷惑不解，也會有意無意中露出蛛絲馬跡，絕對看不透的人在世界上是不存在的。我們可以用眼睛來觀察對方表情的變化、身體的一舉一動，用耳朵來傾聽對方的語調、聲音的變化及訴說真實內容，用大腦來分析揣摩對方的內心活動。

此外，隨著交談的深入，當對方主動提出安排你住宿、飲食等生活問題，介紹具體相關的其他人員，並約定繼續交談時間等問題時，其動作行為可能由靜態轉化為動態，如起立、做出放鬆動作等，或者是由動態轉化為靜態，如從為你倒水等到回歸主座，都可以視為對方發出的已經接納了你的信號，這也是你應該抓住的時機。

同時，時刻都注意著對方的語言、表情態度以及對方的動作，然後將三方面的資訊綜合起來加以觀察分析，並且判斷對方心理的微妙變化。如果確認了對方接受你的觀點的意向已經非常強烈，就可以立即抓住機會，促成其思想的轉化。

**【宗吾真言】　在經過艱苦的說服工作，對方發出了打算接受你的意見的資訊，這時，很多人會誤以為大局已定，於是在精神方面放鬆了，語言也變得隨便起來。這是很危險的，這時更需要「緊要關頭，趁熱打鐵」。**

宗吾看來，人們在下定決心之前，是警惕性最高的時候，他會再次反覆衡量這一決定的利和弊。因此，此時絕不可大意。

千萬不能盲目地相信自己判斷，但也不能等待對方自己慢慢地做出決定，這樣做的後果便會把成功的機會丟掉，因此，當對方對你的意見非常感興趣之時，你就應加大力度，盡快讓對方做出決定，改變想法。已經察覺到對方的思想轉變的信號，並不代表對方馬上就會做出決定，對方真的做出決定時，表現出來的神態顯然是不一樣的。因此，為了準確掌握機會，就必須不斷試探著對方的意圖，讓對方盡快做出決定。

「這車好是好，就是價格貴了點，算便宜點如何？」

「車身選用錳鋼材質做的，外形設計漂亮，高貴耐用。這已是最低價了。」對方認為車好，就說明前階段的說服工作有效，但還不意味著他已經做了決定，隨著不斷的試探，同時也堅定了對方的決心，最後才使對方接受你的意見。

特別是，必要時應該幫助對方做出選擇，下定決心。比如，不同人對同一目標進行決策時，目的都不太一樣，這種目標本身就有利和弊，利與弊勢均力敵，致使對方下不了決心。你在幫助對方權衡時，可以突出你認為的利，引導對方往你認為是利的方面選擇，也就是說，在幫助對方權衡時，擺出可能帶給他的利益和好處，加深他對利的印象，影響他的判斷。同時，在說服對方時，幫助其權衡利弊，不能只重利，而不提及弊，這樣做是不明智的。因為弊是對方也清楚看到的，你不去提及，使人在心裡產生對你誠意的懷疑，對說服活動極為不利。因此，在權衡時，先擺出好處，特別是針對對方需要的第一好處放在最前面，然後依據好處的輕重次序來排列，中間插入弊端，用詞輕描淡寫，然後話鋒一轉，又談及好處。

在說服過程中，如果阻礙對方下決心的弊端強大，你就應主動提出來，用相對的比較價值論證它，以解除對方的顧慮。「或許您認為這樣做風險是高了，但還有比這更高的。如某某措施的風險就更高，但也曾經有成功的案例，因此，在同類方法中，我們的風險是偏低。」提出弱點時，暗含著一定的否定意思，在對方心裡造成模稜兩可的機會，減輕弊端給對方造成的否定影響。在利弊權衡中，減輕了弊的砝碼。

總之，宗吾認為，在最後關頭，一定要「趁熱打鐵」，幫助對方下定決心。需要注意的是，這種幫助一定不能太武斷，要給對方提供選擇，以一連串看似非常好的建議，讓對方輕輕鬆鬆地做出選擇。

**【宗吾真言】　使對方最終完全接受你的意見，要使他相信你的想法不僅在感情上是合理的，而且在理智上也是正確的。因此，還必須運用語言技巧，打消對方的重重顧慮，使其最後下定決心，完成思想意志的轉變。**

宗吾認為，「緊要關頭，趁熱打鐵」最重要的作用，就是打消對方的顧慮。

有這樣一個故事：有一個小孩趕一輛小馬車，這個小孩想讓拉車的小馬快跑，但小馬不願意，小孩使用鞭子抽打。但沒過多久小馬就習慣了鞭打，開始慢吞吞地行走，不再加快速度。後來，小孩用長竿挑著一根紅蘿蔔吊在小馬前頭，不再用鞭子抽打小馬。這下子把小馬刺激起來，因為牠想咬到那根紅蘿蔔。這個故事生動說明了說服工作所面臨的問題，許多說服者只知道用鞭子抽對方以達到目的，其實用誘導、鼓勵也可以達到相同的目的。

另一些更精明、更老練和更能洞察人性的說服者則運用其他技巧，較為巧妙地誘使對方朝著你確定的目標前進。例如：「你的輪胎已經磨損了，最近幾天就有可能爆胎。你難道不知道那將意味著什麼嗎？別拿老婆孩子的生命下賭注，快換個新的吧。」在這種軟硬兼施、又打又拉的說辭之下，對方很有可能動心。

此外，人們原來就期望的事件，你的哄騙無論多麼小兒科，他們都會相信，在這種情況下撒「彌天大謊」，對方也會信以為真，願意相信謊言是這些人的本性。比如，你對一位已婚中年婦女說，在夜裡抹些某某動物肝臟提煉的油會使她的容貌年輕十歲，這位中年婦女的頭腦裡即使存有種種懷疑，她也會相信你的話，因為她想變得年輕。

宗吾認為，多用啟發的方式往往比直來直往更能有效地打消對方疑慮，因為，人們在做出重大決定時都是自己做主的。與來自外部的誘因相比，人們更容易透過自身的發現採取行動，他們有一種抗拒其他企圖指揮其思想的心理傾向。比如很多人在做出決定之前已經受到了一定的啟發和影響，這些影響可能來自各種媒體、同事的意見或其他因素，意識到這一點是十分重要的，這時，「緊要關頭，打鐵趁熱」的主要任務就應當是加強這些影響並進一步把這些影響引入你所需要且聽起來正確無比的方向。

總之，在宗吾看來，對方對你的意見存在疑惑是非常好的，這表示他對你的想法很感興趣。但是，這種疑惑如果不解除，將直接影響最終的決定，也直接關係到你說服的效果。只有解除了對方的疑惑，這時才可以適時結束對話，完成對方思想意志的改變。

## 厚黑口才 二十五 綿裡藏針，輕刺要害

■在旁觀的人來看，句句都是對上司的阿諛逢迎；可是，聽在上司的耳裡，句句都是暗中擊中要害。

宗吾認為，「含沙射影動以情」可以從正面「動」起，讓對方心甘情願地接受你的意見；也可以從反面「動」起，讓對方不得不答應你的要求。也就是「善恐者，捧之中有恐。旁觀的人，看他在上司面前說的話，句句的阿諛逢迎，其實是暗擊要穴，上司聽了，汗流浹背。善捧者，恐之中有捧。旁觀的人，看他傲骨稜稜，句句話責備上司，其實受之者滿心歡喜，骨節皆酥」。這就是「綿裡藏針，輕刺要害」的策略。

**【宗吾真言】 厚黑行世者最慣用的手法就是示弱求憐。但是，如果能在示弱的過程中，若隱若現地流露出一點自己的實力，以增加對方的猜疑，使對方摸不著頭腦，在患得患失中「不戰而屈人之兵」，實現了你的意願，則是上上之策。**

宗吾認為，運用「綿裡藏針，輕刺要害」的人，實際上可能實力並不弱，只是強而示之弱罷

了。如果能把實力隱藏得徹底，最後取得出其不意的效果，這當然算得上是上策。可是，如果「藏」中有「顯」，使對方在猜疑之中，兵不血刃地實現了自己的目的，則是上上之策。如：漢文帝劉恒是平定諸呂後被迎為皇帝的。當時天下還未安定，劉恒發現江南的地方危害尤其大，領頭的是南粵王趙佗。

趙佗原來是河北人，曾為秦南海郡官員，秦亡後經營五嶺以南一帶，自命為南粵王。高祖在時，不想再興戰事，客觀上力量也有限，就對趙佗採取了安撫政策，彼此倒也相安。後來呂后亂政，挖了趙佗故鄉的祖墳，誅殺他的兄弟，趙佗對漢朝非常怨恨。呂后一死，他見漢朝一時無人主政，便自稱皇帝，而且準備興兵北伐。

顯然，對如何處置趙佗的問題，事關漢家江山。漢文帝考慮得很慎重，他不輕言起兵征戰，而是先在內政、軍事上做好安排佈置，然後修書一封，派老謀深算的陸賈送去。陸賈也是趙佗的朋友。信云：

皇帝謹問南粵王甚苦心勞意。朕高皇帝側室之子，棄外奉北藩於代，道里遼遠，壅蔽樸愚，未嘗致書。高皇帝棄群臣，孝惠皇帝即世，高後自臨事，不幸有疾，日進不衰，以故暴乎治。諸呂為變故亂法，不能獨制，乃取它姓子為孝惠皇帝嗣，賴宗廟之靈，功臣之力，誅之已畢。朕以王侯吏不釋之故，不得不立，今即位。

乃者聞王遺將軍隆慮侯書，求親昆弟，請罷長沙兩將軍，朕以王書，罷將軍博陽侯，親昆弟在真定者，已遣人存問，修治先人塚。

前日聞王發兵於邊，為寇災不止。當其時，長沙苦之，南郡尤甚。雖王之國，庸獨利乎？必多殺士卒，傷良將吏，寡人之妻，孤人之子，獨人父母，得一亡十，朕不忍為也。

朕欲定地犬牙相入者，以問吏，吏曰：高皇帝所以介長沙土也。朕不得擅變焉。吏曰：得王之地，不足以為大，得王之財，不足以為富：服領以南，王自治之。雖然，王之號為帝。兩帝並立，亡一乘之使以通其道，是爭也。爭而不讓，仁者不為也。願與王分棄前患，終今以來，通使如故。

故使賈，馳諭告王朕意，王亦受之，毋為寇災矣，上褚五十衣，中褚三十衣，下褚二十衣遺王，願王聽樂娛憂，存問鄰國。

這封信寫得很特別，很客氣！先是自謙至卑，是為籠絡對方的。接下來又是安撫，答應對方的要求，撤將軍，修祖墳，用其同宗兄弟。但是字裡行間，已是從一番溫語之中透出隱約的皇威，既有權用人修墳，當然也可絕族挖墳，這點趙佗當然感受得到。之後，直接曉以利害，數陳興兵之禍害，表面也是為對方著想，內在也有示威的含意。第四步，更藉「吏曰」之言，於寬宏大度之中，責備趙佗擅自稱帝等不仁之舉；含蓄而堅定表示在此問題上絕無商量退讓之餘地。最後，又給對方一個體面的禮物，可願王「聽樂娛憂，存問鄰國」。說穿了，就是何不安分守己呢？大可不必自尋煩惱。

在宗吾看來，綜覽全信，真是字字謙和，卻又字字鋒利如刃，含蓄之中極有力量。趙佗也是個明白人，自然掂出這位新天子非同一般的分量，況且也感到漢文帝待己不薄，於是很明智地上表請罪，把過去的一切都推在呂后身上，並願臣服於漢。這就是「綿裡藏針」的效果！

**【宗吾真言】　對付敵人，當然希望泰山壓頂，一舉全殲。但是如果敵人十分強大呢？尤其是，在說服別人的過程中，所要對付的不是敵人，而是朋友、友軍或者需要長期維持友好關係的顧客，這時不妨來個綿力相迎，以柔克剛。**

宗吾認為，「非到無可奈何的時候，恐字不能輕用。」特別是與握有生殺大權的人相處，運用「針」刺激對方時一定要小心，用不好可能丟掉性命，因為有權的人最怕人揭他的短。因此，才有必要把「針」包裹在厚厚的「綿」裡。

這種手法自古以來都是黑社會的拿手好戲，他們對權貴們用威脅的方法進行控制。上海青幫勢力曾用此法對付過蔣介石，但卻點到為止，見好就收，不僅達成了目的，也沒有與蔣介石翻臉。

在上海灘，青幫勢力雄厚，大凡名人顯要都要疏通關係向青幫交納保險費，否則，身家性命難保。

蔣介石曾一度加入青幫，與青幫關係密切。蔣介石發動「四一二」反革命政變，屠殺共產黨人時，青幫曾幫過蔣介石打頭陣。蔣介石後來當了國民革命軍的總司令，但幫中規矩不能破，也要按例交納保險費。

宋美齡是富家小姐，也屬應交保險費之人，她從美國回來後，她的哥哥宋子文一直替她交納保險費，但她本人一點也不知情。

宋美齡與蔣介石結婚後，得知蔣介石還要向青幫交保險費，大為不滿，她認為蔣已是總司令，不應向青幫交什麼保險費，蔣認為宋美齡講得有道理，就決定不再交納保險費。

杜月笙很快知道了這件事情，他決定「勸告」一下蔣介石的這位新夫人。

一天，一輛豪華的羅斯萊斯轎車駛到西摩路宋公館，汽車裡鑽出一名司機和一位漂亮的使女，說是要接宋美齡去見她的大姐宋靄齡。但宋美齡上車後，汽車卻駛入了杜公館。蔣介石開完會議來接宋美齡，而宋美齡仍沒回來，蔣介石一問事情經過，就知事出有因。

於是，他給宋子文打了個電話，讓宋子文查問一下。宋子文聽完蔣介石的敘說，很快明白了是怎麼回事。他掛上電話，又撥了杜月笙的電話，杜月笙告訴宋子文：夫人安然無恙，不必擔心。他手下發現夫人只由一名使女陪伴，在危險的上海街道開車。考慮到隨時都有危險存在，為了她的安全，她已被送到一所舒適的別墅，得到了應有的禮遇。

宋子文得知底細後，立即向蔣介石做了彙報，然後親自駕車前往杜月笙的府邸，履行了「例行手續」，將宋美齡從「受照顧」的別墅裡帶回。

在宗吾看來，這是杜月笙給宋美齡一點小小的顏色看，讓她知道上海是青幫的天下。同時告訴蔣介石，你曾入過青幫，不要忘了祖宗。蔣介石也極力與杜月笙交好，杜月笙更樂意找蔣介石這個大靠山。就這樣，這件綁架事件就圓滿地解決了。

## 厚黑口才 二十六 迂迴委婉，步步深入

■ 如果能提前設好「局」，並牽著對方的「牛鼻子」，一步一步地將其引入圈套，對方就只有束手就擒了。

兵聖孫子說過「制人而不制於人」的話。在運用「含沙射影動以情」的說話技巧時，你牽著對方鼻子走就是「制人」，你就握有主動權；而對方牽著你的鼻子走就是「制於人」，你就處於被動地位。因此，要促成對方轉變思想，接受你的意見，除了「感動」、「欺騙」、「激發」、「促成」等等之外，還有一個重要方面就是「引誘」。能否善於發揮「引誘」的威力，對於運用「含沙射影動以情」成敗具有至關重要的作用。因為，只要「引誘」得法，即使對方明白過來你是在「哄」他，但是已經為時晚矣。

**【宗吾真言】 人們常說，「某某說話能噎死人」！說明說話太直接容易使人一時難以接受。使用「迂迴委婉，步步深入」之法就不同了，委婉一點，含蓄一點，使對方自己悟到那層意思，給雙方考慮空間，反而容易讓人接受。**

宗吾認為，在說話過程中，不懂得委婉含蓄，有時本意雖然是好的，但是由於說得太突然太直

接了，而難以達到目的，誤人誤己。

央求不如婉求，勸導不如誘導。有一則故事，說有位車夫拉著車上橋，橋很陡，走到半路實在拉不動了。他急中生智，用力頂著車把，放聲唱起歌來。他這一唱，前面的人停下來看他，後面的人想看看發生了什麼事，快走著追上他，而車夫則趁機央求大家幫忙推車，大家一齊用力，車就推上了橋。

車夫瞭解人們好奇圍觀的心理，所以他不靠蠻力一個人拚死拉車，也不直接向他人求助，而是靠在車把上唱歌，滿足人們的好奇心理。如果他沒有辦法招人來推車，就算他用盡力氣也不能把車拉上橋。這位車夫的策略堪稱高超過人，無與倫比。

凡是領袖人物都懂得這是使人與己合作的重要策略。但有的時候，常常要費許多心機才能運用這個策略，有時候又很容易。這裡關鍵就是：誘導別人接受你的意見時，應當首先引起別人的興趣。當你要誘導別人接受一些小事情時，先得給他一點小甜頭。當你要誘導別人做一件重大決定的時候，最好給他一個強烈的刺激。

當然，運用「迂迴委婉，步步深入」時，應該注意幾個問題：一、忌話題飄來飄去，東扯西扯不得要領。即使是再含蓄的話也必須是與「主題」相關的。如果使人難以瞭解你所說的究竟是什麼，那使用這個策略還有何意義呢？二、忌在關鍵問題上搪塞，打馬虎眼，說不出重點。比如談報酬，這個數目既不應是具體的，也不能太隱晦，讓人摸不清底細。而應該估測對方的理解能力，進而達到一種雙方之間的默契，保證他可以根據你的某種暗示猜測，這樣才有利於雙方的配合。三、忌計畫欠缺周詳。誘「敵」深入，首先要保證對方在被「誘」過程中，不會對你的意圖表示懷疑，如果計畫欠周到，稍有差池，就會使對方有種受騙的感覺，不但難言妙說的目的難以達成，甚至可能使對方對你不滿，反目成仇。四、忌故弄玄虛，含隱晦澀。朝別人擠眉弄眼，故弄玄虛，可能使對方摸不著頭腦，那你的話就「含蓄」過了。

總之，宗吾認為，「迂迴委婉」就是潛移默化，暗度陳倉，讓對方在不知不覺間悟到我們的道理，聽從我們的勸說。

**【宗吾真言】　「迂迴委婉，步步深入」的說話技巧，實質上也就是兵法上的「以迂為直，以患為利」，捨近求遠，看似走了彎路，實則為可行捷徑；先與後取，看似把「好處」給了別人，實則自己受益。**

宗吾認為，運用「迂迴委婉，步步深入」之法的一個重要技巧，就是直路不通，便走彎路，先給別人一點「好處」，讓其受益，然後達到自己的目的就可以容易多了。

一次大戰期間，段祺瑞召集內閣會議，討論中國是否參戰的問題。年輕的記者邵飄萍為採訪到會議的實際情況，直闖北洋政府國務院，結果被擋在門外。於是，他決定直接向段祺瑞的傳達長請求，讓他代為稟報。

第一次請求被拒絕之後，他掏出一疊鈔票，取出一半遞給那位傳達長，說：「段總理接見與否，沒多大關係，只求你稟報一聲而已，這一半的錢你先拿去喝茶，萬一段總理接見，另一半也是全數歸你所有。」結果，那個傳達長接過了鈔票便去作了通報，段祺瑞終於答應接見他。

宗吾認為，這裡只是讓對方嘗到甜頭，從根本來講是不會給對方真正「甜頭」的。

二十世紀三〇年代初經濟危機時，美國前總統雷根剛走出大學校門。一位公司總裁看中了他的才華，想幫他找一份像樣的工作。雷根不好意思地拒絕說，他想做的事情是和經商風馬牛不相及的「電台體育播音員」。然而，接下來，那位總裁對雷根說：

「也許，你的選擇更好些。我雖然也能幫你找一份工作，然而那些替你找工作的人，不過是認為在為我幫忙而不是為了你。而現在你到了一個十分有前途的新領域。你應當走出去，敲開那機會之門。也許，你要敲上幾百次門，不要忘了，每一個推銷員也都是敲了好幾百次門才成交的。為了進入這個新領域，你儘管告訴那裡的人，你什麼事都願意做，打雜掃地也行。這樣，你就有了起步的機會。你首先需要的是在這個部門立足。你會發現儘管處於大蕭條時期，但是在這一領域的某一部門會有人意識到，如果他的事業要發展，他就必須起用新人，起用年輕人。」這位總裁以理性之言給予雷根真誠的勸說，無疑是給了一個剛出校門的大學生最好的「實惠」，鼓勵他在新的領域揚起人生的風帆。

**【宗吾真言】　運用「迂迴委婉，步步深入」的過程中，可以先把自己的目的隱藏起來，而在與對方的對話中讓對方跟著自己的意思走，最終在渾然不覺中同意了自己的意見，而且不露聲**

色，了無痕跡。

宗吾認為，要想達到不露聲色的目的，首先要學會委曲隱晦。也就是交談中要盡量繞開對方會馬上拒絕的事情，而擬定一個虛假的目的做幌子，讓對方接受下來，從而達到目的。

某村種植的西瓜個大味甜，在市場上銷路很好，有很大的市佔率，但是由於路況不好，往外運輸很不方便，影響了西瓜產業的發展。在這種情況下，村長決定向鄉里申請修一條路。

在幾次申請後，鄉政府均以「資金不夠，項目太多，排後再議」而婉拒。

這天，村長親自帶著邀請函到鄉公所找鄉長，並把鄉裡的大小農政官員都請了個遍，要請官員參觀考察西瓜產業的發展並舉行西瓜展覽會。鄉長欣然赴約，可是通往此村的道路太差了，官員們一路顛顛簸簸，嘗到了這條路的苦頭。不過，該村的西瓜生產的發展模式還真是有前途，鄉長及農政官員們對此讚不絕口。

經過此次展覽會，該村的西瓜產業很快驚動了縣府，縣長也決定率農政官員兩個月後參觀一下這個遠近聞名的西瓜村。鄉公所的官員們聽說此事，第一個想到的就是路的問題，如果縣長再看到那樣顛簸的路，肯定會怪鄉公所工作不力，那自己可要倒大楣了，於是緊急開會研究修路的問題。結果短短兩天內，一切就緒，第三天就開了工，在縣長來參觀之前終於修好了路。

在宗吾看來，這位村長可謂聰明之極，他並沒有直接要求鄉公所撥款修路，而是以請鄉長參觀指導為幌子，並以縣長要來參觀為名，鄉公所便不得不考慮修路的問題了。這就是透過多種假象隱藏真實意圖，最終反而達到了自己的目的。

總之，宗吾認為，為了達到隱假示真的目的，說些謊言是十分必要的，在某些情況下，說些無惡意的謊言要比說真話好得多，尤其是請求別人原諒時更加有用。所以，為了使「迂迴委婉，步步深入」發揮效力，大膽地去撒謊吧！

# 厚黑口才 二十七 軟中帶硬，以理服人

■ 人們在對不太瞭解的事情做決定時會感到茫然，他們會拖延時間或是猶豫不決，必須用事實和數據使他們真正信服。

宗吾認為，「含沙射影動以情」並不是說不講道理，而一味地哄騙，這樣就本末倒置了。在說服對方的過程中，無論發動情感攻勢也好，設局哄騙吊對方胃口也罷，都只能掃清「周邊」，為對方最終改變自己的思想意志創造條件，而只有理性的利劍才能直透「核心」，以邏輯的力量征服對手，使對方俯首稱臣。可是真正要達到「以理服人」的目的，還有著很強的技巧性在裡面，其關鍵就是要「軟中帶硬」。

**【宗吾真言】 如果你的意見或建議直接關係到對方的錦繡前程或身家性命，而你的道理又無可辯駁，這時對方是不會過分在乎你的態度的，換言之，對方的容忍程度是因觀點的重要性和正確性而發生變化的。**

宗吾認為，如果你的建議將挽救對方的生命，你就是把他罵得狗血淋頭，他也不會恨你，反而

會感激你。在「以理服人」時一定要利用這種心理，「理直氣壯」地教育他。

秦朝末年，劉邦最先攻入關中，秦王子嬰率領秦朝的大臣，在灞上向劉邦投降。劉邦率領著勝利之師開進了秦王朝的首都咸陽。劉邦在衛士們的簇擁下，來到阿房宮前，看見金碧輝煌的巨大殿堂，奢華無比的鋪陳和精巧玲瓏的擺設，驚得目瞪口呆；看見那數以千計的美麗宮女，更是喜得挪不動步了。

正在此時，劉邦的部將樊噲闖了進來，見劉邦那神不守舍的模樣，一著急就直著嗓子喊了起來：「沛公，你是要打天下還是只想當個富翁？」

「我當然想打天下。」劉邦口中說著。

樊噲大聲說：「臣下跟著沛公進了秦皇宮，您留意的不是珠玉珍寶，就是美嬌娘。而這正是秦朝皇帝丟失天下的原因。沛公留此，就是重蹈亡秦的覆轍！懇請沛公立即出宮，到郊外駐紮。」

雖然劉邦一直認為樊噲只不過是一員有勇無謀的戰將，但是樊噲所說卻在他心中引起了巨大的震撼。於是劉邦馬上醒悟過來，下令撤出宮殿，封閉倉庫，所有部隊撤回到郊外的灞上駐紮。緊接著與關中父老「約法三章」。關中的老百姓非常高興，認為他的部隊是「仁義之師」，這其中就有樊噲犯顏直諫的貢獻。

在宗吾看來，無論是曲意奉承，還是犯顏直諫，都是「形」而非「神」，只要能達到「含沙射影動以情」目的，至於採用哪種說話方式，關鍵要看對方吃哪一套。

例如，唐朝中期的李泌，先後輔助過玄宗、肅宗、代宗、德宗四位皇帝，以善於出謀獻策而受到重用，以不貪戀權位而受到信任。

李泌非常年輕時，就才名在外，受到宰相張九齡的器重，常派人把他接到家中，來客訪談時，也讓他坐在一邊，以便提高其理政的才幹。張九齡當時與嚴挺之、蕭誠兩人的私交都很好，但嚴、蕭兩人相互交惡，勢如水火，各自在張九齡面前詆毀對方。

這天晚上，張九齡背著雙手，在書房裡若有所思地自言自語：「嚴挺之這個人雖然敢於說話，但個性強了些，說起話來也未免尖刻、不饒人。蕭誠則性情隨和，雖然能耐不大，但容易相處。」說完就準備派人去請蕭誠來府上一談。

在一旁的李泌忍不住對張九齡說：「先生出身於布衣寒士，而以剛正、直言立身，因此，才備受皇上信任，託以朝政。您現在卻打算與蕭誠多來往，這不是與先生當初為人處事的初衷相違背嗎？再說，嚴挺之直率，說話不留情面，朝中不少大臣說嚴挺之是您當年的影子和化身。您身為宰相，舉朝矚目，至於您要和什麼樣的人交往，不但會反映您的為人，也會影響到整個官場的風氣，不得不慎重啊！」李泌的一席話點醒了張九齡，於是立即改變了原先的主意，開始區別對待嚴、蕭兩人，盡量接近嚴挺之並疏遠蕭誠。

在宗吾看來，李泌一番義正辭嚴的話，為什麼沒有讓張九齡產生任何反感？就是因為這看似直來直往的話中，隱含了對張九齡的吹捧，也讓張九齡覺得貶低嚴挺之就是貶低自己，因此，他不僅無法反駁李泌的觀點，而且還會真心感謝李泌的提醒，這就是「軟中帶硬，以理服人」的微妙！

**【宗吾真言】「以理服人」，並不一定代表「理直氣壯」。人人都想把自己的觀點推銷給對方，於是往往便很直接很肯定地告訴對方應該怎樣，不應該怎樣，好像自己就是真理的化身。這樣的結果往往不好。**

宗吾認為，運用「以理服人」同樣要注意方式和方法。比如，可以巧妙地提醒對方，讓對方自己反省，也就是說不要一下子把問題全說透，留一些給對方思考，讓對方在自我反省中，改變自己的觀點。

三國初期的「水鏡先生」司馬徽，善於識別人物，但不隨便議論。他居住在襄陽一帶，屬劉表管轄。他認為劉表為人陰險，必定暗害好人，所以更加隱諱，閉口不談當時人物的是非，凡是有人問起他，某某人怎樣？他都只回答一個字：「好。」

龐統少年時代性格內向，不太惹人注意。他十六歲的時候，曾經去看望司馬徽。司馬徽正在樹上採摘桑葉，讓龐統坐在樹下，兩人從白天到深夜談論了很長時間。司馬徽非常賞識龐統，認為他將來一定會成為南郡文人中的首領。經司馬徽的這一番讚揚，龐統的聲譽便一天天地提高。後來司馬徽移居潁川老家，龐統從南郡歷經兩千里行程前去探望，到了司馬徽的駐地，見他還是在樹上採桑。這時龐統的見解和少年時代有些不一樣了，就從車子裡探出頭來對司馬徽說：「我聽說大丈夫活在世上，應該掛著黃金大印，佩著紫色的授帶，怎能委屈自己的才能，在這裡做養蠶婦人的事呢？」

司馬徽聽了，笑笑說：「你先請下車，我再回答你的問題。」等龐統下了車，他接著說：「你只知道揀小路走能夠早一點到達目的地，但不知道走小路容易迷路，過去堯時的伯成子告別諸侯，到野外去耕地，並不羨慕功名的榮耀；孔子的弟子原憲住在用桑樹圍成籬笆的屋子裡，不要高大的官家住宅。他們不稀罕住華麗的屋宇、用肥大的馬拉車、使喚幾十名侍女。這就是古代的隱士許由、巢父心胸寬闊的地方，也是伯夷、叔齊足以驕傲的原因，在我們這些人眼裡，認為像呂不韋那樣以奸詐手段騙得官位的人，或者像齊景公那樣擁有駿馬的庸俗君主，都是不足以誇耀的。」

司馬徽的一番話，沒有直接指出龐統的問題，而是讓他自己領會：為人處世不能只是追求功利，任何事情都要從正道上取得，只能擁有應該擁有的東西；否則，還不如守著樸素和貧寒，更具有純真的人格。

龐統也的確領會到了它的含意，對司馬徽道謝說：「我生活在中原的邊陲地帶，很少聽到精奧的道理。今天如果不是叩響你這座洪鐘，敲響你這面能發出雷聲的大鼓，還真不知道天底下竟有這般激昂慷慨的聲響哩！」

總之，宗吾認為，即使佔據完全的主動，也不能咄咄逼人，以免引起逆反心理。必須要注意給對方留面子，這樣才能使他主動地配合你。即使對方態度非常不好，也應該保持冷靜，不厭其煩向他提示和解釋，同時得找出一個「台階」，讓對方體體面面地「下台」，這樣，你就從心理上已經說服了對方，接受你的意見就只是個時間問題了。

# 第四篇 防人之心不可無

◆兵法云：「先為不可勝，以待敵之可勝。不可勝在己，可勝在敵。」人生同樣如此，如果以為只憑「三寸不爛之舌」，就可以在人生舞台上暢快淋漓地表演，而忘記了可能有人正躲在陰暗的角落裡窺視你，正在尋機向你施放「冷箭」，你會死得很慘！在運用厚黑口才之技巧行走江湖時，千萬別忘了「防人之心不可無」這句古訓。先使自己處於不可戰勝境地，然後再考慮如何發揮「唇槍舌劍」的威力，實現自己的人生目標。

## 厚黑口才二十八　藏惡露善，大智若愚

■厚黑行世必須懂得裝傻，正是因為如此，「難得糊塗」才會被歷來推崇為高明的處世之道。

常說「人心難測」。在宗吾看來，每個人都喜歡將內心深處的陰險狡詐包裹得嚴嚴實實，而把自己最善良的一面，展現於世人面前。你在說話過程中，不遵此例，就要吃虧。在厚黑口才中「藏惡露善」，就可以在很大程度上發揮麻痹對方的目的。而鋒芒太露易遭人嫉恨，恃才自傲，若不知得饒人處且饒人，就容易樹敵。在說話過程中，「大智若愚」就可以在很大程度上產生保衛自己的目的。

**【宗吾真言】　運用「藏惡露善，大智若愚」時，可以裝傻為人遮羞，自找台階；可以故作不知，反唇相譏；可以假癡不癲，迷惑對手。但必須演得逼真，傻得可愛，「瘋」得恰到好處。**

宗吾認為，要做到「藏惡露善，大智若愚」，既能有效地保護自我，又能充分發揮自己的才華，不僅要戰勝盲目驕傲自大的病態心理，凡事不要太張狂咄咄逼人，更要養成謙虛讓人的美德。

所謂「花看半開，酒要半醉」，凡是鮮花盛開嬌豔的時候，不是立即被人採摘而去，就是衰敗的開始。人生也是這樣。當你志得意滿時，切不可趾高氣揚；目空一切，不可一世，這樣你不被別人當靶子打才怪呢！所以，無論你有怎樣出眾的才智，一定要謹記：不要把自己看得太了不起，不要把自己看得太重要。

讀過《三國演義》的人，可能注意到，劉備死後，諸葛亮好像沒有大的作為了，不像劉備在世時那樣運籌帷幄，滿腹經綸，鋒芒畢露了。在劉備這樣的明君手下，諸葛亮是不用擔心受猜忌的，並且劉備也離不開他，因此他可以盡力發揮自己的才華，輔助劉備，打下一份江山。劉備死後，阿斗即位。劉備當著群臣的面說：「如果這小子可以輔助，就好好扶助他；如果他不是當君主的材料，你就自立為君算了。」

諸葛亮頓時冒了虛汗，手足無措，哭著跪拜於地說：「臣怎麼能不竭盡全力，盡忠貞之節，一直到死而不鬆懈呢？」說完，叩頭流血。

劉備再仁義，也不至於把國家讓給諸葛亮，他說讓諸葛亮為君，怎麼知道沒有殺他的心思呢？因此，諸葛亮一方面行事謹慎，鞠躬盡瘁，一方面則長年征戰在外，以防授人以柄。而且他鋒芒大有收斂，故意顯示自己老而無用，以免禍及自身。這是韜晦之計，收斂鋒芒是諸葛亮的大聰明。

不露鋒芒，可能永遠得不到重任；鋒芒太露卻又易招人陷害。雖容易取得暫時成功，卻為自己掘好了墳墓。當你施展自己的才華時，也就埋下了危機的種子。所以才華顯露要適可而止。

與人交往的技巧就是「故意裝傻」，這也就是指不炫耀自己的聰明才智、不反駁對方所說的話。其實要做到這一點是非常不容易的，必須要有很好的演技才行。然而，不是人人都可以傻得恰到好處，如果沒有掌握得恰到好處，反而會弄巧成拙。我國古代著名的軍事大師孫臏，遭到龐涓暗算後，身陷絕境。然而孫臏不向惡勢力妥協，他裝瘋賣傻，鬆懈龐涓的警惕之心，然後尋機逃脫。

在宗吾看來，當危險要落到自己頭上時，不妨學一學孫臏，試一試裝傻弄呆，以達到逃避危難、保全自身的目的。

**【宗吾真言】如果說話的對象是一個不講道理而又大權在握之人，這時「藏惡露善，大智若愚」特別有效，既可達到說話的目的，又可避免因觸動「龍鱗」而引禍上身。**

宗吾認為，許多時候，要想受到別人的敬重，就必須掩藏你的聰明。比如，有時面對一個錯誤的推理或結論，從正面反駁可能無濟於事，這時不妨用另外一個類似的，並且明顯是錯誤的推理，來達到批駁的目的，效果反倒更好。

宋高宗時，有一次宮廷廚師煮的餛飩沒有熟，皇帝發怒了，把那個廚師下了大獄。沒過多久，在一次表演節目時，兩名演員扮作讀書人的模樣，互相詢問對方的生日時辰。一個說：「甲子生，」另一個說：「丙子生。」這時又有一名演員馬上來到皇帝面前控告說：「這兩個人都應該下大獄。」皇帝覺得蹊蹺，問是什麼原因。這個演員說：「甲子、丙（餅）子都是生的，不是與那個餛飩沒煮熟的人同罪嗎？」皇帝一聽大笑起來，知道了他的用意，就赦免了那個「餛飩生」的廚師。

演員藉皇帝「餛飩生就下大獄」這個前提，演繹出一個錯誤的結論：凡是「生」就該下大獄，甲子生、丙子生也該下大獄。這顯然是荒誕不經的，引人發笑。演員的推理語言婉轉，表達含蓄，蘊含了豐富的機趣。這種幽默語言的產生，不能不歸功於巧奪天工般的荒誕推理。

在交際活動中，如果單憑言語難以說服對方，採用交際情境表義，有時給對方多一些思考、體驗，常可產生言語不能達到的效應。

法國有位農學家，很想在法國推廣種植馬鈴薯，但他愈是熱心宣傳，別人愈不相信。醫生認為馬鈴薯有害於人的健康，有的農學家斷言種植馬鈴薯會使土地變得貧瘠，宗教界稱馬鈴薯為「鬼蘋果」。經過一段時間的思考，這位農學家，終於想出一個新點子。在國王的許可下，他在一塊出了名的低產田裡栽培了馬鈴薯，由一支身穿儀仗隊服裝的國王衛兵看守，並聲稱不允許任何人接近它，挖掘它。但這些士兵只在白天看守，晚上全部撤走。人們受到禁果的引誘，晚上都來挖馬鈴薯，並把它栽到自己的菜園裡。這樣，沒過多久馬鈴薯便在法國推廣開了。這個推廣馬鈴薯種植的主意獲得成功，就得益於情境的巧用。直言馬鈴薯好，人們不信。由皇家種植，國王衛兵看守，暗示的情境意義即：是貴重物品。

當對方的問題不好回答時，答非所問是一個好的選擇。故意偏離邏輯規則，不直接回答對方提問，而是在形式上回應對方問話，透過有意的錯位造就幽默，用假錯的形式，幽默地表達意圖。

在一次聯合國會議休息時，一位已開發國家外交官問一位非洲國家大使：「貴國的死亡率一定不低吧？」非洲大使答道：「跟貴國一樣，每人死一次。」

外交官問話是對整個國家而言，對非洲的落後存在挑釁，大使並不理會其問話的要害點，故意將死亡率針對每個人，頗具匠心地回答，營造著別樣的幽默效果。這位大使的幽默有效地回敬著那位西方外交官的傲慢，維護了本國尊嚴。

答非所問講究機巧，抓住表面上某種形式上的關聯，不留痕跡地閃避實質層面，有意識地中斷對話邏輯的連續性，尋求異軍突起的表達。幽默旨在另起新灶，跳出被動局面的困擾。

有個愛纏人的先生盯著小仲馬問：「您最近在做些什麼？」

小仲馬平靜地答道：「難道您沒看見？我正在蓄絡腮鬍子。」

按照宗吾的觀點，小仲馬表面上好像是在回答那先生，其實並沒給他什麼有用資訊。他自然是懂得對方問話意思的，但他偏要答非所問，用幽默暗示那人「不要再繼續糾纏」。

## 厚黑口才 二十九 故露破綻，出醜賣乖

■在厚黑處世中，有時主動地露出一個醜處，可以讓人忽略其餘更多的醜處，這是一種高明的「防人之術」。

宗吾看來，在與人進行語言交流時，為了立於不敗之地，有人會拚命地遮羞蓋醜。可是，實際上對於自己的缺點和過失強為掩飾，會欲蓋彌彰，反致破綻百出。不妨運用「故露破綻，出醜賣乖」的厚黑口才，不僅可以增強自信和底氣，還可以顯得本色和人性化，同時，使人更加容易接近。這樣一來，別人反倒不會過於注意你的缺點和過失了。

**【宗吾真言】　這裡的「故露破綻，出醜賣乖」是主動為之，主動權就掌握在自己手中，換句話說，這裡的「破綻」和「醜」是有選擇的，是故意讓對方看見，以便轉移其對真正的「破綻」和「醜處」的注意力。**

宗吾認為，世人存在著這樣一個錯誤迷思：你所說的所有的事情都貨真價實，沒有問題，人們不免懷疑：真的都名副其實嗎？而一旦有意讓人知道「有一件事是不真實的」，人們便心想：「果

真不出我所料，」把目光集中到了有問題的事上，其餘的便被想當然地忽略而避開了審視的焦點。

唐朝時，對官員的選任有很嚴格的程序，就是科舉得中，還要經過吏部考選。李林甫鑽營當上了吏部侍郎，掌握選考官吏的大權。不久，就巴結權貴，撈取政治資本，表面裝得正直不阿，暗地裡卻作奸犯科。

吏部每年考選官吏，都要放榜公佈。有一次，在放榜前，玄宗的弟弟寧王，暗地裡拿給李林甫一個十人的名單，要他以優等列榜首放官。在選官中走後門，當時也是嚴禁的。

李林甫看到勾結寧王的機會來了。他接過名單，心裡高興，臉上裝作為難的樣子，說：「王爺一定知道這事不好辦，何況一下子開出十個人來！」不等寧王有什麼表示，接著又馬上說：「王爺把這件事交給我，說明王爺信任我，抬舉我。王爺是皇家，為皇家辦事。還能怕擔責任？」這一番話，當然讓寧王高興，在他那尊貴的臉上，對李林甫顯出寬慰的神色。李林甫又從這種神色中盤算出另一個主意。

「王爺，就這樣吧！為了維護朝廷的法紀，也壓壓別人藉機行私，請您允許我從這十人中任挑出一人，當眾駁回，留到下次列為榜首，舉薦個好去處。」李林甫把內心的奸詐全都隱藏起來，表現出一副忠誠、恭順、幹練的模樣。寧王心裡自然高興了，真把李林甫看成是忠心為朝廷辦事，又能幹的人，便大加讚賞。

在宗吾看來，李林甫就是用「一醜遮百醜」的遮醜方法，循情枉法。出榜那天，李林甫當眾說：「某人託王爺說情，這是敗壞朝廷法紀，不能容忍！此人不能選。」話一落音，人人吐舌，相互傳說：「李大人連王爺的面子都敢駁回，真是正大清明。」更有人說：「他一定深受皇上寵幸，不然，豈有這膽子？」這事傳到玄宗耳中，龍顏大悅，心想：「朝中有這樣的大臣，一定要重用。」就這樣，李林甫這樣一個奸詐透頂的人，卻讓朝野上下誤以為忠。

**【宗吾真言】「故露破綻」之術，還有另一種運用方法：有意識地透過看似失語的語言形式，「無意」地透露給聽話者某種虛假的資訊，從而使對方信以為真，以正中說話者的下懷。**

宗吾認為，說話不嚴密而露出破綻，也是一種丟醜。如果有意為之，故露破綻，則可達到以露醜制勝的目的。

唐玄宗時，由李適之和李林甫兩位宰相共同輔政。兩人面和心不和，互相勾鬥，但表面上還很客氣。

唐玄宗荒於酒色，窮奢極欲，結果國庫日見空虛，滿朝文武都很著急，日夜尋思開源節流之計。最後，皇上也感覺到了財政威脅，下詔讓兩位宰相想辦法。

形勢所迫，兩人都很著急。但李林甫最關心的卻是如何鬥倒政敵，獨攬大權。看著李適之像熱鍋上的螞蟻，李林甫生出一條毒計來。

散朝之後，兩人閒聊，李林甫裝作無意中說出華山藏金的消息。他看到李適之眼睛一亮，知道目的達到了，便又岔開話題說別的。李適之果然中計，忙不迭回家，洗手磨墨寫起奏章來，陳述了一番開採華山金礦、以應國庫急用的主張。

唐玄宗見到奏章大喜，忙召李林甫來商議定奪。李林甫裝出欲言又止的樣子，玄宗說：「有話快講！」李林甫壓住了聲音裝作神秘地說：「華山有金誰不知？只是這華山是皇家龍脈所在，一旦開礦破了風水，國運難測。」玄宗聽罷點頭沉思。

那時，風水之說正盛行，認為風水龍脈可澤及子孫，保佑國運。而今聽得李適之說出了這樣的餿主意，玄宗心中當然不高興。李林甫見有機可趁，忙說：「聽人講，李適之常在背後議論皇上的生活末節，頗有微辭，說不定，這個開礦壞風水的主意是他有意……」玄宗心煩意亂，拂袖到後宮去了。李林甫見目的達到，心中暗喜。

總之，在宗吾看來，李林甫高明之處就在於，以看似無意中洩露的形式，拋給對方一個「餿主意」，使對方很容易信以為真，把它當成一個白撿來的「金點子」，結果觸動了「龍鱗」。自此，玄宗見了李適之就覺得不順眼，最後，找了個過錯，把他革職了。朝廷實權，便落到了李林甫手中。

# 厚黑口才 三十 自掩其美，藏巧示拙

■ 厚黑行世者，一定要參透老子「禍兮福之所依，福兮禍之所伏」的真諦，切不可為「其美」和「其巧」沾沾自喜。

在宗吾看來，官場是最容易受猜忌的場所，為了權和利，大小官吏們都相互提防，相互算計，勾心鬥角。在這種殘酷的人生角鬥場中，說話稍有不慎，就會被人抓把柄，一箭穿心，翻身落馬。最常用的「防人之術」就是「自掩其美，藏巧示拙」，不要成為別人的靶子。

**【宗吾真言】官場上經常兩派形同水火、勢不兩立，冤家對頭，他們之所以鬥得個你死我活，歸根結底，還是為了權、利兩字。但對於厚黑行世者，真正的對手不是「政敵」，而是居於他們之上的人。所以，千萬不要「功高震主」。**

在宗吾看來，從歷朝歷代官場傾軋、朋黨爭鬥、個人較量的眾多史實，我們可以發現，「進讒言」是爭鬥雙方最為慣用的，幾乎是一種屢試屢勝常用常新的手段。古今中外，大小衙門，概莫能外，大約在人類未來的政治歷史中也不會完全絕跡。進讒言並不只是由於進讒言個人品德的卑劣低下，它有其產生、存在的歷史土壤，這便是專制制度、個人獨裁。朋黨爭鬥，排斥異己並不僅僅是爭鬥雙方的事，在他們之上，總有一個最高、最後的仲裁者，在封建社會便是皇帝。正是他的態度決定著雙方的勝負。因此爭鬥雙方都要使出渾身解數去取悅他、爭取他，使他站在自己一方。

如何才能讓上司站在自己一方呢？訣竅就在老子的一句話：「生而不有，為而不恃，功成而弗居，夫唯不居，是以不去。」

東漢前期，竇氏家族聲名顯赫。竇憲的曾祖父竇融原是盤踞西北的一位地方割據勢力，在劉秀爭奪天下時，他歸順了劉秀，使得劉秀順利地統一了西北地方。劉秀對他十分感激，封他為大司空。竇氏家族，一個被封為公，兩人被封為侯，三人娶了公主，四個人擔任兩千石的要職。祖孫同朝，府第連片，奴婢數千，其顯赫之勢，當朝的皇親國戚、文武功臣之中，沒有人可與之相比的。

竇融這個人倒十分清醒、謹慎，他自以為不是劉秀的舊臣，沒有攻城掠地的大功，而現在地位在滿朝公卿功臣之上，感到十分不安，曾一再辭讓爵位，並上書說：「臣已經五十三歲了，有個兒子年僅十五，天性頑劣愚鈍，我經常教導他讀聖賢之書，凡事遵循聖人之道，不願意他有才能。怎麼能讓他無功受祿，繼承大片國土，享受諸侯那樣的待遇呢？」

可惜他的後代卻沒有這種眼光，兒子竇穆娶了一位公主，然後貪權攬勢，干預政事，驕縱不法。結果被人告發，光武帝劉秀大怒，免去了竇穆的官職，並將竇氏子弟全部趕出京師。

可是竇穆並沒接受教訓，在竇融死後，囂張依然如故。後被告發，竇穆、竇勳父子兩人雙雙被捕，死獄中。章帝娶竇憲的妹妹為皇后，竇家門庭一再升遷。可是他不接受父輩祖輩自取滅亡的教訓，專橫比父祖輩有過之而無不及，以致滿朝文武無不畏懼。

漢章帝死了，即位的漢和帝年僅十歲，竇太后臨朝稱制，實際上大權由竇憲所把持。他越發肆無忌憚，擅殺對手，連貴族大臣也難逃毒手，他的妹妹竇太后對此不能容忍，便將他囚禁於宮中。他為了免受更大的懲處，便請求率兵去出擊匈奴，立功贖罪。

其實當時北方少數民族與東漢政權相安無事，就因為竇憲想保位固權，便無端地挑起了一場大規模的戰爭。他利用少數民族之間的衝突，一打一拉，竟然大獲全勝，斬殺匈奴兵將萬餘人，收降二十餘萬，獲馬牛羊駱駝百餘萬頭，大軍長驅直入，直達大漠之北，最後刻石記功於燕然山。

在宗吾看來，若就竇憲的戰果而言，不在西漢名將衛青、霍去病之下。他既稱雄於異域，更是威震朝廷。班師歸京之日，迎接的人竟有稱其為萬歲的。他居功自傲，不只驕縱跋扈更甚於前，而且野心極大膨脹，有了殺帝自代之心。年輕的漢和帝，便透過宦官鄭眾，聯絡了幾家宗室、王侯，採取突襲的辦法，斬斷竇氏的羽翼，將竇氏一舉擊敗，竇憲及其弟兄都被免官降職，趕出京城，竇憲知道大勢已去，被迫自殺，重蹈了父祖輩的覆轍。「竇氏一門」的舊事，再次說明一個道理，就是「太歲頭上千萬不能動土」。

**【宗吾真言】** 早在先秦時代，便有一些思想家指出「君子之澤，五世而斬」。權勢人家的恩寵，最多經歷五代也就中斷了。從古至今，概莫能外，已成一條歷史規律。究其原因就是「過於狂妄」。

宗吾認為，權勢是一種毒劑，人一旦迷戀上它以後，便會像吸食嗎啡一樣中毒，這種中毒現象表現在兩方面，一是對權勢更加貪得無厭的追求，最後必然發展成為政治野心；一是對感官享受永無止境的奢求，最後必然導致貪贓枉法。權勢又是一把雙刃劍，它要無情地刺向一切阻礙它發展的人，無論是對手或者原為朋友的人，直至掌握最高權力的人。這樣，追逐權勢的人，隨著權勢的日益擴張，劣跡便日益昭彰，自身的抵抗能力也日益衰弱；而同時，他卻為自己樹立了一個強大的對手，甚至包括握有最高權力的人。這樣一來，他除了敗亡，還會有其他的結局嗎？

張說是唐玄宗時的宰相，很得唐玄宗的信任。他平時恃寵而驕，目中無人，朝中百官奏事，凡有不合他意的，他便當面斥責，甚至加以辱罵。他不喜歡御史中丞宇文融，凡是宇文融有什麼建議，他都加以反駁。中書舍人張九齡對他說：「宇文融很得陛下恩寵，人又有口才、心計，不能不加以提防。」張說輕蔑地說：「鼠輩，能有什麼作為！」

偏偏張說自己也不是無懈可擊之人，他貪財受賄，終於被宇文融抓住了把柄，向皇帝奏了他一本，朝廷派人一查，還真是有那麼回事。這一來張說神氣不起來了，嚇得在家待罪。當唐玄宗派宦官高力士去看望他時，他蓬頭垢面，坐在一塊草墊子上，一只粗劣的瓦罐中，盛的是鹽水拌的雜糧，算是他的飯食，等待著朝廷給他的處分。

一位大臣恩寵正隆時，在處理人際關係時，常常表現為三種形式：對君上越發恭敬，以保其寵；對同僚排斥傾軋，以防爭寵；對下屬盛氣凌人，以顯其寵。這其實是一種很不明智的做法，這樣一來勢必樹敵太多，使自己陷於孤立。這種人又常常只是將職位相同、權勢相當的人視作對手，小心加以防範，而對職位比自己低的人往往不大放在眼裡，這更是一種缺乏遠見的做法。

總之，宗吾認為，厚黑行世者的「韜晦」，是周旋於「戰場」之中，身游離於是非之外，彷彿彈火紛飛戰場上的堡壘和掩體，它不是一種生存方式，而是一種生存的藝術，它完全符合戰爭的要義：第一保護自己，第二消滅敵人。置身於名利場中的人，應該有點長遠眼光，「恃寵而驕」的人們，遭禍的原因便是不具備這種能力。

**【宗吾真言】 當一個人權勢正隆的時候，千萬不要以為那是永遠不會衰敗的。要清醒地意識到，在那烈火烹油般的鼎盛之中，已預伏了危機，已埋下了禍根。厚黑行世者，必須預做安排，該放棄的就要放棄，以避免禍難。**

宗吾認為，歷代官場的許多智者，真正意識到了禍福相依的關係，他們的做法是：一、不貪。不要以為官職愈多愈好，頭銜愈高愈榮，當你多了一個官職，增高一級頭銜的時候，固然在身上增添了一道光環，同時也套上了一道繩索。要適可而止，要量力而行，該推就推，該避就避，該讓就讓。二、不戀。當預見到可能出現危機時，千萬不要戀棧，不要捨不得那錦繡繁華之夢，富貴溫柔之鄉，要急流勇退，及早抽身退步。

比如，蕭嵩在唐玄宗時任宰相，因與另一名宰相關係不夠融洽，便上書皇帝，請求退休，玄宗問他：「我並沒有厭倦你，你為什麼要退休？」蕭嵩說：「我蒙受陛下的厚恩，任職宰相。富貴已到了極點，趁著陛下還未厭倦我的時候，我還能夠平平安安退下，等到陛下厭倦我了，我的頭顱都難以保住，怎麼還能按自己的願望行事呢？」他後來終於如願以償，優遊園林，修身養性，活到八十多歲。

賭場上的人有這麼一種心態：贏家愈贏愈想贏，結果卻可能輸個精光。官場上的許多人也有類似的心態及遭遇：官職越高還想要高，恨不得做到皇帝才甘休，結果卻可能是身死名滅。這種人的失敗在於不懂得適可而止，不懂得知足常樂。蕭嵩沒有踏這種人的覆轍，當他預見到可能出現的禍難苗頭，便毫不戀棧，及時抽身退步。

在唐代中期政壇上，李泌是一個很有點神秘色彩的人物，他歷仕玄宗、肅宗、代宗、德宗四位皇帝。他被四個皇帝所信任，雖屢被誣陷和讒毀，卻能倖免於難，保全終身，其中的訣竅有兩條，一條是避權讓位，一條是功成身退。

早在唐玄宗時，他還是一名少年，因其出色的智慧而聞名於朝廷，唐玄宗要任命他為太子李亨的官屬，他辭謝了，只願以布衣的身分與太子來往，李亨稱他為先生，對他十分尊重。後來因遭楊國忠的忌妒而遭貶斥，他乾脆棄職而去，遊於嵩山、潁水之間，避免了一次災難。

安史亂起，新即位的肅宗李亨特意派使臣去請他出山，並要任命他為宰相，他又堅決辭謝了，肅宗也只好由他，但對他的尊寵可謂非同尋常，出則並駕齊驅，入則聯床而臥，朝中事無鉅細全都請教於他，對他言聽計從，甚至連元帥、宰相的任免，以至太子的人選，也都要聽從他的意見，真是所謂不在其位而謀其政。

當唐朝的軍隊收復了失陷的長安，平定安史之亂的戰鬥取得了巨大勝利之後，他便向肅宗請求還山歸隱，他說：「我已經報答了陛下對我的厚恩，如今重新做一個閒散之人，沒有比這更快樂的事了。」

這使唐肅宗十分吃驚，「我與先生這幾年來共同歷經憂患，如今將要同享歡樂，先生為什麼突然要離我而去呢？」

李泌嚴肅地說：「我有五條不能留下來的理由，懇請陛下任我離去，使我免於一死！」

肅宗不明白，問道：「此話怎講？」

李泌說：「我與陛下相知太早，陛下對我倚託太重，寵信太深，我的功勞又太大，行為又太不尋常，這五條正是我不能久留的理由。」

在宗吾宗看來，李泌對官場的風雲看得可謂透徹，處理得也很得法，他立功而不求官，名成而不戀位。可為則為，不可為則不為。有所為有所不為。見機而作，適可而止。功成身退，無所羈絆。實在是人生的最佳境界。

## 厚黑口才　三十一　點到為止，出語必中

■「禍從口出」、「語多必失」。平時沒用的話不要太多，但關鍵時刻一句話，直指要害，就可以讓人丟官甚至腦袋搬家。

在宗吾看來，《老子》一書只有區區數千言，但是幾千年來拿它當主題的論述何止千言萬言？仁者見仁，智者見智，談政治的、談經濟的、談宗教的、談哲學的，都能從中悟出一大篇道理。這就是話少的好處。常言道：「物以稀為貴」，語言也一樣，你說得愈少，愈能引人好奇。而且，正因為說得少，其中的漏洞也就少，想像以及闡釋的空間卻很大，萬一必須強詞奪理，也容易自圓其說。因此，「點到為止，出語必中」就成了一個不容你忽視的重要技巧。

**【宗吾真言】只講表面現象，不做實質結論。吞吞吐吐，似有難言之隱；似隱卻露，故作弦外之音。關鍵性的內容言者並不明言，但卻有意做出強烈的暗示，這樣就可以使聞者不難從中領悟話中之「話」，弦外之「音」。**

宗吾認為，「點到為止，出語必中」的「妙處」在於：言者未曾明言，便可不承擔明言的責

任；言者未做結論，便無強加於人之嫌；然而言者所要表達的關鍵內容卻盡為聞者所知，其目的已然達到。

中國古代歷史上，撥弄「弦外之音」者大有人在。唐玄宗在位期間，曾發生了一場廢立太子之爭。受寵的武惠妃極力構陷太子李成，企圖以自己的親生兒子取而代之。唐玄宗聽信了讒言，召集宰相們會議，打算廢掉太子。正直的宰相張九齡，從穩定政局和維護禮法的角度出發，公開反對更儲，並明確表示：「陛下必欲為此，臣不敢奉詔。」同時在位的奸相李林甫，卻另有一番表現。他當眾「無所言」，不發表任何意見，退朝之後卻暗地裡透過宦官轉告玄宗說：「此主上家事，何必問外人？」此番話雖然沒有直接針對更儲問題做出明確的表態，但其所暗示的弦外之音卻是十分明顯的：既間接表明了李林甫迎合玄宗和武惠妃、贊同廢掉太子的態度，同時又影射攻擊了政敵張九齡「干預」君主的「家事」。

漢武帝即位初期，丞相田蚡與魏其侯竇嬰結怨相爭。在一次朝會廷辯場合中，魏其侯揭露了田蚡為非作歹的種種事實。田蚡則運用「話中有話、弦外有音」的暗示手段，巧妙地進行了反擊。他說：「天下幸而安樂無事，」自己身為宰相，「所好音樂狗馬田宅」，「所愛倡優巧匠之屬」，似乎並不為過；而魏其侯「日夜招聚天下豪傑壯士與論議」，「臣乃不知魏其侯所為」。就這樣，廷辯的結果，田蚡顯然佔據了上風。魏其侯的最終命運是「論棄市渭城」。

在宗吾看來，田蚡並沒有直接指斥魏其侯圖謀不軌，而只是舉出了其「日夜招聚天下豪傑壯士與論議」的現象。對於這種現象，田蚡本人並不做肯定的結論，但是，就客觀效果而言，這種強烈的暗示已經足以提醒多疑君主的警覺之心。

**【宗吾真言】厚黑行世者，在設置「陷阱」打擊對手時，一定要考慮到其中的風險。在揣摩好上司的意圖後，不直接表達心願，而是利用「點到為止，出語必中」之法，置構陷於讚揚之中，使其有苦難言，而自己又保留了一條抽身之路。**

在宗吾看來，讒毀誣陷一般沒有事實依據，倘若直截了當地生編亂造和妄下結論，其用心則過於明顯，而且謊言易被揭穿、結論難以成立。反之，透過運用「點到為止」的暗示手段，讒毀誣陷者不僅掩飾了自己的用心，同時又使攻訐手段顯得含蓄而留有事後自我辯解的餘地。最終的結論畢竟是作為聞者的他人自行做出的，作為言者的讒毀誣陷者總是為自己保留了一條後退抽身之路。

清朝道光年間，軍機大臣曹振鏞當政之時，對政敵打擊往往氣定神閒，卻「言到敵敗」，非常奏效。曹振鏞在乾隆年間中進士，做過翰林，到了嘉靖年間就連連升官，可謂飛黃騰達，一直升為尚書、大學士，到了道光年間，他更是如魚得水，晉武英殿大學士、贈太傅，畫圖紫光閣。曹振鏞八十一歲高齡去世後，諡贈「文正」。綜觀整個清代，享受這種殊榮的也不過七、八個人。

曹振鏞作為一位漢族官僚，為什麼歷仕三朝，不僅沒有遇到一朝天子一朝臣的麻煩，反而愈老愈受皇帝寵愛，仕途愈來愈順，官愈做愈大，他到底有什麼訣竅呢？

他的訣竅只有六個字：「多磕頭，少說話。」意思是說，對皇帝、對上司，要多表示順從，少發表自己的意見。但需要特別解釋的是，少說話並不是不說話，不說話是傻子，少說話則是聰明人，關鍵看你在什麼時候說話，說什麼樣的話了。

比如，曹振鏞對軍機大臣行走蔣攸銛很討厭，就一直想把他排擠走。

有一次，琦善因處理「洋務」不當，被革去兩江總督職。道光皇帝一日問曹振鏞道：「兩江總督地處南海邊陲，與洋人對峙，交往很多，職位非常重要，我想派一個資深望重、久歷封疆的官員去擔任此職，你看誰合適呢？」

曹振鏞知道蔣攸銛剛由直隸總督任上調上來，屬於道光帝想要的那一類人，但是由自己提出來，不免授人以排擠同僚的口柄，也會引起道光皇帝的懷疑，所以他不直接提出由蔣氏調任，而提正被白蓮教起義弄得焦頭爛額、肯定不能調任的川陝總督那彥成。於是，曹振鏞說：「臣以為川陝總督那彥成資歷最深。」

果然，這個建議遭到了道光皇帝的否決說：「川陝一帶，正發生民亂，那彥成不能調動。」道光皇帝見曹不說話，環視四周，看到了蔣攸銛，馬上說：「你就是前朝的封疆大吏，去任兩江總督正合適。」此事就這樣敲定了，實際上蔣攸銛由軍機大臣調任兩江總督，從權位與權力上，都有下放的嫌疑，所以，蔣攸銛出來後對人感慨地說：「曹公的智巧真可怕呀！他把自己的意思含而不露，卻讓陛下說出來，就無可更改了，這樣的排擠，真是高明至極啊！」

阮元是清朝著名的古文學家，學問精深，著有多種著作，也深受朝廷的信任，但遭到了曹振鏞的嫉妒。有一次，道光問曹振鏞說：「阮元年輕時就中進士，剛及壯年就升至二品高官，後來又歷任封疆大吏，鎮撫一方達三十餘年，他是靠著什麼過人的本領才有這樣的成績呢？」

曹振鏞聽後，便裝出一副十分真誠而又佩服的樣子說：「阮元很有才能，皇上可能還有所不知。他之所以能得意於仕途，一帆風順，步步高升，原因就在於他對琴、棋、書、畫皆有擅長，無所不通，而其中又以學問見長。」

道光帝接著問：「阮元長年做官，哪有時間研究學問，何以以學問見長呢？」

曹振鏞回答說：「阮元現任雲貴總督，當地百業待興，政務繁忙，若是其他督撫，必會忙得廢寢忘食，焦頭爛額，絕無時間研究學問。但阮元不然，他愛好行文，每天都在總督衙署與一班文人學士談論文章，考據古籍，夜以繼日，孜孜不倦，是以他的學問尤好。」

在宗吾看來，曹振鏞深知道光秉性，他非常厭惡封疆大吏不事公務，卻談詩論道，表面上稱讚，實際上卻是重重地「參了一本」。結果，不久之後，阮元被召回京城，調為有名無實的大學士，不再受到重用。曹振鏞的確話不多，但是句句都能「刺」到對手的「七寸」上，厚黑之致！

## 厚黑口才 三十二 笑罵由人，厚臉不紅

■ 厚黑行世者最拿手的「防人之術」，就是面厚心黑，因為臉皮厚，所以不臉紅；因為心肝黑，所以不心虛。

在宗吾看來，有的人在「語言的交鋒」中總是敗下陣來，或屢屢中人「暗箭」，一個重要原因就是厚黑修煉得不夠，往往在他人一兩句話之下就臉紅心虛。這樣一來，如何不敗？又如何防人？真正的厚黑高手，因為臉皮厚，所以不會臉紅，因為心肝黑，所以不會心虛，不但笑罵由人笑罵，還能替對方幫腔笑罵，如果再能適度地幽上自己一默，那就真會立於不敗之地了。

**【宗吾真言】 只有真正聰明人才能駕馭語言藝術，而自嘲又是語言藝術的最高境界。在人前蒙羞，處境尷尬時，用自嘲來對付窘境，就能很容易找到下台階。所以，能夠自嘲並能自我解嘲是一種很高明的「防人脫身」手段。**

宗吾認為，能自嘲的必須是智者中的智者，高手中的高手。自嘲是缺乏自信者不敢使用的技巧，因為它要你自己罵自己，需要一張厚臉皮。也就是要拿自身的失誤、不足，甚至生理缺陷來

「尋開心」，對醜處、羞處不予遮掩、躲避，反而把它放大、誇張、剖析，然後巧妙地引申發揮、自圓其說，取得一笑。沒有豁達、樂觀、超脫、調侃的心態和胸懷，是無法做到的。

傳說古代有個石秀才，一次騎驢不慎摔在地上，一般人一定會不知所措，但這位石秀才不慌不忙地站起來說：「虧我是石秀才，要是瓦的，還不摔成碎片？」一句妙語，逗得在場的人哈哈大笑，自然這石秀才也在笑聲中免去了難堪。與此相似，一位胖子摔倒了，便說：「如果不是這一身肉托著，還不把骨頭摔折了？」其實換成瘦子，也可說：「要不是重量輕，這一摔就成了肉餅了！」

由此可見，自嘲時要對著自己的某個缺點猛烈開火，這才容易妙趣橫生。但就這份氣度和勇氣，別人也不會讓你孤獨自笑，而一般會陪你笑上幾聲的。

當陷入尷尬的境地時，借助自嘲往往能使你從中體面地脫身。在一次宴會上，服務員倒酒時，不慎將啤酒灑到一位賓客那光亮的禿頭上。服務員嚇得手足無措，全場人目瞪口呆。這位賓客卻微笑地說：「小姐，妳以為這種治療方法會有效嗎？」在場的人聞聲大笑，尷尬局面即刻被打破了。這位賓客借助自嘲，既展現了自己的大度胸懷，又維護了自我尊嚴，消除了恥辱感。

適時適度地自嘲，不失為一種良好的修養，能製造寬鬆和諧的交談氣氛，能使自己活得輕鬆灑脫，使人感到你的可愛和人情味，有時還能更有效地維護面子，建立起新的心理平衡。

當然，自嘲不是自我辱罵，不是出自己的醜。這裡要把握分寸。

如果你的特點、能力或成就可能引起他人的妒忌甚至畏懼，那麼，試著去改變這些不好的看法。例如，你可以說一句妙語：「世界上沒有一個人是完美的，我就是最好的例子，」你以取笑自己來和他人一起笑，會幫助他人喜歡你、尊敬你，甚至敬佩你。

不管你是大人物還是小人物，自嘲都能讓你備受歡迎。大人物因自嘲可減輕妒意獲得好名聲，小人物可以苦中作樂，甚至一夜成為笑星也未可知。

豁達往往意味著超脫，但又沒發展到虛無，所以它仍是一種積極因素，是一種美好的人性的表現。凡事樂觀，即使身陷囹圄也看到希望，而不是整天愁眉不展，過分認真。多想自己的缺點和無能，經常自我嘲笑，而不是老子天下第一，盲目逞能好勝。這就是豁達。

有一個小故事：一個人對客人誇耀自己的富有：「我家無所不有。」他伸出兩個指頭說：「所缺少的，只有天上的太陽、月亮了。」他還未說完，家裡僮僕就出來說：「廚房柴禾已用完。」這人又伸出了個指頭，說：「缺少太陽、月亮和柴禾。」

在宗吾看來，以上這則幽默故事中的主人翁，透過對自己的尷尬和困境的取笑，使得他瀟灑地從尷尬境地中解脫出來。可見，一個敢於並善於自我嘲笑和自我解嘲的人，別人就是想用語言來打擊你，也已經找不到機會了。

**【宗吾真言】** 當你的失誤引發對立情緒時，如果能適時地自嘲一番，獲得原諒應該不難。這就像兩個打架的人，一個突然故意倒地自認不是對手，如果對方不是無賴惡棍，一般便會又好

**氣又好笑地敵意頓消。**

宗吾認為，如果談話中的敵意來自於較輕的失態，只需自嘲便可婉轉化解。比如言談中你講了難聽的污言穢語，對方臉色一沉，你可以自嘲道：「哎，我真是個粗陋的人，肚子裡的髒話總消滅不了，請諸位原諒。」一句插話，可使對方不再介意。又如爭論時你有點激動，措辭生硬，聲音太大，對方已顯不悅。你要趕緊煞住話匣子：「對不起，我這個人容易激動，剛才真成了一隻鬥雞了。」對方定會付之一笑。

在錯話出口之後，機智地將話題引向自己。透過對自己的善意攻擊來消除對方的敵意，轉移對方關注的焦點。這樣做的好處是，能夠不露痕跡地顧到對方的自尊心，同時巧妙地使緊張的氣氛得以緩和。此外，在新的環境中自嘲可以化解距離及敵意。

貝利在一家大公司的運輸部門負責文書工作。當這家公司被另一家大公司併購以後，貝利就在人事變動的波流中沉浮不定。新來的同事似乎對他不大友善，直到有一天貝利運用了自嘲。「他們可不敢先把我革職。」他解釋說，「什麼事我都遠遠落在人後。」

貝利以取笑自己，使他的新同事和他一起笑，並幫助他建立友善合作的共事關係。如果貝利這一句妙語真地顯示他確有將今天的工作拖延到明天的惡習，這也提醒他，使他更能自我瞭解。他以自我諷刺來客觀檢討自己的毛病——愛拖延，並改進自己的表現，因而獲得了成功。

凡幽默多是待人寬厚、與人為善的。這樣的人，往往不會處處與人為難，時時跟他人過不去，更不會無事生非。一般來說，他總是遇事退避三舍，即使受到不公平的待遇或遭到令常人難以忍受的冤屈，往往也不會怨恨得咬牙切齒，憤怒得破口大罵，甚至拿出撒手鐧置對方於死地。但是，他也不是窩囊廢，他會以他獨有的寬容方式來做出反應。這樣，他往往就成了更高層次上的勝利者。

傳說，希臘哲學家蘇格拉底的妻子是個悍婦，常對他發脾氣，而蘇格拉底總是對旁人自嘲道：「討這樣的老婆好處很多，可以鍛鍊我的忍耐力，加深我的修養。」

有一次，老婆又發起脾氣來，大吵大鬧，很長時間還不肯甘休，蘇格拉底只好退避三舍。他剛走出家門，那位怒氣難平的夫人突然從樓上倒下一大盆水，把他澆得像隻落湯雞。這時，蘇格拉底打了個寒顫，不慌不忙地說：「我早就知道，響雷過後必有大雨，果然不出我所料。」

顯然，蘇格拉底有些無可奈何，但他帶有自嘲意味的譏諷，使他從這一窘境中超脫出來，顯示了蘇格拉底極深的生活修養。

在宗吾看來，在粗魯和蠻橫的侵犯面前，為了保住自己的尊嚴，同時又能表現出一種豁然大度的寬容厚道，從而在精神上戰勝對方，不妨運用一下「笑罵由人，厚臉不紅」的自嘲技巧。

## 厚黑口才 三十三 八面玲瓏，掌握主動

■「防人」之術有主動與被動之分，充分利用矛盾，在幾方勢力之中周旋，自保謀利，就是屬於主動的「防」。

俗話說，在地上挖個坑就會有水，想個主意就會來錢。老天總是長眼的，天無絕人之路。西方的一句諺語說：「上帝把門關上之時，必會打開另一扇窗。」因此，厚黑行世者，不管是在任何情況下，都不要主動承認失敗，不要主動放棄，只要能八面玲瓏、拐彎抹角地找到那扇窗，或者沒有那扇窗，自己造一扇窗，總是可以破窗而出，掌握主動。

**【宗吾真言】在爭奪權力非常複雜的環境中，你一定有同黨，也有敵人和大量的中間派。如果善於「八面玲瓏，掌握主動」，利用在某一問題上的共同利益，分化瓦解後兩類人，為己所用，去收拾異己。**

在宗吾看來，在大的變動發生時，正是利益分合最激烈的時期，也正是利用衝突，施展「八面玲瓏，掌握主動」之時。

例如，武則天為實現臨朝稱制，先利用了裴炎集團，後來又加以消滅。

高宗死時，他的遺囑並未授予武太后臨朝稱制的權力，關於武氏的權力，他僅說了一句話：「軍國大事有不決者，兼取天后進止。」新皇帝對一般事務乃至軍國大事中能拿準的問題，都可以自行決定，用不著請示太后，只有那些拿不準的問題，才「兼取天后進止」。這對於習慣了掌握大權，政由己出的武則天來說是不能忍受的，她要扳倒頭上的新君。

在整個廢立過程中，裴炎集團產生了幾乎是不可替代的作用。裴炎集團又是怎麼形成的呢？由上元至永隆，政治上出風頭的人物是劉禕之、元萬頃等人。但從永隆元年起，裴炎逐漸發達起來，後來形成了一個集團。永隆元年四月，裴炎進了宰相班子。四個月以後，太子李賢被廢，他被任命為李賢案三大主審人之一。在這個時候，他與劉禕之走在一起。劉是北門學士中首腦人物，討伐李賢的筆桿子，裴與劉的結合是極自然的。這是裴炎集團形成的第一步。到高宗臨死時，裴炎又成了顧命大臣，受遺詔輔政李顯。他是高宗去世時唯一在場的大臣，威望飆升。六八三年，他升任中書令，成為外廷的首席大臣。這是他權力發展的最高峰，在他身邊，一個集團正在形成。其中，除了劉禕之這樣的大「秀才」，還有西北方面的大將軍程務挺等人。

裴炎集團有一個不成文的政治綱領，那就是擁立李旦為皇帝。這樣一個實力強大，還帶有若干親李唐色彩的集團被武則天看中了，最重要的是，眼前他們有共同的利益和目標。裴炎集團如果要實現他們的政治綱領：擁立李旦，現在就是最好的時機，過了這個村，沒了這個店。於是，在廢李顯這一點上，裴炎集團與武則天是一致的。

李顯知道自己處境不妙，上有悍母，下有權臣，各懷鬼胎，居心叵測！所以他即位之後，就將老丈人韋玄貞由普州參軍調為預州刺史。十來天後，又打算將他調至中央當侍中。侍中是門下省首腦，是個極為重要的職務。裴炎不同意韋玄貞任侍中，態度相當強硬，因為現任侍中劉景先是裴集團中人物。中宗很生氣，說道：「我就是把國家都讓給韋玄貞，又有何不可！」

嗣聖元年（六八四年）二月六日，太后在洛陽乾元殿召見百官，宣告廢立。然後，她帶著裴炎，劉禕之、程務挺及大批御林軍兵士進入內殿。有人向皇帝宣讀了廢立的詔書。「我何罪？」皇帝問道。「你要把天下交給韋玄貞，焉得無罪？」太后答覆。李顯被迫離開了皇宮。第二天，李旦登上了帝位。

裴炎等夢寐以求的是擁立李旦，而對於臨朝稱制，他們堅決反對。既然如此，裴炎等在廢李顯過程中，為什麼這樣大賣力氣呢？這就是武太后的藝術。她對裴炎等的心理是瞭解的，根據後來的事實看，在雙方密謀的過程中，武太后根本沒有提出臨朝稱制的問題。她同意了裴炎等的要求：在李顯廢立後，立李旦為帝。太后的這種態度，驅使著裴炎等去為她賣力。但事情沒按裴炎一夥的希望發展，李顯被廢後，新立的皇帝李旦「居於別殿」，「政事決於太后」，李旦不得參與。

在宗吾看來，在這場競賽中，裴炎之所以輸了，首先是武氏的權力超過了裴炎，然後又是武氏的智力超過了裴炎。所以，裴炎只能啞巴吃黃連，有苦說不出。

**【宗吾真言】　曹操也說：「生子當如孫仲謀。」孫權的本事就是善於利用「八面玲瓏，掌握**

**主動」之法，他給自己的定位就是「第三者」，一般不主動攻擊別人，但一旦有油水，絕不放過。所以，三國之中，他用力最少，受益最大。**

宗吾在所著《厚黑學》中開篇即說：「三國英雄在曹操、劉備，此外還有一個孫權，他和劉備同盟，並且是郎舅之親，忽然奪取荊州，把關羽殺了，心之黑，彷彿曹操，無奈黑不到底，跟著向蜀請和，其黑的程度，就要比曹操稍遜一點。他與曹操比肩稱雄，不相上下，忽然在曹丞相駕下稱臣，臉皮之厚，彷彿劉備，無奈厚不到底，跟著與魏絕交，其厚的程度也比劉備稍遜一點。他雖是黑不如操，厚不如備，卻是兩者兼備，也不能不算是一個英雄。他們三個人，把各人的本事施展開來，你不能征服我，我不能征服你，那時候的天下，就不能不分而為三。」可見，孫權就是一個善於運用「八面玲瓏，掌握主動」的厚黑高手。

例如，建安五年，十八歲的孫權剛剛即三位，詢問魯肅方略大計。魯肅道：「肅竊料之，漢室不可復興，曹操不可卒除。為將軍計，唯有鼎足江東，以觀天下之釁。規模如此，亦自無嫌。何者，北方誠多務也。因其多務，剿除黃祖，進伐劉表，竟長江所極，據而有之，然後建號帝王以圖天下，此高帝之業也。」

魯肅認為「漢室不可復興，曹操不可卒除」，具體步驟分為四步：第一，鼎足江東，以觀天下之變。這在赤壁之戰後實現了。第二，伺機攻取荊州，盡佔長江中下游地區。這在建安二十四年呂蒙襲殺關羽後也實現了。第三，建號稱帝。西元二二九年，孫權稱帝，這也實現了。第四，統一天下。最後一步，沒有實現。

孫權採用了魯肅的建議，作為基本國策。在孫劉聯盟之下，終於形成了三國鼎立的局面。但是此後，主要是劉備和曹操兩人鬥來鬥去，孫權一般都在旁邊觀看，形勢有利的時候，他再動一下手。收復荊州，就是一個大手筆。

在荊州問題上，孫劉兩家有著不可調和的衝突。赤壁之戰後，兩家在荊州問題上的衝突日益突出。後來劉備全力和曹操周旋，關羽也從荊州進攻曹操。孫權見形勢大好，就派呂蒙進攻荊州。糜芳、傅士仁叛降，關羽敗走麥城，被俘遇害，荊州遂為孫權奪去。

殺了關羽後，孫權意識到將面臨一場重大危機。為了防止蜀、魏夾擊的危險，孫權首先力求避免和劉備的生死相拚，不惜屈尊下就，向劉備求和，並做出一些重大讓步：將孫夫人送回成都，縛還糜芳、傅士仁，歸還荊州，希望重新與劉備「永結盟好，共滅曹丕，以正篡逆之罪」。

但劉備心傷關羽被殺之痛，斷然拒絕。孫權看到與劉備的決戰已不可避免，就立即向曹丕寫表稱臣。曹丕於是派使者到東吳，封孫權為吳王。當時許多大臣反對這樣做，但孫權不顧眾人阻撓，親率百官出城迎接魏國使者，恭順地接受了曹丕的封爵。

孫權這種策略，根本上扭轉了三國鼎立格局將被打破所帶來的嚴重後果，避免了魏蜀聯手攻來的滅頂之災。以策略的靈活性為軍事上的勝利贏得了時間和條件。後來吳蜀彝陵之戰，陸遜大敗劉備，使蜀軍元氣大傷，而曹丕始終保持中立，未來趁火打劫，都是他善於應變的結果。

劉備死後，諸葛亮恢復了孫劉聯盟，孫權重新當了「第三者」，坐視諸葛亮和司馬懿鬥法。當蜀國和魏國在戰爭中逐漸削弱的時候，吳國則保持了發展和強大，趁機向遼東和海上發展，取得了成功。

總之，在宗吾看來，在相互傾軋的爭鬥環境中，能拉一方打一方，已屬不易，如果能充當「第三者」，在幾方之間玩平衡遊戲，從而多方受益，就更需要極高的厚黑智慧了。

## 厚黑口才　三十四　隱真示假，聲東擊西

■透過障眼之法，迷惑對手，擾亂他的視線，可以使你進可攻退可守，制人而不制於人。

宗吾認為，以假象造成敵人的錯覺，引誘敵人做出錯誤的判斷，可以達到很好的「防人」效果。本來不告訴別人真話也就罷了，偏要編出一套假的來。本來應該往東走，偏要指給人往西。這樣，你把對方玩得團團轉，他還如何算計你，不被你算計就謝天謝地了！所以，「隱真示假，聲東擊西」，人若善用之，就可成大聖大賢。

**【宗吾真言】有時光「蒙」是蒙不住的。這時不妨用「虛擬示意」的論辯技巧，將本來沒有的情況當作客觀事實推出，並竭力讓對手相信。這樣，同樣可以讓對方真假難辨。**

宗吾認為，實施「虛擬示意」這一論辯技法，包括虛擬和示意兩個步驟。兩者是緊密聯繫的。但比較起來，虛擬較容易些，因為主導者就是自己，虛到什麼程度，擬出何種樣式，全憑自己；而示意則較困難，要對手相信自己的虛擬，如對手不相信，虛擬則徒勞。可見，虛擬是前提，示意是

關鍵。

《三國演義》中，張松欲獻四川地圖與曹操。曹操看不起矮小、貌醜的張松，拂袖而去。曹操的主簿楊修是一舌辯之士，斥責張松，傲慢地聲稱曹丞相具有雄才，並出示曹操撰寫的兵法書籍《孟德新書》以佐證。誰知張松博聞強記，將書接過看了一遍，便熟記於胸，而後大笑道：「此書吾蜀中三尺小童，亦能暗誦，何為『新書』？此是戰國時無名氏所作，曹丞相盜竊以為己能，只好瞞足下耳！」楊修駁斥說：「公言蜀中小兒暗誦如流，何相欺乎？」張松立即表示：「公如不信，吾試誦之。」遂將《孟德新書》從頭至尾背誦了一遍，幾無一字差錯。楊修大驚，得知此事的曹操也納悶：「莫非古人與我暗合？」竟令扯碎其書燒之。於是讓楊修帶張松來見他。

在這場交鋒中，張松之所以能夠打敗曹操、楊修的傲慢氣焰而獲勝，就在於成功地運用了虛擬示意法。張松虛擬的「此是戰國時無名氏所作」，曹操是一位統兵主帥，要寫兵法書籍，難免對前人總結戰爭的經驗有所借鑑。加上他的猜疑心本來就重，當然就會相信了。反過來，如果張松虛擬的是「此是江東孫權所作」，楊修、曹操的知覺，都不會產生認同。因為這與他們的實踐與經驗相差太大。

作為對手，總是對作態有某種程度的戒備與警惕的；對你所說的，本能地會產生懷疑。這就更須要在虛擬時，在合理性上多下些工夫。有時，不防來一點真真假假，造成一種虛虛實實、實實虛虛的混沌局面。如張松的「無名氏」，不說具體，讓你莫測高深。這時，對手的知覺是：實亦實，虛亦實。於是，也就自然而然地相信你虛擬的全部內容，而落入圈套。

宗吾認為，一旦說虛話達成目的，就可以接著實施「示意」了。示意的主要表現形式是言語。同時，應當輔以動作、情感、神態、語調等的幫助。對手對你的虛擬接受程度，取決於對你的示意的感知與理解的深淺。自己的示意愈明晰、愈確切、愈執著、愈有誘惑力，對手的感知與理解力就愈強，從而導致其產生錯覺的概率也愈高。因此，可以說，示意，是在操縱對手的知覺。虛擬一旦實施，擺在自己面前的，既要千方百計激起對手的情感，使他對自己建立起足夠的信任，又要竭盡全力維護自己的虛擬，使對手沒有任何懷疑的餘地。

**【宗吾真言】 運用「隱真示假，聲東擊西」之法，還可以透過虛張聲勢，故意假裝出強大的聲勢來嚇唬人。《百戰奇略》云：「凡與敵戰，若我勢虛，為偽示以實形，使敵莫能測其虛實所在，必不敢輕與我戰，則我可以全師保軍。」**

宗吾認為，「虛張聲勢」是在面臨危機時的一種防人自保應變之術。

劉邦為奪關中，領兵抵達武關。武關為交通要隘，易守難攻，為咸陽的東南大門，是兵家必爭之地。因此，秦軍派有十分精銳的兵力把守。而劉邦當時手下只有二萬人馬，如不順利地拿下此關，項羽就有搶先奪去關中的可能。劉邦心急如焚，想強行攻取。張良經過調查，認為秦兵勢強，如果妄動，不僅會消耗自己的實力，而且還會拖延入關時間。於是向劉邦提出智取之策：一方面虛張聲勢，在武關四周山上多張旗號，以迷惑守關秦軍，擾亂敵心；另一方面針對守關秦將喜好小利的特點，派酈食其攜重金賄賂守關將領。果然，武關守將見劉邦軍兵聲勢浩大，甚是惶懼；同時又貪戀錢財，終於倒戈。劉邦引兵過關，向西挺進，兵叩咸陽。

知彼知己，百戰不殆。但是如果雙方都做到知彼知己，那就不能百戰百勝了。所以你必須要知己，同時希望敵不知己；你必須知彼，同時希望彼不能知你。知不知彼，權不在你，但彼不能知你，這種權力卻在你自己。你的真相完全顯露，對方向你的弱點進攻，你必敗無疑。只有把弱點裝成優點的假象，使對方以為自己認知錯誤，中止進攻，才能轉危為安。

這種蒙蔽方法乃為「虛者實之」的應用，需要天衣無縫的掩飾技巧，更應該有刀架脖子不低頭的膽量，方可達到目的。

從前某銀行有一次風聞周轉不靈的消息，存款人都去擠兌，銀行被擠得水洩不通，形勢異常嚴重。該銀行老闆態度依然鎮靜，不慌張，立刻將庫存現銀，全部搬出來堆在店堂大廳內，又一面延長兌現時間，一面向同業拆借現銀，把大廳內堆滿現銀，高與天花板相接。擠兌的人眼見現銀如此之多，知道銀行實力充足，周轉不靈的事可見不確實。結果只有少數人仍要兌現，大多數的人，仍把錢繼續存放，一場擠兌風潮，就此煙消雲散。而該銀行的信用，經過此次風潮，反而愈趨堅強。

「虛而實之」的煙幕術，還可以變化為「避實擊虛」的主動進攻中使用的蒙蔽。繞開了敵人的強大之處，也就意味著掩蓋了自己的弱處，讓敵手疲於防守而難以進攻。

「兵者，詭道也。」孫子主張兵不厭詐，戰爭之前一定要隱蔽自己的實力，造成敵人錯誤的估計，然後「攻其無備，出其不意。」他點出心理作戰的要訣：要避開敵人的銳氣而攻其暮氣，擾亂敵人軍心，使敵人疲於奔命，然後以逸待勞乘虛而入，即是所謂避實擊虛的策略運用。

孫子舉出了十二項戰術上可以運用的詭道，大體上是三大類。

第一類是偽裝己方的實力，以欺瞞敵方。能而示之不能：己方實力甚強，卻隱藏以鬆懈敵人的警戒；用而示之不用：雖已出兵，卻裝成按兵未動；近而示之遠、遠而示之近：故意使敵方認錯己方之距離，以攻其不備。

第二類是誤導，使敵人混亂。利而誘之：使敵人誤以為有利，引誘其入甕；亂而取之：混亂敵陣，乘隙突襲。

第三類是對付實力甚強的敵人。實而備之：對實力強的敵人要充分戒備；強而避之：避開敵人強勁的部隊；怒而擾之：激怒敵人，使對方亂了正常步調；卑而驕之：故示低姿勢，以養敵人驕氣；逸而勞之：敵人安逸時，騷擾他們使其疲於奔命；親而離之：設法離間分化敵人內部。

在宗吾看來，所有的「隱真示假，聲東擊西」都不曾超出孫子十二詭道的範圍，可見無論在戰場、在官場還是商場，一切競爭之道都貫通著相同的「人情之理」。

## 厚黑口才 三十五 敵變我變，順勢而變

■「上了哪個戲台，就得唱哪台戲」。兵來將擋，水來土掩，只有這樣才可在厚黑行世時立於不敗之地。

靜止是暫時的，變化是永恆的。利益在變，人性在變，所以，在防人之時，也必須順應此變，不能食古不化，冥頑不靈。因為「利益之變」，昔日盟友可以變成今日敵人；因為「人性之變」，昨天的恩人可能變成今天的仇人。如果不能明白這點，小則厚黑行不通，大則身敗名裂，自取滅亡。

**【宗吾真言】「識時務者為俊傑」，天地日月，自然萬物，無時無刻不在運動變化。生存在變化的環境中，我們也在不知不覺地變化著。因此，在運用「防人之心不可無」時，一定要「相時而動，欲擒故縱」。**

在宗吾看來，一提到「相時而動」。大家很容易聯想到牆頭草，左右搖擺不定，風吹向哪裡，便倒向哪邊。大家都喜歡那種迎風挺立的傲松，認為草不好。其實，牆頭之草固然是左右搖擺，但

這也並不失為一種求存之道。因為，這牆頭草自知身單力薄，生性柔弱，便避免與這勁吹強風分庭抗禮。相風而動，因風而搖，但卻能保存自己，始終立於牆頭之上。而海中礁石因是傲然挺立，敢與海浪爭空，結果卻終落得千溝萬痕，傷痕斑斑，坑坑點點。

因此，我們不能說牆上草就無可取之處，牆上草隨風倒正是為了求存。試想，如果連自身都保不住，還要談什麼宏偉的理想，遠大的志向，還創什麼宏圖大業。對於從職者來說，更是如此，你連自己的職位都保不住，還何談實現自己的宏偉計畫呢？

觀古今中外，凡是剛直之士，莫不死得慘烈，大凡隨機應變的靈活之士莫不享盡天年。

據說，在燕王掃北時，來到一條大河邊，河水滔滔，波浪翻滾，沒有舟橋，無法過河。當時又值九月，河水封凍尚早。燕王在河邊率兵馬無計可施，軍心浮動，士氣低落。燕王心急，便派一人出去觀看河水是否封凍，那人跑到河邊一看，河水滾滾，毫無凍冰之象，便跑回來報：「回燕王，河水毫無冰凍之跡象。」

燕王聽罷，大怒，一揮手：「拉下去，殺了！」令下之後，那人被推出去砍了頭。

燕王又派一人出去察看，那人來到河邊。河水洶湧，依舊奔騰不息，哪裡有半點封凍徵兆，那人回來如實回報：「燕王，河水的確沒有凍冰之跡象。」

燕王問也不問，拍案大喝：「推出去，殺！」第二人又被斬頭。

燕王又派第三個人去探看，那人到河邊觀望，河水奔流如故，他並不比前兩個人多看到什麼，但他回來後，沒有如實報告，而是隨機應變說：「恭賀燕王，河水已經封凍，冰層厚盈幾尺，如鋼澆鐵鑄，大兵即可渡河。」

燕王大喜。說：「重重賞他，傳令三軍，今晚渡河。」第三人非但活命，而且得了重賞。當夜晚間燕王率兵踏水而過，順利渡河。

在宗吾看來，第一個人和第二個人都如實回答，遭到的卻是滅頂之災。第三個人隨機應變，審時度勢，編了一套瞎話，卻領了重賞。燕王讓人看河水凍結與否的目的在於穩定軍心，而絕非河水本身。前兩個人思想僵守，不懂應變，殺身之禍自然在劫難逃。第三人善於思變，巧妙回答，點中了燕王的心事，得到了燕王的賞識。雖然這只是一個傳說，卻道出了「識時務者為俊傑」的道理。

**【宗吾真言】 處理任何事都要學會掌握節奏的變化。要想達到某一目的，不能直衝著目標而去，碰了南牆也不回頭，而應學會迂迴環繞。面對一座極為陡峭的高山險峰，不要冒險去直接攀壁而上，可以繞著山路環行，最後便可安全地到達山頂。**

俗語說：「心急喝不上熱粥。」所以，不僅要相時而動，還要學會欲擒故縱。比如，要馴服一條狗，並不是用一條鎖鍊將其牢牢地拴住就行了，真正馴服一條狗需要一步步地馴化，先要任其野性張揚，慢慢地利用餵食等進行馴化。

曾有一個實驗，是將青蛙扔到滾燙的沸水中，青蛙便會立即跳出水面而不會受到損傷，但如果將青蛙放到冷水中，然後在下面慢慢用小火加熱，則青蛙會不知不覺地死在逐漸沸騰的開水之中。

這則實驗便可說明欲擒故縱的道理。

當然，說起來容易，實際做起來並不簡單，時勢的概念內涵和延伸都很豐富，在實際生活中更是現象複雜，真偽難辨，有時很難把握得清楚明白。有時的確像是霧裡看花，朦朦朧朧，似是而非，模糊不清。但古今中外，凡能成功駕馭時勢者皆獲得了成功，而且這樣的人不勝玫舉。

比如，鄭莊公設計粉碎了胞弟段和母親的謀反後，發誓：「不到黃泉永不相見！」

但事後，莊公又有了悔意，無奈話已出口無法收回。終日痛哭不止，惆悵異常。

莊公手下有一名管理疆界土地的官吏，名叫潁考叔。此人為人正直，非常孝敬老人家，在同僚中很受讚譽。

那天，潁考叔出門打獵，打了幾隻貓頭鷹，正在高興，忽見前面兩個人跑來，告訴他：「你知道嗎，國君的母親已經駕車馬來到咱們潁地了。」

潁考叔聽後驚詫，問：「國君母親為何無緣無故來我們潁地？」

那兩個人便將其中原委說與潁考叔，潁考叔聽罷，什麼也沒說，轉身回家，辭別母親，提著那幾隻貓頭鷹進京向莊公進獻野味去了。

莊公一見潁考叔便笑問：「你進獻何等珍奇的野味呀？」

潁考叔趕緊回答：「主公，小人進獻的這種鳥最令人憎恨之處就是極為不孝。小的時候，這種鳥的母親辛辛苦苦將牠餵養大，牠非但不懂回報，還要啄食母親的肉。所以人們都紛紛捕牠蒸煮解恨。」

莊公聽出話中有話，便淡淡地說：「難得你有如此忠心，不遠百里為孤送來此鳥，本王賜你御膳一頓。」

御膳房為潁考叔準備了一桌羊肉羹，潁考叔謝恩後開始吃羹，但他只吃了幾口湯，便向莊公討旨，希望能將羹帶回家中，說：「主人，小人已然嘗過您賜的御用肉羹，小人的老母卻未曾嘗過，敢請主公賜小人一飯盒，帶些回去孝敬老母，小人替老母謝恩。」

莊公聽此，想到自己的母親被自己遠逐，心中淒然，不覺長長嘆了一口氣。潁考叔裝作不知，問道：「主公可有什麼憂慮之事，不知小人能否為主公您分憂解愁？」

莊公便說了自己的悔意，潁考叔笑說：「小人有一辦法，可使主公母子早日團聚。」

莊公大喜，潁考叔說：「主公發誓：『不到黃泉，不相見』，主公請想，所謂『黃泉』者，不過是指地下之水，蚯蚓便是上食埃土，下飲黃泉。主公說不到黃泉不相見，派人在地下挖一條隧道，挖出黃泉不就可以母子相見了嗎？」

莊公聽完拍案大喜，後來，莊公與母姜氏果然在隧道中相見，母子捐棄前嫌，和好如初。

在宗吾看來，在這則故事中，潁考叔善於因勢利導，巧妙地變換了思維方式，從另一個角度去解釋「黃泉」的含義，從而解決了問題。可見，一個人如果能夠成功地駕馭時勢，善於把握機會，利用機會，以積極克服消極，則必然會走向成功。

## 厚黑口才 三十六 時時自警，防患未然

■俗話說：「創業容易，守成難。」愈是身居高位者，愈應利用手中資源，用盡一切心機消除隱患。

「防人之心不可無」這一厚黑口才的實質，就是要保持一份警惕心。特別是居高官享厚祿之人，更應時時自警。也就是說要給自己留有餘地，愈是官職高俸祿厚，愈應該行世如臨深淵，愈要收斂鋒芒，以保退路。

**【宗吾真言】世人都有一種虛榮心理，一旦位居高官享富貴之極，便極盡表現之能事，處處顯耀，讓人覺得不可一世，大有天下唯我獨尊之勢。殊不知樹大招風，這樣的炫耀極有可能為自己招來災禍，甚至是滅頂之災。**

在宗吾看來，不論你處於何種職位，不要為了權勢不顧一切，或是只知享樂不求上進。

俗語說：「老來疾病，都是壯時招得；衰時罪孽，都是盛時做得。」有些為政者，身居首位，卻絲毫不以為危，極盡奢華之能事，只想著如何吃喝玩樂，養尊處優，連一點兒危機意識都沒有，

從未想過失勢之後該如何。商紂王就是一個很好的例子。

本來商紂王也可以稱得上是一位聰明的君主，他身邊也圍繞著比干、聞仲等一批文武能臣，但自從奸臣費仲、尤渾接近他的身邊以後，便開始了荒淫無度的奢侈靡亂的生活。

妲己的進宮，是致使商紂走上毀滅之路的一個重要因素。這妲己生得十分妖媚，又懂得如何討君王的歡心，把個商紂王迷得神魂顛倒，不理朝政。

妲己不僅媚惑君心，且心地十分狠毒。她一心想當皇后，便不擇手段設計陷害溫婉賢淑的姜皇后，使姜皇后含冤慘死。這妲己終於如己所願，當上了正宮皇后，她又把原來侍奉姜皇后的婢女都調到了自己的面前。誰知這些宮女都為姜皇后的冤死心痛欲絕，對妲己痛恨無比，故終日鬱鬱寡歡從未展露過笑臉。

妲己心知肚明，這一日，她便對紂王說：「大王，臣妾一直想為國家效一點兒力，但妾身乃一介女流，不宜參與政事。臣妾最近想到一條計策，能幫您嚴肅法紀。」

「哦，愛妃真是不簡單，快說來讓寡人聽聽。」此時，這紂王早已對妲己言聽計從，毫無正義是非之心。

「大王，您可不要取笑我哦。我想造一個蠆盆，專門懲治那些奸臣、小人。」妲己目露兇光，惡狠狠地說。

「愛妃，什麼蠆盆？」

「我要造一個池子，裡面放滿毒蛇、蠍子，不用餵食，誰犯了過錯，只要推入池中即可。」紂王聞聽此言，心中也是一驚，但他想討妲己的歡心，也顧不上別的了，高興地說：「愛妃真是聰明，真是寡人的賢內助呀！」

不幾日，蠆盆便已造好。只見池中蛇蠍來回爬動，令人恐懼不已。妲己對紂王說：「大王，您不知道，那些個宮女，整日哭喪著臉，不把臣妾放在眼裡，眼裡只有姜皇后一個人。您可要給臣妾做主呀。」說完眸中含淚，小嘴一噘。

紂王一見，連忙說：「愛妃，別生氣，待寡人來治她們的罪。」

「那您打算怎麼處置她們？」

「這……寡人還沒有想好。」

「大王，不如把她們扔下蠆盆，試試蠆盆的威力，您看怎麼樣？」

「好，就依愛妃。」

「謝大王！」妲己兇相畢露，高聲喊道：「來人，把這些侍女一個一個地扔到蠆盆裡去。」

一名宮女衝上前來，憤怒地指責道：「蘇妲己，妳這個害人精，媚惑大王，妳不得好死！」

妲己咬牙切齒地說道：「來人，先把她給我扔下去，那些蛇蠍正餓得慌呢。」

兩名武士抬起那名宮女，扔到池中。不消一刻，那名宮女身上便爬滿了蛇蠍，只聽得陣陣哀嚎傳來。不一會兒，那名宮女就斷了氣，成了毒蛇、蠍子的腹中之物。其他的宮女見此情景，紛紛觸柱身亡。一時間天地變色，無言地描述這慘無人道的行為。

在宗吾看來，正是在紂王的支持下，妲己的這種兇殘的行為演變得更加激烈。一個個的忠臣被

陷害致死。不久，戰亂四起，共同反抗他的殘暴。最後，武王帶兵伐商滅紂，結束了這個昏君的一生。可見，這個世上沒有一個堡壘是「固若金湯」的，只有時時自省、自警，檢省自己的行為，才能保證自己的事業永遠成功。

# 第五篇　長線方能釣大魚

◆ 運用厚黑口才的過程，實質上就是一個心理征服的過程。妨礙對方主動與你合作的原因就是「反感情緒」。一旦對方產生這種情緒「壁壘」，語言交流就無法順暢進行下去，或在談話中就會突然離席，或裝作思考問題，將視線轉移到別處；當即將談到主題時，卻故意將話題岔開；甚至強詞奪理，將你說的一一反駁掉；要不就胡亂附和你的說法，但並不表明真正態度。面對這種情況，直來直往的勸說方式是無濟於事的，甚至會使事態變得愈來愈糟。這時只有善於運用各種「以迂為直」的說話技巧，放長線釣大魚，才可以逐步消除對方的反感情緒，使問題迎刃而解。

## 厚黑口才 三十七 急功近利，欲速不達

■透過時間上的延長和速度上的放慢，實現主動權的轉換，以便在雙方心理較量中取得優勢地位。

「長線方能釣大魚」首先體現了時間上的延長和速度上的放慢。在宗吾看來，說服對方合作的過程事實上是一個說話雙方心理較量的過程，而這種時間上的延長和速度上的放慢，其目的正是在「延長」和「放慢」中實現主動權的轉換，以便在這種較量中取得優勢地位。因此，運用「長線方能釣大魚」這一說話技巧時，一定要懂得「急功近利，欲速不達」的道理，要採用一種「你急我不急」和「甘願奉陪到底」的策略。

**【宗吾真言】 運用「長線方能釣大魚」的第一大禁忌，就是急功近利。也就是說，要達到說服對方合作的目的，不可急躁，這樣往往會欲速則不達。**

在宗吾看來，在運用厚黑口才過程中，如果能克服「急功近利，欲速不達」的心理，不僅可以建立信譽，也可以逼人就範。運用「長線方能釣大魚」的手法說服別人，最大的好處是使對方摸不

清你的用意，等到攤牌時就開弓沒有回頭箭了。

某家裡來了貴客，父親叫兒子去附近小店買一瓶五糧液。待酒買回，父親發現酒是假貨。於是便把酒揣在懷裡，去了小店。

這位父親不急於興師問罪，而是讓店主拿過一瓶五糧液來，仔細看了很久，然後自言自語地說：「這年頭假貨太多了。不知道這瓶酒是不是假的！」

店主說：「你放心，我這店裡絕對沒有假貨！」這位父親依舊嘆息：「啊，我上次在市中心一家店鋪裡買了一瓶。店主也向我打包票說絕對不假。誰知打開來一品。你猜是什麼，是兩塊半一斤的二鍋頭攙的水。」

「你怎麼不去找他。」店主說。

父親苦著臉說：「已經過了好幾天，打開瓶喝時才發現的，太晚了，這時去找他，他會認帳嗎？」店主惋惜道：「你當時發覺就好了，他敢不認帳。」

「要是當時發覺他不認帳，我又能怎麼辦呢？」父親認真請教。

店主指教說：「找工商局去呀！人贓俱在，他敢不認帳，還不讓工商局罰垮他。他敢不退嗎？」

見時機已到，這位父親朝躲在一邊的兒子一招手。從懷中取出那瓶假五糧液來：「那好！你看該怎麼辦吧！」

在宗吾看來，這位父親在這裡使用放長線釣大魚的手法，達到了一種「請君入甕」效果。這樣做的好處，就是在說話中自己已掌握了足以成功的有力證據，但卻因為時機不成熟或因環境不適宜而不便拋出，為此，採取一些措施，一步步地把話說出來，以達到自己的目的。

**【宗吾真言】　為了使對方與自己合作，採用「長線方能釣大魚」方法，還有一個重要的方面必須關注，就是不能一條道跑到黑，在正常情況下不行的時候，最好採用逆向思維，從相反的方向尋求突破。**

宗吾認為，為了達到自己的目的，有些時候找這個人不行，找那個人就可以；這種辦法不行的也許另一種辦法就可以。這就要求我們在說服對方合作時，要多動動腦筋，強攻不成，逆向突破。

清代有位大富豪很羨慕鄭板橋的書畫，可是鄭板橋恃才傲物，鄙視權貴。因此，當他登門求購時，被鄭板橋拒之門外了。大富豪愈想愈氣，一定要把鄭板橋的書畫弄到手不可。

這一天，鄭板橋出外散步，忽然聽見遠處傳來悠揚的琴聲，於是，循著琴聲而去，發現這琴聲是出自一座優雅的宅院內。院門虛掩，鄭板橋推門而入，眼前的情景讓他大吃一驚，院內修竹疊翠，奇石林立，竹林內一位鶴髮童顏的老者銀鬚飄逸，正在拂琴而吟。

老者看見他，熱情讓他入座，兩人談詩論琴，頗為投機。談興正濃時，傳來了一股濃烈的狗肉香，鄭板橋口水已經忍不住要流下來。只見一個僕人端著一壺酒，還有一大盆爛熟的狗肉，送到他們面前。一見狗肉，鄭板橋的眼睛就盯在上面，老者剛說個「請」字，他連故作推辭的客套話都忘掉了。

等吃完了狗肉，鄭板橋才意識到，連人家尊姓大名還不曉得，就糊里糊塗在人家這裡大吃一通。自己該怎麼答謝人家呢？留點銀子吧，不僅太俗，而且自己出來散步沒帶錢呀。於是，他對老者說：「今天能與您老邂逅，實在是幸會，感謝熱情款待，我無以回報，請您找些紙筆，我畫幾筆，也算留個紀念吧。」

這位老者找來紙筆，鄭板橋畫完，又問老者的名，老者報了一個，鄭板橋覺得耳熟，但又想不起來是怎麼回事，就在落款處題上「敬贈某某某」。

就這樣，第二天這幾幅字畫就掛在大富豪府邸的客廳裡，大富豪還請來賓客，共同欣賞。賓客們原以為他是從別處高價購買來的，但一看到畫上有他的大名，這才相信是鄭板橋特意為他畫的。

在宗吾看來，有很多事情如此，因為事情不好辦或者不重要，對方免不了要拒絕與你合作，這時候，應該從另一方面想想看。逆向思維就是利用人們偏執型心理反其道而行之的一種好辦法，它能使你在說服別人與你合作過程中一改認死理的習慣，靈活掌握隨機應變，這頭不通走那頭，從而開啟成功之門。

## 厚黑口才 三十八 由淺入深，避免被動

■從別人的觀點中去接近他們，才能有希望控制得住他們。先要知道對方心裡想什麼，然後再確定自己下面要說什麼。

在宗吾看來，為了避免說話直來直往可能產生的不良後果，就可巧妙地運用「試探」的方法，由淺入深，避免被動。兵法講「不打無準備之仗，不打無把握之仗」。「由淺入深，避免被動」的目的就是為了知彼，知道對方心裡想什麼，再確定下面要說什麼，要不要說。此外，在語氣上也顯得比較禮貌一些，不要把話說絕，也為下面的「長線方能釣大魚」留下餘地。

**【宗吾真言】 要打動和說服別人，最好是使他自己情願。同時，還必須意識到，人的需要是各不相同的，各人有各人的偏好偏愛。只要知道了對方的真正意願，就可以依照他的偏好去對付他了。**

宗吾認為，只有使自己的計畫適應別人的需要，然後你的計畫才能更容易地實現。如果你的計畫已經大大背離了對方的意願，而你對此卻一無所知，那麼成功說服和打動對方的機率就微乎其微

了。

因此，在表達自己的想法之時，第一要先探一下別人的口氣，考察他們真正的意思，尤其要設法瞭解與我們的計畫密切相關的對方的真正意圖和去向，然後才能見機言事，說服對方與你合作。

例如，東漢光武帝劉秀的姐姐剛剛死去丈夫，十分憂傷。劉秀有意在大臣中選一位如意郎君，為姐姐牽線搭橋。劉秀的姐姐看中了一名叫宋弘的大臣。一天，劉秀召見宋弘說：「俗話說：『富易交，貴易妻。』人富了要換一批新朋友；地位顯赫了就另娶門第高貴或年輕美麗的妻子，這是人之常情嘛！」宋弘正色說道：「我聽說：『貧賤之交不可忘，糟糠之妻不下堂。』就是說貧賤時的朋友永遠不能忘記，貧賤中共患難的妻子永遠不能分離。」劉秀聽後，稱讚了宋弘一番，再也不想在他身上打主意了。

在宗吾看來，皇帝的姐姐相中了有家室的大臣，這自然令皇帝頗感為難。如果直接詢問，倘若對方予以拒絕，自己的面子也掛不住。於是，劉秀採用了先引俗語試探，得悉了宋弘在婚姻問題上的看法，從中推知他肯定不會同意姐姐的要求，於是也就不再追問了。

其實這是一種普遍存在的心理現象，如果有人提議在房子的牆壁上開一扇窗的話，想必會遭到很多人的反對，窗子肯定開不成。如果他提議要把房頂掀掉，眾人則會退讓，同意開個窗口。運用「長線方能釣大魚」時，就可以利用這種心理，達到說服別人的目的。說得太急太快會讓人感覺到你想敷衍了事，或急於求成，還會使人無法下台。

**【宗吾真言】「由淺入深」的目的就是「避免被動」，這其中最困難的就是剛開始時，不瞭解對方的虛實。因此，絕對不要過早表露自己的想法，不妨用一種語意模糊的話來進行試探，以便針對性地「由淺入深」進行說服，使對方心甘情願地與你合作。**

宗吾認為，可以採用「答非所問」方式，來探尋對方的虛實，避免在「由淺入深」的過程中陷入被動。

例如：清代的尹繼善自幼聰敏好學，二十八歲中了進士，八年以後做到兩江總督。他生活在雍正、乾隆時代，雍正皇帝猜忌多疑，為人兇狠刻薄，乾隆外寬內嚴，喜怒不形於色。有一次雍正因他政績優異，召他入京覲見。雍正在讚揚之餘，對他說：「你知道在總督之中，還有三個人你應該向他們學習的嗎？他們就是李衛、田文鏡、鄂爾泰。」李衛等三人都是當時有名的大臣，年齡、地位、名望都在尹繼善之上，以統治手段殘忍和嚴酷而深受雍正的寵愛，尹繼善對他們的所為並不完全贊同，他回答說：「李衛，臣學其勇，不學其粗；田文鏡，臣學其勤，不學其刻；鄂爾泰大局好，宜學處多，然臣不學其愎也。」

尹繼善的回答很巧妙得體，他沒有正面回答雍正皇帝的話，而是答非所問地既肯定了三人的優點，也指出了他們的缺點。其實，他如此回答正是一種透過「由淺入深，避免被動」的方式，進行「放長線釣大魚」，委婉地提醒雍正：「你不要以為這三個人一切都是完美無缺呢！你應該知道他們都有缺點，而且是些什麼樣的缺點，才好督促他們改正呢！」

日常生活中，對於答非所問，一般情況下，會引起人家的討厭，只有雍容的氣度下和超脫的感悟中，才可能產生「由淺入深，避免被動」的效果。比如，大暑天氣酷熱異常，有人還蓋著夾被睡覺，人家問他：「你為什麼還蓋著夾被睡覺？」他答道：「因為棉被太熱，所以蓋夾被。」人家問話的意思是：天氣這麼熱，你為什麼不蓋單被，而還蓋著夾被？他答話的意思是：因為天氣熱，所以不蓋棉被，而蓋夾被。一問一答，簡直相差一大截。人家如果把他當作正常的言語往來，一定感到話不投機，不可理喻；但是如果回答者另有意圖，另當別論，所以答非所問者，若不是大愚之人，則定是大智之人。

總之，在宗吾看來，撇開人家問話裡的中心意思，抓住潛在、枝節的、無關緊要的因素進行回答，這回答肯定是屬於人家問話裡的問題，但絕對不是人家問話的真正本意，這樣就使對方從你的回答中根本判斷不出你的真實意圖了，使其沒有可乘之機。

## 厚黑口才 三十九 將欲取之，必先與之

■「長線方能釣大魚」，這種透過放慢時間與過程來達到態勢轉換的方式，自然含有以退為進，變被動為主動的意思。

兵法云，「以迂為直、以患為利」，「將欲取之，必先與之」，這樣才能達到出奇制勝的效果。而「長線方能釣大魚」的說話方式，正包括著這種以退為進的含意。這種以退為進顯然要比直接說出自己意圖的方法要好得多，透過「退」可以審時度勢，瞄準對方心理，再抓住對方的心理提出自己的觀點，使得對方難以拒絕你。

**【宗吾真言】 先說出與本意相反或無關的言論，待對方表態後，再巧妙轉移，最終使對方同意與你合作的方法，就是「長線方能釣大魚」中的欲擒故縱之法，它是「將欲取之，必先與之」的直接體現。**

在宗吾看來，有些事，對方完全有能力做到，但現在一時不能做到，或者不打算與你合作，此時若想說服對方，就需要用到「將欲取之，必先與之」的說話技巧了。可以先讚揚對方，使對方產

生好感，此時再趁機提出你的想法，這時對方往往容易接受你的觀點。

例如，劉某在某公司已工作幾個月，但公司給他的辦公設備十分簡陋，這很不利於劉某展開工作。於是，劉某找到辦公室主任，要求改善辦公條件，但均被辦公室主任以多種理由搪塞。一天，他在上班途中巧遇辦公室主任，他與辦公室主任打過招呼之後，就天南地北地聊了起來。主任透過談話發現劉某的知識淵博，談話也很風趣，並且很謙虛，便對劉某有了些好感。於是，主任問道：「你來公司時間也不短了，不知你對我們公司看法如何呀？」

劉某見機會到了，便說：「說實話，我們公司實力確實很強，資金也很雄厚，開發出來的產品在市場具有很強的競爭力，公司的前途是很好的。我當初選擇我們這個公司，的確是明智的選擇。能進這個公司，我覺得很慶幸！」

這一席話說得這位自認為是公司元老的辦公室主任心裡一陣暖洋洋。他說道：「小劉啊，你腦子聰明，能力也強，又能說會道，好好幹，前途一定無量！」

「多謝主任誇獎。不過……主任，你看我辦公室的設備，是不是能改進一下？這樣我想我能為公司招來更多的客戶。」

辦公室主任略一思索，立即拍板：「好！只要對公司有利，我都支持！」

在厚黑學看來，劉某這次沒有直接向辦公室主任提起辦公室設備簡陋之事，而是先大談公司優點，博得了對方的歡心，然後婉轉提出了要求，辦公室主任果然爽快答應，這就是「將欲取之，必先與之」的說話效果。

同時，在現實生活中有一些人，你說往東他偏偏往西，對付這種人，利用這種心理弱點，聲東擊西頗為奏效。例如，一個男孩去麵包店買了一個十塊錢的麵包，可是他發現麵包卻比平時小得多，於是他便問老闆：「你不覺得這個麵包比平時小嗎？」

老闆詭辯道：「哦，這不要緊，麵包小一點，你拿起來就方便多了。」

小男孩掏出了五塊錢遞給老闆就要走。

老闆叫住他說：「你沒給夠錢呀！」

「哦，不要緊，這樣你數錢不就方便多了嗎？」於是老闆不得不給小男孩換了個大的。

在宗吾看來，這個小男孩並沒有直接氣沖沖地要求老闆為他換個大的或者乾脆扔掉麵包拂袖而去，而是少給他五塊錢。當老闆向他再要錢時，他便巧妙地作答，維護了自己的正當利益。

**【宗吾真言】有沒有一些辦法使你提出要求時，減少對方回絕的可能性？方法是有的，比如，送禮以堵住對方的嘴，拉近雙方距離。畢竟運用物質刺激是「將欲取之，必先與之」本意。**

在宗吾看來，送禮與行賄不同。行賄靠的是重金，而送禮是一種禮節，只需要合適即可。怎樣才算合適呢？這要因人而異，因事而宜。

例如，戰國時期，蔡國地小人少，經常受別的大國欺負。於是，國君與上大夫衛子期商量，要找個大國作為庇護，最後，他們挑中了地處鄰毗的楚國。

可是怎樣才能將這種意思傳達給楚王呢？衛子期經過很長一段時間的冥思苦想，終於，想起了一條出路：那就是找楚王身邊的侍從公羊獨，他是蔡國山齊郡人，與衛子期剛好是同鄉。

於是，衛子期就化裝成一名商賈前往楚國都城。到了公羊獨的府第，衛子期託僕人將一盒東西送進去給公羊獨，不一會兒，只見公羊獨親自帶領家人，前來迎接衛子期。到底是什麼東西竟使得公羊獨如此看重呢？原來，衛子期當時在國內也為要送公羊獨什麼禮品深感頭痛過，他知道公羊獨家產龐大，富可敵國，如送金銀財寶定然打動不了他。於是衛子期出奇制勝，特叫人準備蔡國山齊郡的特產鹹魚乾兩馬車。

因為，衛子期事先瞭解了公羊獨在楚國什麼都有，但他有一個癖好，就是愛吃自己家鄉生產的鹹魚乾，但一直苦於吃不到正宗的鹹魚乾，這次，衛子期以如此大「禮」相贈，他焉能不喜？

在宗吾看來，怎麼送，送些什麼，有很大學問。衛子期高明之外，在於他抓住了公羊獨這個老鄉的嗜好，投其所好，最後達到了目的。由此可見，送禮是人之常情，但怎麼送，送什麼很關鍵，尤其是對於富有的人，送禮會使他對你提高警惕，並且有時候你自己覺得禮品已夠重了，但在對方看來卻根本沒放在眼裡，這時你就應該考慮一下怎樣選擇對方喜歡或價格適當的禮品。因此，禮要會送，不能亂送。

總之，宗吾認為，人們常說自己「並不是看上他那點東西……關鍵是有份心意在」，其實，就是看在「那點東西」上，才會這麼計較。只帶份心意，不帶表現心意的東西，你是根本沒有機會開口的。

## 厚黑口才　四十　看似無意，實則有心

■「緊逼盯人」式勸說會使人更加排拒，是與「長線方能釣大魚」的宗旨背道而馳的。

宗吾認為，「緊逼盯人」式勸說就不是「長線方能釣大魚」了，它會給人造成一種巨大的心理壓力，這種壓力往往使人更加排拒對方。因此，不妨有意地拉開話題與現場之間的距離，給雙方留下一個緩衝帶，這樣就可以減緩這種心理壓力，使對方在放鬆的狀態下，解除戒備之心。然後再以對方熟悉的人或事給對方一種看似輕描淡寫的提示，讓對方心甘情願地接受你的意見。

**【宗吾真言】　「看似無意，實則有心」之法，可以從側面下手，己話他說，既擺明自己的立場，有助於問題解決，又能顧及自身，讓對方明白事情同時給雙方都留了後路。同一句話，藉他人說出不僅自然而然，亦可誘導對方開口，無疑是上上之策。**

宗吾認為，對於「長線方能釣大魚」這一厚黑口才來說，「看似無意，實則有心」就是一種非常有效的方法。

劉麟是明朝時期著名的文學家和教育家。他退休回家後，有位學生剛好在他的家鄉做官。這位學生對飲食非常講究，甚至可以說是挑剔。他的手下人一旦沒有滿足他的口味，必定會遭責罰。

劉麟覺得自己有必要教育教育這個學生。可是，現在這個學生做了官，正是躊躇滿志的時候，正面訓斥他肯定不會接受，必須想個巧妙的辦法讓他自己覺悟過來。

一天，那位學生正巧得了個空兒來看望老師。劉麟熱情地接待了他，並說：「賢契正任要職，而老夫已告老還鄉。平時你我難得一聚。今天你能來看我，我很高興，本來應該設宴招待才是，只是怕耽誤了你的公事。就留下來吃頓便飯吧。只是你師母不在家，沒有人做菜，老師做的家常便飯，你能吃得慣嗎？」學生本想推辭，但難得老師這麼高興，就留了下來。

爾後，劉麟故意慢吞吞地做飯，搞得到處濃煙瀰漫，就是不見飯菜端上桌來。這樣一來，學生走也不是留也不是，只得坐著乾等。漸漸地，他感到腹中空空，飢餓難熬。從早晨一直到下午，飯菜總算端了上來，一看飯是粗米飯，菜只是豆腐一道菜。學生餓極了，這時也顧不了什麼口味不口味了，三兩下就吃下了三碗粗米飯、三碗豆腐，吃得肚子飽漲。他自我解嘲道：「沒想到這粗米飯、豆腐還真好吃，我從沒吃得這麼飽呢。」劉麟卻笑瞇瞇地告訴他：「這只是暫時打點一下，正式宴飲還沒有開始呢。」果然，過了一會兒，山珍海味一盤盤地端了上來，整個屋子香氣誘人。但那位學生已絲毫提不起興趣，因為他的肚子裡再也裝不下任何東西了。

這時，劉麟才語重心長地說：「看來，飲食並沒有精粗之分。飢餓的時候，吃什麼都香；酒足飯飽的時候，吃什麼都沒有味道。並不是粗茶淡飯會變成美酒佳餚，美酒佳餚會變得難以下嚥，而是你的食欲隨著飢飽而變化啊！」學生聽到這裡，明白了老師教育自己的良苦用心。從此以後，學生改正了挑剔的不良習慣，再也沒有為飯菜的好壞為難手下人了。

在宗吾看來，社會紛繁複雜，真真假假，虛虛實實，誰能時刻提那麼高的警惕去辨別真假。因此，「看似無意，實則有心」的說話技巧還有一種用法，就是讓風從八面起，讓對方動搖，以改變對方意志，接受你的觀點。

例如，一位某公司的業務員，到一位朋友家，帶著朋友的朋友的介紹信，彼此一番寒暄客套之後，就聽他講話了：「此次幸會，是因為我的上司于總監非常敬佩您，叮囑我若拜訪閣下時，務請您在這本書上簽名。」邊說邊取出這位朋友最近出版的新著。於是這位朋友不由自主地信任起他來。在這裡，于總監的仰慕與簽書的要求只不過是個藉口，目的則是對這位朋友進行恭維。

在宗吾看來，在被恭維者面前，若以第一人的語氣這樣說，則必有獻媚的味道，會使人很容易觀察其目的。但這位高明的業務員有意撇開自己，用「我的上司是您的忠實讀者」這種藉他人之力的迂迴攻擊法，就比「我崇拜您」來得巧妙、有效而更容易使人接受。尤為高明的是，他已將朋友的書信備好。這種情況，由不得人家不照他的話去做。

**【宗吾真言】**　既然是透過「看似無意，實則有心」的方式放長線釣大魚，就不能鄭重其事的提出問題和想法。因為這種方式顯得過分重視和正式，一旦被否定，會使自己很難堪。

宗吾認為，可以在說服對方過程中，利用適當時機，假裝不經意順便提出自己的問題，給人的印象是並未把此事看得很重，即使不滿足也沒有什麼。這樣情況就好多了！

比如某業務員在與某廠長洽商，商談告一段落時，向對方提出一個問題，說：「順便問一句，你們廠還缺不缺人？我有個朋友想到你們這裡來工作。」廠長說：「我們廠的效益不錯，想來我們廠的人很多。可是目前我們沒有招人的計劃。」「噢，是這樣。」在對方的否定答覆面前，他一點也沒感到難堪，但是已達到了試探的目的。在宗吾看來，如果一開始就以鄭重其事的態度向對方提出這個問題，然後遭到對方的拒絕，那現場的氣氛就可想而知了。

例如，公司職員小何隨同經理去拜訪一位書法家，在談完正事之後，小何趁機說：「劉老，我很喜歡您的字，如果您在百忙中能幫我寫一幅，那就太好了。」

劉老說：「近來我身體不太好，以後再說吧！」很顯然這是在拒絕，但是，由於這是順便提出的要求，所以也不至於感到尷尬。

在宗吾看來，實際上順便提出的往往是自己要說明的真正意圖，但是，由於使用這種輕描淡寫方式順便一說，就使自己變得更主動一些，有退路可走，可以有效地防止因對方否定而造成的心理失衡。

**【宗吾真言】 還有一招可以達到「看似無意，實則有心」的效果，就是「有理有節」，這樣既可以使對方感到理虧，又可以使對方感到形穢，最後只好乖乖地採取合作的態度。**

宗吾認為，有理有節，從理性和感性兩方面「雙管齊下」，來讓對方自慚形穢，以達到說服對方的目的。

例如，東漢大學者馬融有個女兒叫馬倫，嫁給汝陽人袁隗做妻子。袁隗是個很有才學的人，後來做了太傅。結婚時，他見馬倫是馬融的女兒，既想試試她的本領，又想壓壓她的威風。於是小倆口就在洞房裡展開了一場舌戰。

馬融家非常富有，送給女兒的嫁妝也就特別多。袁隗就問馬倫說：「給人家做妻子，不過是侍奉丈夫公婆，做做家務而已，何必弄得這麼奢侈華麗？」

馬倫回答：「父母喜歡我、看重我，要多給些嫁妝，我不敢違抗父母的心意。如果您想學做鮑宣、梁鴻那樣高潔的人，我也可以像少君、孟光那樣做。」馬倫這裡提到的鮑宣、梁鴻，是東漢時兩個貧窮但有品德才學之人，少君、孟光分別是他們的妻子，娘家都很富裕，但寧可跟著丈夫受窮，馬倫這一席話，巧妙地把難題塞給了袁隗：你不是反對奢侈嗎？那就從你做起吧！

袁隗很不甘心，第二問就更不客氣了：「弟弟比哥哥先娶妻，是要受人譏笑的。如今妳姐姐還沒結婚，妳倒先嫁了人，這行嗎？」

沒想馬倫回答得更妙：「我姐姐品格清高，才學過人，很難找到合意的夫君，不像我，什麼本事也沒有，只好隨便找一個算了。」

袁隗給說得臉上紅一陣白一陣的，到這個份上，他也顧不得許多，乾脆直接攻擊起岳父馬融來了：「南郡君學問淵博，文章也可以稱得上大師，可是他老人家不管擔任什麼職務，在錢財方面總有些不好的名聲，這是為什麼呢？」

馬倫回敬說：「像孔子那樣的大聖，子路那樣的賢人，還有武叔、伯寮那樣的小人說他們的壞話呢！我父親被人誹謗，不是也很平常嗎？」

在宗吾看來，馬倫的這番話充分體現出了不軟不硬、有理有節的原則。所以，碰到馬倫這種擅長「九迂之術」的說話高手，對方只能無話可說，俯首稱臣！

## 厚黑口才 四十一 百忍成金，媳婦成婆

■「心急吃不了熱豆腐」。心急是「放長線釣大魚」的大忌，沒有敢「熬」善「忍」的功夫，就別指望運用這一技巧了。

宗吾認為，「長線方能釣大魚」的說話技巧運用起來並不容易，說話者一定要有「多年媳婦熬成婆」的「忍」功。但這裡「熬」和「忍」並不是消極等待，而是等待機會，積極進取。如果是消極等待，聽天由命，那就不是厚黑之術了。「忍之又忍，媳婦成婆」的實質是透過你「熬」和「忍」，使你在與對方的心理較量上佔據主動，最終被你打動說服。

**【宗吾真言】 要達到「放長線釣大魚」的目的，一定要善於裝「孫子」。自己首先不要小看「孫子」，只有「孫子」才有做「爺」的希望，也才有做「爺」的資格。因此，有做「孫子」的機會一定不要放過，而且「孫子」還要做得有滋有味、像模像樣。**

宗吾認為，善於「裝孫子」，是「做爺」的前提，練好了韜光養晦的功夫，使對方對你的「不良居心」失去戒心，放長線釣大魚的目的實現起來就容易得多了。

隋朝末年，李淵從太原起兵後不久，便選定關中作為長遠發展的基地。因此，藉「前往長安，擁立代王」為名，率軍西行。

李淵西行入關，面臨的困難和危險主要有三個：第一，長安的代王並不相信李淵會真心「尊隋」，於是派精兵予以堅決的阻擊。第二，當時勢力最大的瓦崗軍半路殺出，糾纏不清。第三，瓦崗軍還用一部分主力部隊襲奔晉陽重鎮，威脅著李淵的後方根據地。

這三大危險中，隋軍的阻擊雖已成為現實，但軍隊數量仍有限，且根據種種跡象判斷，隋廷沒有繼續派遣大量迎擊部隊的徵候。但後兩個危險卻是主要的，瓦崗軍的人數在李淵的一倍以上，第二種或者第三種危險中，任何一個危險的進一步演化，都將使李淵進軍關中的行動夭折，甚至有可能由此一蹶不振，永無東山再起的機會。

李淵急忙寫信給瓦崗軍首領李密，詳細通報了自己的起兵情況，並表示了希望與瓦崗軍友好相處的強烈願望。

不久，使臣帶著李密的回信又來到了唐營。李淵看了回信後，口裡說了聲「狂妄至極」，心裡卻踏實多了。

原來，李密自恃兵強，欲為各路反隋大軍的盟主，大有「稱孤道寡」的野心。他在信中實際上是在勸說李淵應同意並聽從他的上司，並速去表態。

李密擁有洛口要隘，附近的倉中糧帛豐盈，控制著河南大部。向東可以阻擊或奔襲在揚州的隋煬帝，向西則可以輕而易舉地進取已被李淵視之為發跡基地的關中。因此，李淵深知李密過於狂妄，但有他狂妄的資本。

為了解除西進途中的後兩種危險，同時化敵為友，藉李密的大軍把隋煬帝企圖奪回長安的精兵主力截殺在河南境內，李淵笑瞇瞇地對次子李世民說：「李密妄自尊大，絕非一紙書信便能招來為我效力的。我現在急於奪取關中，也不能立即與他斷交，增加一個勁敵。」於是，李淵回信道：「天生庶民，必有司牧，當今為牧，非子而誰？老夫年逾知命，願不及此。欣戴大弟，攀鱗附翼，唯弟早膺圖籙，以寧兆民。宗盟之長，屬籍見容。復封於唐，斯榮足矣。殪商辛於牧野，所不忍言；執子嬰於咸陽，未敢聞命。汾晉左右，尚需安輯，盟津之會，未有卜期。謹此致覆！」大意是當今能稱皇為帝的只能是你李密，而我則年已五十有餘，無此願望，只求到時能再封為唐公便心滿意足，希望你能早登大位。因為附近尚需平定，所以暫時無法脫身前來會盟。這封信巧妙地掩藏了自己爭奪天下的野心，使李密放下了心。

李世民看了信說：「此書一去，李密必專意圖隋，我可無東顧之憂了。」果然，李密得書之後，十分高興，對將佐們說：「唐公見推，天下不足定矣！」

宗吾認為，李密中了李淵之計。他十分信任李淵，常給李淵通訊息，更無攻伐行為，專力與隋朝主力決鬥。之後幾年中，李密消滅了隋王朝最精銳的主力部隊，而自己也被打得只剩兩萬人馬。而李淵則利用有利時機發展成了最有實力的人，不費吹灰之力便收降了李密餘部。可見，現實世界只要有利益之爭，韜晦就不會絕跡，「長線方能釣大魚」之策就會反覆運用。

【宗吾真言】「百忍成金，媳婦成婆」，一般只用於對付有才華、能力強、不易對付的人，是沒有辦法的辦法。若對方是個昏庸之輩，根本不用「熬」，應巧用計謀，將他拿下便是了。

宗吾認為，如果對方有才華、善計謀，切不可急躁，如果魯莽行事，不免碰個頭破血流，粉身碎骨。這時，正是「百忍成金，媳婦成婆」這一招大顯身手之時，運用得當可以瓦解智力高超的強勁對手。

例如，毛人鳳與戴笠在江山文溪小學是同學。一九三二年三月，戴笠任復興社特務處少將處長兼浙江省警官學校特派員。毛人鳳經胞弟毛萬里介紹，被戴笠安排在警官學校特派員辦公室擔任文書。當時只在書記長手下做些抄抄寫寫之類的工作，由於為人小心謹慎，一年後便升為書記員。「七七事變」發生的那一年，毛人鳳當上了「軍統局」的機要秘書。

毛人鳳在名利面前，故意擺出一副超凡脫俗的姿態。「八一三」淞滬戰役時，他隨戴笠在滬郊主持情報等重要工作，獻計策劃，處理公務，常常徹夜不寐，甚至在患病時，仍堅持辦公。這一招果然贏得戴笠的賞識和信任。

一九四一年，毛人鳳以代理主任秘書的頭銜，負責秘書室的工作。當時，「軍統局」呈送蔣介石的「通天文件」和呈送何應欽的「通地文件」，都要經毛人鳳簽署。

毛人鳳任代理主任秘書期間，為了討好上下級，贏得好名聲，見了任何人總是笑嘻嘻的。戴笠責備他時，他毫不勉強地接受，就是部下耍脾氣，發牢騷，他也能忍受得住。

毛人鳳不僅在「軍統」中能忍耐，而且在外面也不耍脾氣。有一次，重慶稽查處何龍慶和他一起去看川戲，佔了一排的座位。一會兒來了幾個空軍飛行員，毫不客氣地擠他們。何龍慶馬上火冒三丈，與飛行員爭執起來。雙方均驕橫慣了，都不肯示弱，繼而大打出手。毛人鳳始終不參與爭執，保持冷靜的態度。由於力量懸殊，何龍慶挨了一頓打，而毛人鳳只是挨了兩句罵。之後，毛人鳳曾拿這件事告誡自己，要能忍才不吃眼前虧。

毛人鳳的與世無爭的態度，終於使戴笠認定他是一個沒有野心的得力助手，也有意進一步培養他。「中美合作所」成立後，便把「軍統」的工作交給了毛人鳳，自己則以主要精力掌握「中美合作所」的工作。

由於戴笠的培植和蔣介石的賞識，毛人鳳逐步在「軍統局」確立了一種無形的領導地位。在許多特務的心目中，除了「戴先生」外，便是「毛先生」。

「忍」與「等」都是因為時機不成熟，時機一旦成熟就要抓住時機，一旦升上高位，「狠」的手腕就要顯露出來。

例如，一九四六年三月，戴笠在戴山斃命後，毛人鳳自感時機已到，便脫下「袈裟」，舉起了屠刀。

戴笠活著的時候，對「軍統」內部控制很嚴，特務們之間雖有親疏之分，但不敢公然形成派系。戴笠一死，一向被特務稱為「軍統三巨頭」的鄭介民、唐縱、毛人鳳便立即分裂為廣東、湖南、浙江三派。

毛人鳳考慮，自己的出身、資歷都遠遠比不上鄭介民和唐縱，很難爭過他們。在權衡一番之後毛人鳳決定用巧計與鄭、唐競爭。毛人鳳計畫先聯合鄭介民擠掉唐縱，然後再設法搞掉鄭介民，若搞倒了唐縱，除去鄭介民易如反掌。

毛人鳳考慮，鄭介民頭腦簡單，勢力較弱，易於對付，而唐縱城府很深，工於心計；鄭介民一向兼職很多，對「軍統」內部的工作很少過問。而唐縱為人拘謹，事必躬親，在工作上常與毛人鳳發生意見分歧。軍統大權若落入唐縱手中，毛人鳳則難以生存，若由鄭介民掌握，自己不但可以掌實權，還可利用當時鄭介民在北平軍調部忙得焦頭爛額，根本無暇兼顧「軍統」之機擴充勢力。

一切考慮好，毛人鳳就決定給鄭介民助一臂之力。毛向蔣介石說，「軍統」大部分高級人員對鄭介民很好，與唐縱的關係比較疏遠。蔣介石聽從了毛人鳳的意見，由鄭介民任「軍統」的代理局長，把唐縱排擠出「軍統局」，後來唐縱擔任內政部員警總署署長。毛人鳳此舉不僅擠掉了最大的對手，還獲得了不爭權奪利的名聲。

一九四六年一月十一日，「軍統局」宣告結束，改組為國防部保密局，鄭介民任局長，毛人鳳任副局長。毛人鳳與當時任軍務局長的俞濟時是浙江同鄉。俞濟時曾長期擔任蔣介石的侍衛長，是蔣介石的心腹。毛人鳳看時機逐漸成熟，就決定向鄭介民開刀。毛人鳳便對俞濟時百般逢迎巴結，並讓老婆向影心出面，不斷給俞送去貴重禮物，博得了俞的好感。俞濟時在蔣介石面前為毛人鳳說了不少好話。

在鄭介民過五十歲生日時，毛人鳳便指使保密局總務處處長沈醉藉為鄭祝壽之機，整鄭介民。

鄭介民怕招惹是非，不想大張旗鼓地做壽。沈醉知道鄭介民一向怕老婆，極力慫恿鄭妻為鄭祝壽，大收壽禮，同時又鼓動特務們都去送厚禮。鄭介民因說服不了老婆，只好在生日的前兩天去上海「避壽」。

在沈醉的安排下，特務們把鄭家佈置得燈火輝煌，還大擺筵席，將貴重的禮品都陳列在壽堂，十分熱鬧。

祝壽到高潮時，沈醉又令其他特務鼓動那些被冷落的特務家屬們來湊熱鬧。於是孤兒寡母們擁到壽堂，連哭帶喊地要飯吃。

關鍵時刻，沈醉又出面解圍，充當好人。

事後，毛人鳳立即把鄭介民鋪張祝壽的事報告了蔣介石。他將沈醉收集的鄭介民結黨營私，大肆貪污的資料，統統向蔣介石稟報。

俞濟時也緊密配合，不失時機地向蔣吹「耳邊風」，講鄭介民的壞話。

毛人鳳終於取得了勝利，鄭介民當了一年保密局長就被毛人鳳取而代之。

在宗吾看來，毛人鳳的經歷從一個側面告訴我們，在時機不成熟時，有很大的忍耐心，把臉皮磨厚；當時機成熟時，便不擇手段地爭權奪利，全力施展黑手。

# 厚黑口才 四十二 善於造勢，逼人就範

■ 運用「長線方能釣大魚」，還可以不從正面費盡口舌勸人合作，而是創造出一種態勢，變「要他合作」為「他要合作」或「他不得不合作」。

孫子兵法中強調，勝利的得來，應「求之於勢，不擇於人」。同樣，運用「長線方能釣大魚」，也要善於創造一種對己方有利的態勢，透過這種態勢逼迫對方就範。要勸別人和你合作，從正面費盡口舌也未必有效，如果能在交流中創造這樣一種態勢，就可以變「要他合作」為「他要合作」或「他不得不合作」。

**【宗吾真言】 既然勸說別人的過程是一種心理和智力的較量過程，在這場較量中最困難就是相持階段。這一階段對方可能提出一大堆理由來搪塞或拒絕。「長線方能釣大魚」告訴我們，正面強攻不下時，不妨試著換一個角度。**

宗吾認為，可以從對方身上找到不得不與你合作的理由，設下一個圈套，逼迫對方就範。

例如，元朝時，寧海主丞胡汲仲，有回出去巡視，見到一群老婦聚在庵院裡誦經。有一名婦人

投訴說自己丟失了一件衣服，不知誦經的婦女中哪一個所偷。胡汲仲叫人拿來一些麥子，讓所有在場的婦女每人手心放上幾粒麥子，然後合掌繞著佛像繞圈，口裡還是要照舊念經。

主丞慢慢地說：「我請神明作法，如果是偷衣人，繞佛走了幾圈以後，手心的麥子應當會發芽。」一眾婦女合掌繞佛而行，口中依舊念經，其中有一名婦人，幾次打開手掌看手心的小麥粒。汲仲立即命人把她捆起來。

宗吾認為，能有信心偷東西並加以抵賴的人一般不會是傻子。他們之所以一下子被詐得原形畢露，是因為在高度的精神壓力下亂了方寸，不由自主地喪失了理智和冷靜，做出了傻事。

在宗吾看來，要逼人就範就一定要善於佈局，不能掌握別人便不能有主動權，這時你不妨使用點手段，做個套讓對方自己往裡鑽。

**【宗吾真言】 如果對方是一個蠻橫的人，這時僅動之以情，曉之以理地說服他與你合作是不夠的，這些手段只是輔助的，最主要的應是找到對手的要害之處，敲山震虎，逼迫其低頭。**

在宗吾看來，打蛇要打「七寸」，在說服別人與你合作的過程中同樣如此。

例如，在康熙年間，三藩叛亂，吳三桂手下大將韓大任，率部在湖南與清軍作戰，結果出師不利，不得不退入福建，準備攻打汀州。

當時在福建與叛軍作戰的清軍統帥康王傑書得到消息後，打算發兵進剿，康王的屬下吳興祚則提出招撫。這個吳興祚，見多識廣，口若懸河，很得康王信任。同時，康王也正在擔心兵力不足，圍剿韓大任並無把握。於是便採納吳興祚的意見，派他前往叛軍駐地招撫韓大任。

吳興祚快馬加鞭來到叛軍駐地，一見到韓大任，便嚎啕大哭起來，把對方搞個莫名其妙，忙問緣由。吳興祚開誠佈公地說：「我這次來是專為弔唁您而來的，教我怎能不哭？」

韓大任忙問：「你說這話是什麼意思？」吳興祚不慌不忙地回答說：「將軍您所以威行天下，是由於平西王（吳三桂）對您格外器重。現在平西王把兵權交給您，深信不疑，實指望您建功立業，廣佔天下，可是您幾年卻寸功未建，損失慘重，平西王現在還能看重您嗎！現在您又冒險準備攻打汀州，但汀州守軍早已嚴陣以待，您覺得以疲憊之師攻打精銳軍隊能夠打勝嗎？如果一旦戰敗，平西王還能原諒您嗎？所以我說將軍死期已近，前來預先弔唁。」聽完吳興祚的一席話，韓大任低頭沉默片刻，問吳興祚道：「你看我歸順康王如何？」

吳興祚一看時機已經成熟，就把此行的目的托出，「我這次來就是受康王的委派來勸說將軍歸順的，將軍如能夠棄暗投明歸順國家，當是建功立業的絕好時機。」於是，說服了韓大任與清軍合作，帶領數萬軍隊歸附了朝廷。

由此可見，要逼迫對方合作，必須能夠抓住對方的命根子。

**【宗吾真言】** 有些人龜縮躲避、遮掩能力很強，一般情況下很難露出廬山真面目，對於這些深藏不露的人，要使他們乖乖合作，必須巧妙地施加壓力，使對方在舉措失當的情況下，露出

「狐狸尾巴」。

宗吾認為，「善於造勢，逼人就範」之法，關鍵在於「造勢」，透過所造之勢，給對方施加壓力，逼其鬆口，與你合作。

例如，有個叫李若谷的人被任命為并州知州，上任不久，一位百姓前來告狀。那人道：「小民要告的是本家的叔叔。小民的父母早亡，只留下小民孤身一人，我那位叔叔不承認我，硬說我不是我父親生的，要把小民掃地出門獨吞家財。請大人為小民做主。」

他的叔叔被傳進公堂後，申辯道：「大人，小民的兄長沒有兒子留下，此人乃是冒充而來，企圖吞佔我兄長的財產，請大人明斷。」

就這樣，兩人在大堂前各執己見，互不相讓。李若谷細察兩人的神態，看那叔叔一臉兇相，蠻不講理；那姪兒卻不擅言談，老實巴交的。李若谷覺得裡面一定有文章。於是，他對兩人喝道：「兩人說得都有理。現在暫且退堂，待本官查明後，再做處置。」

退堂後，李若谷把那姪兒找來，對他說道：「你現在回家去，把你的叔叔狠狠地打一頓。」

那位姪子十分為難，心想這知州明知晚輩打長輩屬於大逆不道，卻讓我偏偏這樣做，不知是何道理。李若谷笑著說：「就依計去做好了，本官自有對策。」

那姪兒回家後，壯著膽子扭住叔叔狠揍了一頓。第二天，叔叔氣急敗壞地來到了大堂伸冤說：「大人，昨天晚上，我那姪兒平白無故地闖進我家，把我毒打了一頓，小輩打長輩，實屬大逆不道，請大人將我那姪子繩之以法。」

李若谷傳來那姪兒問道：「是他昨晚打了你？」

「是的，就是他。」那叔叔回答說。

「他是你的姪兒？」

「是的。」

「千真萬確？」

「千真萬確。」

李若谷哈哈大笑說道：「聽本官對此案作如下判決。姪兒毆打叔叔，實屬大逆不道，理應重判，但念其初犯，又是酒後釁事，從輕發落，姪兒向叔叔當面致歉。兩人既為叔姪，則其父財產歸姪兒所有，你作為叔叔，不許侵佔。」

在宗吾看來，對於這種一口咬定沒有這位姪兒的叔叔，再怎麼勸都沒有用，只有逼他出手才行，李若谷正是運用此計，使這位叔叔理屈詞窮，無言以對，不得不合作。

## 厚黑口才四十三　得寸進尺，如影隨形

■ 厚黑行世者一定要利用大多數人都怕煩的心理，你煩我不煩，以緩求達，使對方拖不起，不得不合作。

宗吾認為，大多數人都怕煩，如果你抱著不到黃河心不死的態度，擺出一副要和對方比耐性的架式，會產生很大的威懾力，對你沒有辦法，只好採取與你合作的態度，你勸說的目的也就達到了。這就是「得寸進尺，如影隨形」之法。

**【宗吾真言】　環境和氛圍的重要性在浴血戰場、體育競技和說服對方上都表現得極為突出。厚黑行世者在運用「得寸進尺，如影隨形」這一說服策略時，必須巧妙地選擇和運用外部環境。**

宗吾認為，如果在說服對方的過程，巧妙地利用枯燥的環境，會使對方失去耐性，你的「得寸進尺，如影隨形」之計就很容易得逞。

例如，日本的鋼鐵和煤炭資源短缺，而澳大利亞的鋼鐵和煤炭資源都很豐富。日本渴望購買澳

大利亞的鋼和煤，而澳大利亞在國際貿易中卻不愁找不著買主。按照常理，在這場較量中，澳大利亞居於主動地位。

日本人深知澳大利亞人過慣了富裕和舒適的生活，對日本的生活環境很不適應；而且根據澳大利亞人的習慣，他們一般都比較謹慎，講究禮儀，不至於過分侵犯東道主的權益。鑑於此，日本人刻意地把澳大利亞的談判者請到日本去談生意。

結果，澳大利亞人一到日本，就表現出拘謹和急躁情緒，剛過幾天就急於想回到故鄉別墅的游泳池、海濱和妻兒的身旁去，表現出對談判環境的極不適應。而作為東道主的日本談判代表則沉著應戰，不慌不忙地討價還價。

在談判過程中，日本方面完全掌握了主動權，雙方在談判桌上的相互地位發生了明顯的變化。最後，日本方面僅僅花費了少量的款項做誘餌，就「釣」到了「大魚」，取得了按常規難以取得的利益。

更為有趣的是，在埃及和以色列關於西奈半島爭端的談判中，美國當時的總統卡特為了使中東和平談判能夠早日成功，竟有意將談判地點選擇在大衛營。

大衛營究竟是一個什麼地方呢？

它環境糟糕，生活單調、枯燥，令人厭倦。最刺激的活動就是撿撿松果，聞聞松香。卡特為了促成這次中東和談，唯一的娛樂工具是他安排的兩輛自行車，供十四個人使用。每天晚上住在那裡的埃及總統沙達特和以色列總統貝京，可以在總共三部電影中任選一部觀賞，作為調劑。到了第六天，每個人都把每部電影看過兩次，並且感到十分厭煩。每天早上八點鐘，卡特都會去敲沙達特和貝京的門，並用他那單調的聲音說：「我是吉米．卡特，準備再過內容同樣無聊、令人厭倦的十小時吧！」過這樣的生活，只要簽約不至於影響自己的前途，誰都想立即簽字以離開那鬼地方。

卡特一番良苦用心，終於換來了中東和平談判的圓滿成功——以色列歸還埃及的西奈半島，埃及將西奈半島劃為非軍事區。

在宗吾看來，某種意義上來講，正是由於卡特選擇了大衛營這個特別的談判地點和其令人生厭的談判環境，才使談判進展順利。

**【宗吾真言】人都有自尊心，特別是中國人更加好面子，對於厚黑行世者來說，這就是弱點。抓住這個弱點，利用使對方「沒面子」的行為，脅迫對方答應你的要求。**

在宗吾看來，對方絕不會讓「丟面子」的事情繼續下去。所以，運用「得寸進尺，如影隨形」時，就要善於創造一個使對方感到「丟面子」的環境，使其失去耐性。

漢代的大辭賦家司馬相如，以文才聞名海內。有一年，司馬相如外遊歸川，回來的路上，路過臨邛。臨邛縣令久仰司馬相如之名，恭請至縣衙，連日宴飲，寫賦作文，好不熱鬧。

此事驚動了當地富豪卓王孫。卓王孫原是趙人，秦人移民時遷來臨邛，以冶鐵致富，家有萬金，奴僕千人。聽說來了個才子司馬相如，也想結識一下，以附庸風雅。但他因擺脫不了商人的庸俗，故而實為請司馬相如，但名義上卻是請縣令王吉，讓司馬相如作陪。司馬相如本看不起這班無才暴富之人，所以壓根沒準備去「陪宴」。

到了約定日期，卓王孫盡其所能，大擺宴席。縣令王吉因平日依仗卓王孫錢財之事甚多，所以早早就到了，但時辰早過，司馬相如卻沒有來，卓王孫急得如熱鍋螞蟻，王吉只好親自去請。駁不過王吉面子，來到卓府，卓王孫一見司馬相如穿戴，心中早已生出輕蔑之意，心想自己是要臉面之人，請來的卻是這樣一個放蕩無禮之輩。

司馬相如全然不顧這些，大吃大喝，只顧與王吉談笑風聲，早把卓王孫冷在一邊。忽然，司馬相如聽到內室傳來淒婉的琴聲，那琴聲不俗，司馬相如一下子停止了說笑，側耳細聽起來。

卓王孫原被冷在一邊，訕訕地毫無意思，今見琴聲引住了這位狂士，於是誇耀地賣弄說這是寡女卓文君所奏。司馬相如早已聽得癡迷，忙請求讓卓文君出來相見，卓王孫經不住王吉慫恿，派人喚出卓文君。

司馬相如一見卓文君，兩眼直勾勾愣在那裡，他萬萬沒想到這俗不可耐的卓王孫竟有這般美麗高雅的女兒。於是要過琴來，彈了一曲《鳳求凰》向卓文君表達愛意。卓文君心裡明白，愛慕司馬相如的相貌和才華，當夜私奔到司馬相如處，以身相許。經過商量，兩人一起逃回成都。

卓王孫知道後，氣得暴跳如雷，又是罵女兒不守禮教，又是罵司馬相如衣冠禽獸，發誓不准他們返回家門。

卓文君隨司馬相如回到成都後才知道，她的夫君雖然名聲在外，但家中卻很貧寒。萬般無奈，他們只好返回臨邛，硬著頭皮託人向卓王孫請求一些資助，不料，卓王孫破口大罵：「我不治死這個沒出息的丫頭就算便宜她了，還想要我接濟，一個子兒也不給！」

夫婦倆都有「才」，很快想出了一個「絕招」。

第二天，司馬相如把自己僅有的車、馬、琴、劍及卓文君的首飾賣了一筆錢，在距卓府不遠的地方租了一間屋子，開了一個小酒鋪。司馬相如穿上夥計的衣服，捲起袖子和褲腿，像店小二一樣，又是擦桌椅，又是搬東西；卓文君穿著粗布衣裙，忙裡忙外，招待來客。

酒店剛開張，就吸引了許多人來。這倒不是因為他們賣的酒菜價廉物美，而是前來目睹這兩位遠近聞名的落難夫婦。司馬相如夫婦一點也不感到難堪，內心倒很高興，因為這正好給頑固不化的老爺子「現現眼」。

很快，臨邛城裡人人都在議論這件事。卓王孫畢竟是一位有身分、有臉面的人物，十分顧忌風言議論，居然一連幾天都沒有出門。有幾個朋友勸卓王孫說：「令嬡既然願意嫁給他，就隨她去吧。再說司馬相如畢竟當過官，還是縣令的朋友，儘管現在貧寒，但憑他的才華，將來一定會有出頭的日子，應該接濟他們一些錢財，何必與他們為難呢？」

卓王孫氣撅了鬍子，萬般無奈，分給卓文君夫婦僕人百名，錢財百萬，司馬相如夫婦大喜，帶著僕人和錢財，回成都生活去了。

在宗吾看來，如果像卓文君夫婦那樣，擺出一副「我已經走投無路，到了這步田地，還要那面皮做啥，要丟人現眼，索性一塊兒丟了吧」的架式，想必對方是一般是不敢接招的，只能認輸。

## 厚黑口才 四十五 軟磨硬泡，金石為開

■俗話說：「只要功夫深，鐵杵磨成針。」以「長線方能釣大魚」的姿態說服人也一樣，「十年磨一劍」，功夫全在「磨」。

宗吾認為，在說服別人的過程中，一定要深知「軟磨硬泡」的妙用。有些情況下，自己明明有理，可是正常管道就是說服不了對方，這時只有多「磨」才能達到自己的目標。不過「磨」也要講究策略。「磨」的時候既要死纏爛打，又要顯示出你的「真誠」；既要軟「磨」硬「泡」，又要使其感覺不到在耍無賴，這就要有點「厚顏黑心」的真功夫才行。

**【宗吾真言】「軟磨硬泡，金石為開」在勸說別人合作中有著神奇的魔力。這種方法看來有點不可思議，但是有時只有這樣才能達到目的。因為，對方因種種原因拒絕你，而此事又是合情合理的，這種情況下只能「磨」了。**

宗吾認為，運用「軟磨硬泡，金石為開」之法，一定要「磨」到點上。為此，必須發揮「厚顏」的威力，要彬彬有禮，擺事實講道理，要笑容滿面，要經常出現在能讓對方看到的場合，例

如，他的辦公室、家裡等等。而且每次都要準時無誤，讓對方感到好像是在上班一樣，一到點就趕來了。這樣對方總能看到你，也就總能想到你的事情了。

同時，還要發揮「黑心」的威力，要運用煽情的手法，引起對方的注意，能感動人，要積極主動地向對方解釋，與對方溝通，不間斷地軟化對方的意志。因此，必須是全心投入，必須有百折不撓的精神。

「軟磨硬泡」不是耍無賴，可以是一種冷靜而有禮貌地等待，等待對方盡快給予答覆。不要讓對方感到你是在故意找麻煩，故意影響他的工作和休息。要盡量通情達理，盡量減少對對方的干擾，這樣，才能磨成功。可以不露鋒芒，不提要說的事，只是不間斷地接近對方，使雙方關係漸近，讓對方更多地瞭解你，同情你，從而產生幫助你的願望。也就是說，你想辦法與對方接近或與對方家人接近，並透過各種辦法與他們搞好關係，從感情上貼近。這種感情上的磨，對方是難以拒絕的。

在宗吾看來，有些上司喜歡讓人磨，不願輕易同意任何事情。你磨他，使他從精神上得到一種滿足，即權力欲得到滿足。在這種情況下必須去磨，怕苦怕麻煩，存有虛榮心反會被對方見笑，他會說：「本來他再來一次我就同意了，可是他沒來。」

**【宗吾真言】** 有時要說服別人與你合作，簡直要「跑斷腿，磨破嘴」，因此，要運用「軟磨硬泡，金石為開」的辦法，必須有「鐵杵磨成針」的心理準備。

宗吾認為，對於這一點，可以學一學以說服別人為職業的推銷員。比如，李嘉誠就是推銷員出身，曾經有記者詢問過李嘉誠的推銷訣竅。李嘉誠不予正面回答，卻講了一個故事。

日本「推銷之神」原一平在六十九歲時的一次演講會上，當有人問他推銷成功的秘訣時，他當場脫掉鞋襪，將提問者請上台，說：「請您摸摸我的腳板。」

提問者摸了摸，十分驚訝地說：「您腳底的老繭好厚哇！」

原一平接過話頭說：「因為我走的路比別人多，跑得比別人勤，所以腳繭特別厚。」

提問者略一沉思，頓然感悟。

李嘉誠講完故事後，微笑著自謙地對記者說：「我沒有資格讓你來摸我的腳底，但我可以告訴你，我腳底的老繭也很厚。」

當年，李嘉誠每天都要背一個裝有樣品的大包馬不停蹄地走街穿巷，從西營盤到上環到中環，然後坐輪渡到九龍半島的尖沙咀、油麻地。

李嘉誠說：「別人做八個小時，我就做十六個小時，別無他法，只能將勤補拙。」

李嘉誠早先在茶樓當跑堂，拎著大茶壺，一天十多個小時來回跑。後來當推銷員，依然是背著大包一天走十多個小時的路。

推銷員在推銷產品時，很可能遭到客戶的拒絕，但過了一段時期之後，他又毫不氣餒地再次來訪。這時假若客戶絕情地說：「我們並沒有購買的意思，你再來幾次也是枉然，因此，我勸你不必再浪費口舌、白費氣力了。」

然而推銷員卻不在乎，仍抖擻精神，面帶笑容回答說：「不，請不必為我擔心，說話跑腿，是我的工作職責，只要您能給我一點時間，聽我解釋，我就心滿意足了。」客戶看到他汗水淋漓，卻還滿臉笑容，不買就覺得再也過意不去了，於是就買了一點。

這種推銷方法，就是巧妙地利用了人類的感情。本來不打算購買的人，也會產生「再也不能讓他白跑了」的想法，使他們有種心理負擔和欠人情債的感覺，客戶會這樣想：「這位推銷員若是多跑幾處地方，也許他的產品早就推銷完了，但是他卻常來這裡，使他花了不少寶貴時間，再不買他的產品，就有點對不起人了。」這就是加重人們心理負擔的一種推銷方法。

宗吾認為，透過「磨」可以使對方不斷累積微小的心理負擔，當這種心理負擔擴大到一定程度時，對方就只能讓步了。在日常生活中，如能將這種方法加以運用，那麼達到說服別人目的的機會將會更多。

**【宗吾真言】「軟磨硬泡，金石為開」這一說服之術，其實質是以消極的形式爭取積極的效果，是透過表現自己不達目的不甘休的決心和毅力，給對方施加壓力，以增加接觸機會，更充分地表明自己的態度，以影響對方的態度。**

在宗吾看來，對於這一說話技巧術並不是人人都能做得很好，首先必須要有足夠的耐心，這是「泡蘑菇」的前提和基礎。

當說服別人過程中出現僵局時，人們的直接反應通常是煩躁、失意、惱火甚至發怒。然而，這無助於事情的解決。你應理智地控制自己，採取忍耐的態度。這時，忍耐所表現的是對對方處境的理解，是對轉機到來的期待和對說服成功的自信，有了這種心境，你就能在精神上使自己處於強有力的地位。能夠方寸不亂，提振自己全部的聰明才智，設法去突破僵局。即使消耗一定的時間也在所不惜。

從另一個角度看，這一計策消耗的是時間。而時間恰恰是一種武器。時間對誰都是公平的，人們最耗不起的是時間。所以，如果你以足夠的耐心，擺出一副「打持久戰」的架式與對方對壘時，便會對對方的心理產生震懾。以「泡」對「拖」，足以促其改變初衷，加快辦事速度。所以，你要沉住氣，耐心地犧牲一點時間，反而可以爭取到更多的時間。

有沒有足夠的耐心，還與人們的自尊心強弱有關。有些人臉皮太薄，自尊心太強，經不住人家首次拒絕的打擊。只要前進一受阻，他們就臉紅，感到羞辱氣惱，要嘛與人爭吵鬧崩，要嘛拂袖而去，再不回頭。看起來這種人很有幾分「骨氣」，其實這種過分脆弱的自尊，導致他們只顧面子而不想千方百計達到目的，於事業無益。

因此，在說服別人時，既要有自尊，又不要過分自尊，為了達到你的目的，臉皮就得厚，而且要不斷增厚，由「厚如城牆，到厚而無形」，碰個釘子，臉不紅心不跳，不氣不惱，照樣微笑與人周旋，只要還有一絲希望就要全力爭取，不達目的絕不甘休。

宗吾認為，「磨」不是消極地耗時間，也不是硬和人家耍無賴，而是要善於採取積極的行動影響對方、感化對方，促進事態向好的方向轉化。「人心都是肉做的」，你可以這樣來看對方，但你自己的心卻「不是肉做的」，以你「黑如煤炭」、「黑而亮」、「黑而無色」的心，去對抗對方「肉做」的心，不管雙方認知距離有多大，只要你善於用行動證明你的誠意，就會促使對方去思索，進而理解你的苦心，從固執的框架裡跳出來，那時你再說服對方就有希望了。

# 第六篇　語箭傷人不見血

◆在人世間行走，主要的精力應放在如何對付敵人上，而不是朋友和盟友上。運用「唇槍舌劍」也一樣。如果，語言這一「利器」只能用於自己陣營內部，無法用於「攻城掠地」，降服對手，那麼，最好的結果也只是自保有餘，成事不足。敵人或潛在的敵人對你的傷害非常之大，運用語言與其較量時的權謀色彩也就更加濃厚了。在運用手法上也就可以更加無所顧忌。

## 厚黑口才 四十六 請君入甕，水到渠成

■「語箭傷人不見血」的權謀效果，正體現在不用花一點力氣，僅僅幾句話就能將敵人拿下。

宗吾認為，為了體現「語箭傷人不見血」的權謀，不妨設計一個圈套，讓對手鑽進去，後面的事就好辦了。就像漁人打開了一個瓶子，裡面跳出來一個魔鬼。漁人驚愕之餘，說：「你這麼高大，怎麼可能鑽到這瓶中呢？」那魔鬼得意洋洋：「我能伸能縮，現在就鑽給你看。」等那魔鬼重又鑽回後，漁人趕緊塞住了瓶口。不用花一點力氣，僅僅幾句話就將敵人拿下，這就是「請君入甕，手到擒來」的妙處。

**【宗吾真言】 強弩百步之內可以穿金削鐵，而到千步之外時，就會綿紙不破，這是因為超過了力量的極限。「因其強而強之乃可折也，因其廣而廣之乃可缺也。」運用「語箭」時，同樣要善於造成於己有利，與敵有害的態勢。**

西方一位軍事家說過：「進攻者可以像買東西一樣，獲得一些在媾和談判時對他有利的條件，

但他必須先以自己的軍隊為代價付出現款。如果進攻者能夠把自己日益減弱的優勢一直保持到談和為止，那麼他的目的就達到了。大多數戰略進攻只能進行到它的力量還足以進行防禦，以等待談和的那個時刻為止。超過這一時刻就會生變，就會遭到還擊，這種還擊的力量通常要比進攻者的進攻力量大得多。我們把這個時刻叫做進攻的頂點。」當勝利的一方跨越頂點時，失敗就會接踵而至。

弱勢如能運用韜略，順著敵方貪求更大勝利之意，縱其跨越頂點，使其在不該得到時得到，不該收穫的季節收穫，依此而行，反敗為勝也就為期不遠了。

有一則寓言說：一隻在森林邊緣生活慣了的鳥兒，看到藍天浩大，一望無際，於是，牠決定飛出森林。牠飛呀飛呀，突然發現前方金光四射，一片澄黃，喜得牠舞姿翩翩，徑直向前。不料，當牠精疲力竭地飛到那兒，才知道原來是浩瀚的戈壁沙灘，牠飢渴勞碌，但卻找不到食物，也尋覓不到可供棲息的樹枝，想返回那蔥鬱富饒的森林已經沒有力氣，也來不及了，因為接踵而至的是風沙的怒吼和寒夜的降臨。

這隻在未倦之時不知返飛的癡鳥超越了「頂點」，最後面臨著死亡的威脅。是什麼推動著牠不顧前途的兇險和後果呢？是遠方的那「一片澄黃」。失敗的一方如果能夠人為地製造出那「一片澄黃」，就實現了「推」著對手越過「頂點」的目的——把敵人推向死亡，自己則跨入勝利。

在運用「語箭傷人不見血」的過程中，「推」有多種手段，最易成功的莫過於表面裝作在維護對手的利益，或頌揚、或誇耀、或格外地恭敬，讓其陶醉在雲裡霧裡，舒舒服服，不知高低，而自己則暗地裡另有圖謀。過分地「捧」而葬送一個勝利者的例子生活中屢見不鮮。捧得愈高，摔得愈重，捧到天邊，一旦掉下來，那就粉身碎骨。

戰國初期，當魏國在馬陵之戰中大敗於齊軍之後，魏國如法炮製，也用此法讓齊國吃了苦頭。有一次，魏惠王咬牙切齒地對相國惠施說：「齊國是我的仇敵，馬陵之怨我沒齒難忘。現在，我們的實力雖然不如從前，但我總想傾全國之兵與齊決戰。」

相國惠施是一個深諳韜略之人，他及時勸阻魏惠王以武力復仇的念頭。惠施指出：大王曾經攻打趙國的邯鄲，與齊國戰於桂陵，後來又攻伐韓國，與齊國二戰於馬陵，結果是連遭失利。現在，我軍實力已大大削弱，而大王又想傾全國之兵去攻打齊國，這是萬萬不可的。依我之見，大王果真要想報仇，不如脫掉王服，屈節尊齊。這樣，必然會引起楚國的憤怒。然後大王可以派人去離間齊楚關係，楚必攻齊。齊因連年征戰，雖勝而兵疲，楚國一直都養精蓄銳，國力正盛。因此，齊國將不是楚國的對手。

魏惠王很快派出使者前往齊國，表示願意向齊稱臣。後來，魏惠王又多次親往齊國，卑躬屈節地朝拜齊王。正當齊威王得意忘形之時，楚國和趙國卻妒意頓起。西元前三三三年，楚、趙聯合發兵攻齊，齊軍大敗於徐州。

宗吾認為，在這裡，正是「稱臣」的舉動完成了「推」著對手跨過了「頂點」，沒有金剛鑽卻攬了瓷器活，超過「頂點」，頭重腳輕，自然是難免一敗。這就叫「請君入甕，水到渠成」！

**【宗吾真言】** **在中國古老的詭辯術中，有這樣一種方法，為了反對某一觀點，首先表示熱烈**

**地贊同，然後對其大加發揮，引向極端，使人一聽就知道其中謬誤百出，從而達到不攻自破的目的。**

宗吾認為，我們可以借鑑這種詭辯術，用於直接反駁難以取勝的場合。《兵經百篇》中說：「大凡逆之愈堅者，不如順以導瑕。敵欲進，羸柔示弱以致之進；敵欲退，解散開生以縱之退；敵倚強，遠鋒固守以觀其驕；敵仗威，虛恭圖實以俟其懈。」由此可見，順著敵人的意思，引導他向著希望的方向發展直至走向極端，是一條常用的計策。

例如，漢景帝的皇后，因為沒有生出「龍種」，逐漸被景帝所疏遠。此時，其他夫人、嬪妃們紛紛想取而代之。一位生性聰穎而心眼極多的王夫人，巧妙地運用「請君入甕，水到渠成」的手法最終達到了目的。

當時，在眾多的競爭對手中，栗姬的條件最為優越，她最先為皇帝生了一個兒子，按照一般的做法，這個長子當然就是皇太子，他的生母按理應該被立為皇后。於是，大家對栗姬非常嫉妒，紛紛說她的壞話。栗姬不知道好好利用自己的優勢，而自以為生了皇太子，就得意忘形，不把其他人放在眼裡，這引起了更多的不滿。漸漸地，關於栗姬的壞話愈來愈多地傳到了景帝的耳裡。皇帝愈聽愈氣，逐漸對栗姬有所疏遠。

把這一切都看在眼裡的王夫人，沒有去詆毀栗姬，而是採用了另外一種辦法。她悄悄地對一位大臣說：「皇后的位子不能總是空著，我想去勸告皇帝，讓太子的生母栗姬當皇后，你看怎麼樣？」那位大臣不知其中的詭計，便急忙到景帝那進言：「太子的母親栗姬不應該再和一般的嬪妃們平起平坐，臣以為宜立為皇后。」景帝聽罷，以為是栗姬在背後拉攏大臣為其爭搶后位，勃然大怒，廢了太子，將栗姬轟出了宮門。

而王夫人卻在景帝面前為栗姬和太子求情。自然，金口玉言，是不能隨便改的。但王夫人的做法卻使景帝深感她是一個大賢大德的女人，留下極深的印象。後來，王夫人順順當當地登上了皇后的位子，她的兒子成了後來的漢武帝。

宗吾認為，王夫人在栗姬並不討景帝歡心的時候，鼓動大臣去為她爭搶這個位子，實際上是「請君入甕」，自己再去為她求情，使自己形象一下子提升起來，最終達到了自己的目的，就是「水到渠成」了。

**【宗吾真言】 軍事謀略中有一條妙計，叫「將欲弱之，必姑強之；將欲取之，必姑予之。」其中的「強」和「予」，就是縱敵失去節制，造成物極必反的後果。這一招對於處於劣勢、困境中的說話一方，同樣非常實用。**

宗吾認為，這一計謀的實質，就是讓敵人激起公憤，透過這種方式「請君入甕」。

春秋末期，晉國有六大家族，趙、魏、韓、智、范、中行，財大勢大，號稱「六卿」。後來，智伯以武力兼併了范、中行兩家領地，又向魏家提出了領地要求。魏宣子很想拒絕智伯的無理要求，但又怕敵他不過。這時，謀士任章進言說：請不要拒絕智伯而惹惱他，不妨先滿足他的要求。他嘗到了甜頭，肯定更加肆無忌憚，四處伸手，到那時，其他大夫都會對他心懷不滿而聯合起來收拾他。

魏宣子聽取了任章的建議，劃出一些土地交給智伯。果然，智伯貪心不足，又對趙、韓兩家提出要求。這樣一來，魏、趙、韓三家被迫聯手瓜分了智伯的土地。

弱小、失敗的一方避免和強大、勝利之敵直接交手，是一種明智的選擇。戰爭史一再證明：繞道最遠歸途最近。孫子指出：「軍爭之難者，以迂為直，以患為利。故迂其途，而誘之以利，後人發，先人至，此知迂直之計者也。」表面上的遠，實際上的近；表面上的弊，實際上的利；表面上的後，實際上的先。這是兵法中常講的虛實關係。運用「頂點定律」，採取將對手「推」過頂點而導引其轉向失敗，走的就是一條迂迴路線。這種方法之所以屢屢獲得成功，是因為殺招總是掩藏在滿足了對手的貪欲之後。

在宗吾看來，勝利之師、強大之國，最容易犯的錯誤就是頭腦發熱，貪心不足，總想盡快奪取更加輝煌的勝利稱霸天下。此時，投其所好，讓他盡情攻掠，自然是正中下懷的。對付一個隱藏很深的危險人物，當人們沒有認清他的真面目時不好下手。而等他無所顧忌、露出醜惡嘴臉的時候，再圖除之，則是民心所向。起先的「聽之任之」，是為讓他做過了頭，然後好一舉將其捏在手心，隨意處置。

# 厚黑口才 四十七 引友殺敵，不自出力

■「敵已明，友未定，引友殺敵，不自出力」，《三十六計》中的這一招完全可以用於「語言攻伐戰」當中。

宗吾認為，在環境受到限制，自身沒有能力，或不願直接拋頭露面的情況下，有計劃地利用自己以外的人和事來實現自己的意圖，達到自己的目的，這樣在成功時，自己不用付出任何代價；失敗時，自己不用承擔任何責任。在運用「語箭傷人不見血」時，同樣可以藉用盟友的力量，可以用盟友的損失換得自己的利益。

**【宗吾真言】 運用「引友殺敵，不自出力」這一招，自己既可以不被發現，又可以在危急的時候，嫁禍於人。為了保存自己的實力，而利用衝突，必須巧妙地藉用第三力量。而最高明的「借」，就是藉敵人的力量打擊敵人。**

宗吾認為，在激烈的競爭中，強者一統天下，弱者狹縫求生，弱小者欲得天下，必須由小而大，巧用借術，以最小的投入創造最大的效益。最高明的借術就是讓對手互相殘殺。

《紅樓夢》中的賈府裡，雖然王熙鳳也是美人一個，但由於她沒有生兒子，又總是病怏怏的，所以丈夫賈璉已對她感到厭倦。

那賈璉本是個花花公子，可是在家裡有王熙鳳看著，不敢下手，就想著法子到外面去尋花問柳。聽說尤二姐長得俏麗，又比鳳辣子溫順，賈璉便將她收作二房。他在榮國府附近買了一座宅院，將她安頓下來。

可是，紙包不住火，這件事還是被王熙鳳知道了。後來，賈璉受賈赦之命要出趟遠門，王熙鳳找到尤二姐那裡，裝出同病相憐的樣子，說了許多好聽的話，哄著尤二姐搬進榮國府。搬遷之後的幾天，王熙鳳對尤二姐分外體貼，稱姐呼妹，噓寒問暖。不過，她將尤二姐原來的丫鬟打發掉，換上了自己的心腹。在王熙鳳的操縱下，新丫鬟對尤二姐開始了種種刁難。

賈璉回來後，賈赦見他事情辦得不錯，賞給他一個十七歲的女孩秋桐，賈璉又和秋桐打得火熱。王熙鳳恨得咬牙切齒，但表面上對秋桐也很熱情。

賈璉見王熙鳳對尤二姐、秋桐都很好，以為原來那個醋罈子突然變了，滿心高興。可是王熙鳳卻在實施自己的計畫。她知道尤二姐已有身孕，必須盡快藉秋桐之手予以除掉，然後再對付秋桐。

於是，王熙鳳開始挑唆秋桐去和尤二姐作對，自己則裝成和事佬從中勸解。她對秋桐說：「妳年輕不知事。她現在是二房奶奶，妳爺心坎上的人。我還讓她三分，妳去硬碰她，豈不是自尋其死？」秋桐本就是個火爆脾氣，一聽這話，哪裡還耐得住，故意放開嗓子說：「奶奶是軟弱人，那等賢慧，我做不來！奶奶素日的威風怎麼都沒了？奶奶寬宏大量，我卻眼裡揉不下沙子。讓我和這娼婦做一回，她才知道呢！」

尤二姐聽得清清楚楚，可是她生性軟弱，只是偷偷落淚，不思茶飯，不久便病倒了。

王熙鳳派人請來一個庸醫，開方子下藥，尤二姐吃後，竟致流產。接著，王熙鳳又叫人去算命占卦，約定回來說是「屬兔的陰人沖犯」，故意讓秋桐知道，而秋桐正是屬兔的，她氣得跑到尤二姐的窗下大哭大罵，狠狠鬧了一場。尤二姐丟了腹中的胎兒，又白白受著冷嘲熱諷和破口大罵，傷心至極，就找出一塊金子吞下，結束了自己年輕的生命。

在宗吾看來，直到死時，尤二姐對大夫人鳳姐都還念念不忘，只以為是秋桐在和自己作對。在這裡，王熙鳳正是用了「引友殺敵，不自出力」之計，「殺」了情敵，鞏固了自己的地位。

**【宗吾真言】 運用「引友殺敵」之計，一個關鍵在於能否把第三方力量「借」來。否則，就像孫悟空借芭蕉扇一樣，借得一把假扇，用來滅火不成，反倒燒了自己。誘借就是一種有效方法，利用各種引誘之法，使其自願上鉤，情願主動地被借用。**

宗吾認為，「美人」就是天生的誘餌。東漢末年的王允用自己的乾女兒貂蟬使美人計，「誘借」好色的呂布之刀，除去了董卓，便是很明顯的例子。

東漢末年，群雄紛起。靠鎮壓農民起義軍發跡的董卓領重兵進入洛陽，擁立漢獻帝。自任相國，統攬軍政大權。董卓濫施殺戮，絲毫不將獻帝放在眼裡，其篡位之心也日漸明顯。司徒王允眼見著漢室衰微，國家將落入獨夫之手，心憂如焚。

一日，王允在後園散步，忽見一少女似天仙從眼前飄過，頓然有所醒悟，暗喜道：「啊，有了！老賊可除，我大漢江山有救了。」原來這少女名叫貂蟬，家境貧寒，自幼被選入王府練習歌舞，年方十六歲，色藝雙全。王允於是與貂蟬設計了一個「計中計」，單等呂布與董卓上鉤。

第二天，王允差人給呂布送去一頂嵌有幾顆明珠的金冠，說是久仰英雄大名，盼望能交個朋友。呂布高興萬分，便親到王府致謝。王允設宴，並叫出貂蟬在一旁敬酒。呂布一見貂蟬，神魂顛倒。怔了半晌，才唐突地問道：「這是哪來的美女？」王允回答說：「這是小女貂蟬。允久聞呂將軍大名，所以特叫小女相見，陪將軍痛飲幾杯。」呂布咧開大嘴，連聲稱謝。貂蟬則使出渾身解數，一邊敬酒，一邊秋波暗送，直引得呂布如醉如癡。

酒至半酣，王允笑對呂布說：「自古英雄配美人。我有心將小女送予將軍，不知將軍意下如何？」呂布一聽，哪裡還能說個不字，慌忙雙膝跪下，給未來的岳父大人叩頭。王允將他扶起，說是早晚選一良辰吉日，將小女送到府上。

過了幾天，王允上朝時遇見董卓，趁著旁無他人，悄悄地說：「恩相，近日我府上新添了幾名美色歌伎，想請您一同飲酒欣賞，不知可肯光臨。」王允這一邀請正中下懷，董卓即刻滿口答應了。

董卓見了貂蟬，比呂布更迷。他把相國的威嚴丟在一邊，恨不得上去就摟。貂蟬做出一副嬌聲浪氣的樣子，把杯敬酒，卻不讓他碰著。喝了幾杯，董卓不無豔羨地對王允說：「如此美色，只應天上才有。」王允不失時機地回答：「蒙恩相見愛，真是她的福分，今將她獻給恩相。」當晚，董卓就將貂蟬帶回相府。

呂布聽說相國從司徒府裡帶回一個美人來，不知是誰，想去看個究竟。第二天早飯後，匆忙趕到，卻被侍衛攔住說：「相國和新人尚未起床，請將軍留步。」呂布無奈，又等到中午。仍不見動靜，他就潛到後房窺望。

貂蟬早已看見了呂布，她掀開窗簾的一角，緊鎖雙眉，淚流滿面，以手指心又指呂布。呂布只覺得新人十分面熟。仔細一看，不料竟是貂蟬。當即轉身朝王允府奔去。

呂布見了王允，厲聲問：「司徒既以貂蟬許我怎麼又送給了相國！」王允早就料到，不慌不忙地解釋了一番。他說：「昨日相國到我家閒談，偶然提起已將小女許配將軍一事，相國非要見見未來的兒媳。誰知見了，他就要帶小女回去與你完婚，我哪敢違抗？怎麼，將軍不曾見到小女？」

「昨夜相國已和貂蟬同床共枕了！」

「什麼，竟有這事？」「是我親眼所見！」

「唉，害苦我兒了。想不到相國竟不把將軍放在眼裡，連兒媳都要強佔。」

呂布怒氣沖沖地要和董卓拚命，被王允止住。他告訴呂布應該從長計議，切不可魯莽從事。

在宗吾看來，呂布完全中了王允的「美人計」，心甘情願地為王允出力。最後，在王允的精心安排下，呂布尋個機會，一戟要了董卓的老命。在這裡，王允用的就是「誘借」的方式，實施「引友殺敵，不自出力」之法的。

## 厚黑口才 四十八 見縫插針，激化衝突

■ 要多揣摩人的心理活動，多探聽別人不可告人的事件，從小處著眼，製造衝突，排擠對手。

在降服對手的過程，語言還有一個特殊功能，就是製造衝突。製造衝突需要很高的智慧。必須時時刻刻盯著別人的細節，隨時準備打一個楔子在裡面。厚黑行世者，既要從總體的宏觀角度看待解決問題，又要從局部的微觀角度看待解決問題。這樣，才能四兩撥千斤。也就是從小處著眼，放低姿態，從細枝末節的一個舉動把對手排擠掉，輕而易舉地達到自己的目的。

**【宗吾真言】 運用「見縫插針，激化衝突」時，可以設法破壞異己與那些同異己比較親密的人之間的關係，使他們的關係由親密轉向生疏，由信任變為猜疑，擴大兩者之間的衝突，增加兩者之間的不信任。**

在宗吾看來，如果能做到這一點，在打擊異己時，就不會有人給異己大力支援，因為那些原本可能會給異己大力支援的人已經不再信任他們。或者，那些原本和自己的對手關係緊密的人還可能

對他們產生怨恨之情。於是，利用這種怨恨之情讓他們自相殘殺，從而得漁翁之利。

例如，西元前五二七年，楚國的楚平王要為自己的兒子娶一門媳婦，選中的姑娘在秦國，於是就派出一名叫費無忌的大夫前去迎娶。費無忌看到姑娘長得極其漂亮，就想，如此漂亮的姑娘應該獻給正當盛年的楚平王。儘管太子娶親的事已經人盡皆知，儘管迎娶的車隊已經逼近國都，儘管楚宮裡的儀式已經準備妥當，費無忌還是騎了一匹快馬搶先直奔王宮，對楚平王描述了秦姑娘的美麗，說反正太子此刻與這位姑娘尚未見面，大王何不先娶了她，以後再為太子找一門好的呢。楚平王好色，被費無忌說動了心，於是，在費無忌一手操辦下，這位原想來做太子夫人的姑娘，轉眼成了公公楚平王的妃子。

費無忌從此深得楚平王的寵幸。但內心裡卻一直惴惴不安，因為他清楚這件事對太子建來說無疑是重大的屈辱，太子建無力跟父王討得公平，將來即位後肯定會車裂他費無忌以洩心中怒氣。於是，費無忌決定設計謀害太子。

首先，費無忌要想辦法讓太子遠離王宮。於是他就對楚平王說：「晉國之所以能夠稱霸，是因為他們靠近中原；我們楚國處於偏僻的南方，很難和晉國抗衡。我發現城父（今河南寶豐東）是通往中原的大門，如果在此地擴建城牆，擴充軍備，再派強幹的太子建前去駐守，這樣太子和君王一南一北控制國土，就便於向中原擴展，進而稱霸天下了。」楚平王就命太子建駐守城父，派伍奢跟著他。

費無忌又日夜在楚王面前毀謗太子建，說：「自從我把秦國女子送進您的後宮，太子就非常怨恨我，對您也有埋怨，您可要多少有些戒備啊！」費無忌不時地這樣吹風，搞得楚平王也六神無主起來。費無忌抓緊時機，誣告太子建在城父獨攬兵權，漸生叛逆之心，準備勾結齊晉兩國將方城山以外的地方控制起來，自立為王，背叛楚國。

楚平王本來對太子建就有了戒備，就聽信了費無忌的讒言，召回伍奢查究這件事。伍奢知道是費無忌讒害太子，就對楚平王說：「大王怎麼能聽信小臣的話呢？先前大王聽信讒言收納了太子建的未婚妻，這已經夠嚴重的了，現在怎麼能再聽信讒言以致葬送了父子之情呢？」伍奢的這一席話可謂字字中的，切中要害，說得楚平王也有些狐疑。費無忌趕忙勸諫，說：「伍奢乃太子叛亂的死黨，大王怎能聽他胡言亂語？現在大王不剷除太子，等到他叛亂之時就後悔都來不及了！」費無忌的勸諫終於使楚平王下了決心，把伍奢拘禁起來，又派人去暗殺太子建。由於朝中正直之士的事先通知，太子建帶著兒子公子勝連夜逃往宋國。

在宗吾看來，楚平王與太子建之間的衝突完全是費無忌運用「見縫插針，激化衝突」的手法生生造出來的，而其中最大的受益者當然就是他自己。

**【宗吾真言】** 如果對手之間互相勾結，就會形成較強大的勢力。只要對手鐵板一塊，自己就無機可乘。如果採取製造衝突，分而治之等手段誘使其自相箝制，不但削弱其實力，還可以為自己創造可乘之機。

在宗吾看來，有衝突就有機會，但必須有見縫插針的功夫。例如，南宋的權臣秦檜的發跡就是靠利用「衝突」二字。首先是利用了宋金之間的衝突，其次是製造利用了老皇帝與新皇帝之間的衝突，第三是製造利用了君臣、臣臣之間的衝突。

西元一一三〇年，金主撻懶帶兵攻打南宋的北方重鎮正陽，帶著被俘的秦檜一同前往，其意是放秦檜南歸。但對於他的歸來，大多數人持懷疑態度。秦檜的密友、宰相范宗尹和李回都極力為他辯護，再加上在前朝給人留下的較好印象，高宗趙構還是很信任他。

秦檜回到南宋之時，宋高宗早已惶惶然如喪家之犬。見到了秦檜，彷彿見到了救命稻草一般，況且秦檜又自吹跟隨撻懶數年，深諳撻懶秉性，信函一到，必能議和成功。在召見秦檜後不久，高宗竟與人說道：「檜忠樸過人，與其一談，朕高興得夜不能寐。」

秦檜在做了禮部尚書、參知政事以後，更加體會高宗的心意，弄得高宗心中十分熨貼，在一一三一年又被提升為右相。這時，秦檜提出的「南人歸南，北人歸北」的賣國策略。在強大的輿論壓力之下，高宗不得不於一一三二年的六月，以專主和議、植黨專權的罪名罷免了秦檜的宰相職務。後來，金人的使節來到南宋，提出的議和方法竟與秦檜的主張如出一轍，由此可以看出秦檜是早與金人串通好了的。

秦檜被罷相之後，採取的方式是靜觀以待其變。果然，在一一三五年，金主粘罕死，其弟撻懶得勢，過了幾年，撻懶又恃兵威脅南宋，早已被嚇破了膽的宋高宗，又起用了秦檜為相，讓他主持議和。

金國統治集團內部的爭鬥也十分激烈，粘罕死於政敵之手，撻懶又死於政敵金兀朮之手。金兀朮以「與宋交通、倡議割地」為理由，處死了撻懶，當然，金國也就不再以議和為方針，而是要長驅直入，滅亡南宋。

正在此時，抗金名將岳飛出現在河南一帶，在一一四〇年的五、六月間，岳家軍和金軍進行了幾次大戰，結果使金軍的十萬人馬死傷過半，收復了蔡州、鄭州、洛陽等地。金兀朮聞岳家軍到來，就恐懼後逃，很多金將已準備降宋，在這種形勢下，岳飛準備乘勝追擊，他豪邁地與諸將說：「直抵黃龍府，與諸公痛飲耳！」

前線的勝利卻嚇壞了秦檜和高宗。秦檜怕金兀朮向他問罪，高宗也深恐將領勢大，難以控制，特別是不願岳飛真地迎回「二聖」，所以也不願岳飛繼續北上。正當岳飛雄心勃勃地準備大舉進攻之際，秦檜卻以高宗的名義命令劉錡、岳飛「擇利班師，不可輕進」。岳飛無奈，只得仰天長嘆，痛惜「十年之功，毀於一旦」。

一一四一年四月，秦檜以明升官職，暗奪兵權的辦法把韓世忠、岳飛、張俊召入朝廷，「論功行賞」，任命韓世忠、張俊為樞密使，岳飛為樞密副使，削去了他們的兵權。並在金兀朮的威脅下，開始精心組織安排，殺掉岳飛等人。在迫害岳飛的過程中，秦檜已代表南宋與金兀朮簽訂了「和約」。高宗不僅滿口答應，甚至還心存感激，連忙發誓同意。由此，對秦檜更加器重。

在宗吾看來，秦檜是一個十惡不赦的奸徒，他之所以能在南宋時期興風作浪，實在跟他善於見縫插針，造謠離間，搬弄是非，藉此製造國與國、君與臣以及群臣之間的衝突，打擊異己，拉攏自己的勢力有直接關係。秦檜的這種做法看來很簡單，但要掌握到火候上則十分不易，可是一旦使用純熟，往往能生出奇效。

**【宗吾真言】堡壘是最容易從內部攻破的。利用敵方內部的衝突，並千方百計地擴大這種衝突，誘使對方內部發生內訌，自相殘殺，往往能收到不戰而勝的奇效。**

俗話說「千軍易得，一將難求」。國強必有賢臣，兵強必有良將。對付強國強兵，在刀光劍影的戰場上硬打硬拚，難免會有許多失敗。此時，倘若不能迅速改弦更張，換一個思路，重新謀劃，那就會一敗塗地了。

想出新的辦法並不難，你不是有賢臣良將嗎，我叫你心存疑懼，見賢而妒，雖有良將而不用，或者乾脆讓這些賢臣良將統統地頭顱落地，果能如此，豈不萬事大吉？這可以叫「釜底抽薪」。

一五九二年，朝鮮突遭一場空前的災難。當時日本的豐臣秀吉組成九路遠征大軍，總兵力二十餘萬，戰艦七百多艘，橫渡對馬海峽，在朝鮮釜山、慶州一線登陸，然後兵分三路，揮師北進。

朝鮮的李氏王朝昏庸腐敗，武備失修。因此，日軍登陸後，勢如破竹，僅用二十天就攻陷了首府漢城（首爾），接著又連克開城、平壤。朝鮮國王嚇破了膽，一逃再逃，直到鴨綠江邊。而在海戰當中，則完全是另一番景象，日本海軍連戰皆敗，險些全軍覆沒。日本人遇到了一位強有力的對手，這個人就是朝鮮水師司令，名將李舜臣。由於物資和兵源難以補充，陸上日軍被迫停止進攻。

於是，朝鮮陸軍就得到了喘息的機會，他們在民眾武裝的配合下由被動轉入了主動。

豐臣秀吉感到，要想挽回敗局，就必須消滅朝鮮水師，而要消滅朝鮮水師，則必須首先除掉李舜臣。為此，他利用兩軍相持的時間，進行了周密的策劃。

一五九七年年初，朝鮮宮廷裡忽然傳出了許多讓人震驚的消息，其中大多數是關於李舜臣的。有些人作證說，曾經親眼目睹一位日軍將領在李舜臣的防區住了七天。李舜臣明明知道卻不聞不問，沒有予以逮捕。這件事，當然是豐臣秀吉一手安排的，由於做得乾淨，不但蒙過了李舜臣的眼睛，而且還使他的某些部下「目睹」了事情經過。消息從宮廷裡傳出來，更增加了它的可信度。於是沒過幾天，就一傳十、十傳百，幾乎是家喻戶曉了。其實，豐臣秀吉早在朝鮮宮廷中安插了一名日本間諜。

另一則關於李舜臣的謠言並沒什麼證據，說他自恃功高，陰謀篡奪王位。但對朝鮮國王來說，這件事情更可怕，「寧信其有，不信其無。」海軍內部的一些屢戰屢敗之將也趁機大放暗箭，以此來宣洩早已積藏於心的妒忌。因此，朝鮮國王非常虛心地聽取了「群眾意見」，下令逮捕李舜臣，並判其死刑。對豐臣秀吉來說，美中不足的是，由於一些愛國將領出面死保，國王又對李舜臣做了「寬大」處理。免他一死，貶為士兵。

在宗吾看來，豐臣秀吉的反間計可以說大獲全勝。李舜臣被罷職之後，豐臣秀吉立即採取行動，派出陸軍十四萬、海軍萬餘以及戰艦數百艘，再次大舉進犯朝鮮，以圖改變僵局。此時，朝鮮水師的指揮官已換成了膽小如鼠、曾經臨陣脫逃的元鈞。同年八月，日本海軍艦隊突襲朝鮮水師，使其大敗。九月，又突襲閒山島，差點使朝鮮水師全軍覆沒，只有十二艘船僥倖脫逃。從此海上戰局被完全扭轉過來，陸上進攻也得到強有力的保障，日軍奪取了主動權。可見，運用「見縫插針，激化衝突」的策略，對於實施「反間計」來說是至關重要的！

## 厚黑口才 四十九 小遵大違，小信大詭

■ 對於可能的敵人，或暫時強大的敵人，要在表面上使對方相信自己，然後暗地裡圖謀他。

對於潛在的對手，可以在小事上忠心耿耿，一旦手握大權就原形畢露，立小忠而售大不忠；小事上沽名釣譽，講求信用，但大事臨頭卻大展權謀，效小信以成大不信。比如，對於可能成為自己對手的上司，可以在日常生活方面把他們照顧得好好的，在大事上卻施展陰謀，最終將其推翻。

**【宗吾真言】 在生活上對上司體貼入微，這樣上司就會相信你的忠誠。如此一來，在大事上對上司進行蒙蔽就容易了。這時，再想辦法實施於己有利、與上司不利的事。**

宗吾看來，一定要在小事情上表現出對主子忠心耿耿，這樣才能大權在握。利用上司授予的權力，來完成自己的目的，這是完全符合「語箭傷人不見血」的原則。

明英宗正統十四年（西元一四四九年），一個仲夏的夜晚，皇宮大內仙樂縹緲、花影綽約，一片歌舞昇平的景象。年輕的英宗皇帝正手把金爵、雙眼迷離地觀賞著宮女們宛妙的舞姿，良辰美

景、花好月圓，英宗深深地沉醉著。回想起即位之時，年僅九歲，正是天真爛漫的童年，正該滿宮裡跑著玩，卻被眾人擺佈著，當作偶像供奉起來，還教他說些莫名其妙的話，盡讓他做不喜歡的事，那時覺得當皇上真是一種痛苦。

近幾年來，隨著年齡的增長，英宗逐漸體會出當皇上的樂趣了，整天前呼後擁，美人環繞；為所欲為，及時行樂；國事有王振代管，奏摺有王振代批，自己一點心都不必操，樂得做一個神仙天子。想到此，英宗將目光投向身邊的王振，這位教自己識字，伴自己長大，替自己分憂解難，對自己忠心耿耿的老太監，是最值得自己信賴的人。英宗突然感到一種從未有過的滿足與愜意。

正在這時，傳來一陣喧嘩聲，英宗向王振遞了個眼色，王振剛要出去看看是怎麼回事，一個聲音高喊道：「有急務須面奏聖上！」英宗頓覺掃興，命王振出去處理。可是，那個人卻擅自闖入，跪倒在英宗面前事奏說：「邊地告急。蒙古人犯我邊境，我軍抗敵不利，北部軍事重鎮大同受到嚴重威脅，請求朝廷速派兵救援。」英宗一聽，怒氣全消，驚得目瞪口呆。這真如晴天霹靂，脆弱的英宗簡直受不住這個打擊，他又把目光投向王振，求援似的看著他。

其實，王振心裡比誰都清楚蒙古人為什麼入侵。在明成祖永樂年間逐漸強盛起來的蒙古人，當時又稱作瓦剌人，與北方各族聯合，不斷在邊境挑起事端。王振聽說蒙古草原出駿馬，便指使他的心腹，鎮守大同的太監郭敬，每年製造大量的箭矢，供給蒙古人侵略、擴張之用，並索取蒙古良馬作為回報。王振出於私情，在與蒙古人的國事交往中，他對蒙古貢使給予最惠待遇，加禮優待。明朝外交制度規定：蒙古每年到京來的貢使人數不得超過五十人。正統十四年，蒙古竟派了兩千人組成的使團赴京，還嫌不足，在上報人數時又多報了一千人，想冒領三千人的賞物。這次，王振因為蒙古人送給他的禮物不滿意，堅決不允許蒙古人佔便宜，他指示部下並命令壓低蒙古貢馬的價格，僅付給應付錢款的五分之一。蒙古貢使又惱又羞，回去向太師也先訴委屈。也先聽了，勃然大怒，招募了兩萬騎兵，親自掛帥，舉兵南犯。

王振為了掩飾自己的罪責，恨不能趕快平息這場戰亂，但他對軍事卻一竅不通，異想天開地慫恿英宗御駕親征，以天威震懾也先，迫敵退兵。英宗也認為自己是真龍天子，一定能馬到成功，便急於一顯身手，他也不與朝臣商量，輕率地做出了決定，下旨詔示群臣。兵部尚書鄺野、侍郎于謙及吏部尚書王直苦勸英宗千萬不要親自率兵出征，陳述道：「天氣炎熱，旱氣未回，青草供應不足，水泉猶塞，人畜所需，確有困難。況車駕遠行，四方急奏，不能既達。其他不測之禍，難保必無。」請求英宗選派幹將援救大同。可是，英宗誰的話都聽不進去，只受王振一人蠱惑，當即下令：如有再進諫者，殺無赦！最後，土木堡之戰，明朝五十萬精兵煙消雲散，從征的一百多名文武朝臣幾乎全部戰死沙場，英宗皇帝也被蒙古人生擒活捉。

在宗吾看來，明英宗死活不會相信這種局面是王振造成的。因為，一個從小就對自己如此照顧的人，是不會做對不起自己的事。這就是「小遵大違，小信大詭」的效果！

**【宗吾真言】** 運用「小遵大違，小信大詭」之法，要善於揣摩上司的意圖，不管上司的決策如何錯誤，只要於我有利，便積極支持，馬上落實，看似對上司忠心耿耿，實質上最後把上司推向滅亡。

在宗吾看來，在歷史上這種「忠心耿耿」地欺騙上司的例子，實在是太多了。

比如，宋朝的汪伯顏，進士出身。因向朝廷獻河北邊防十策，以龍圖閣的身分知相州。某一年的十一月，金國因垂涎河北三鎮的土地，向宋廷提出以康王趙構為人質進行議和。十九歲的康王趙構奉旨離京北行，一行人來到磁州，見到磁州守臣宗澤。宗澤以為金人一向言而無信，詭計多端，竭力勸止康王繼續北行，請他暫留磁州。

當時金人充斥四野，每日都有數百名甲兵來到城下，康王所在也常能看見金人的蹤跡，趙構因此對出使金國心存畏懼。這時汪伯彥也送來帛書，請康王回到相州，並親率部眾一路風塵僕僕遠道相迎。趙構十分感動，當場許諾：「他日小王得見聖上，一定會首先薦公為京兆。」這一句話便奠定了汪伯顏日後受恩得寵、青雲直上的錦繡前程。

再說京城汴梁，金兵的侵襲騷擾變本加厲，日甚一日。欽宗無奈，命使臣來到相州面見康王趙構，封其為河北兵馬大元帥，陳亨伯為元帥。趙構趕緊踐其諾言，讓汪伯彥與宗澤同為副元帥，然後與眾人商議大軍去處。眾人意見紛紜，各執一端。有人以為應向北挺進，向金兵決戰，有人以為應退至江南，以求保全。趙構當然很害怕打仗，不願向北挺進。汪伯顏窺破了趙構的心思，就說：「非出北門濟子城不可。」此計正中趙構下懷，他高興地說：「廷俊之言有理。」於是引兵渡河，由鄆州、濟州到南京。康王又上奏欽宗請封汪伯彥為集英殿修撰。

這時欽宗又下詔書與趙構，說金人正準備與宋朝議和通好，康王將兵在外不要輕舉妄動。汪伯彥對趙構表示應嚴格恪守皇帝諭旨。宗澤卻一針見血地指出：「金人狂譎不可信，表面求議和通好，實則想施緩兵之計。如果我們相信金人之言，那麼日後悔之晚矣。我以為應及時進兵。」

汪伯彥覺得宗澤總與自己的意見相左，對自己今後的晉升是很大威脅，應該把他趕離康王左右，才能使他不再干預朝政。於是對康王說：「宗澤英勇善戰，可命他領一支人馬到開德、衛南一帶作戰，保衛康王安危。」這樣宗澤便離開了元帥府。康王將黃潛善召到身邊，任為副元帥，大軍安然不動，靜觀其變。誰知不久傳來消息，金兵攻破京城，徽、欽二帝被俘，張邦昌僭位代主。趙構聞聽一時哭得涕泣滂沱。

建炎元年（西元一一二七年），趙構在南京登基稱帝，即宋高宗。主子當了皇帝，汪伯彥又搖身一變為知樞密院事，不久再拜右僕射。

高宗初登帝位，一度雄心勃勃、躍躍欲試。汪伯彥與黃潛善之流卻十分恐懼，一旦主戰派佔了上風，朝廷中將很難有自己的立足之地。到那時，無權無位，何得專權自恣、為所欲為。他抓住高宗也有些害怕請還二帝後，自己當不了皇帝的心理，極力慫恿議和。他和黃潛善狼狽為奸，開始對主戰派的中堅人物進行迫害和排擠。

在宗吾看來，正是由於汪伯彥善用「小遵大違，小信大詭」之法，一直到死，都深得高宗寵信。而高宗始終不能醒悟，正是這樣一位「忠心耿耿」的故人像一隻螞蟻一樣一點點毀潰著大宋的千里之堤，從而加速了它終將塌倒的日程。

## 厚黑口才　五十　閉目塞聽，阻斷溝通

■利用自身具備的一些條件，讓上司成為「聾子」和「瞎子」，使上司不得不依賴自己。

如果是上司身邊的人，可以運用「閉目塞聽，阻斷溝通」之法，把上司與其他人隔絕開來，把上司的權力據為己有，並可以藉上司的名義發號施令，又可以讓上司當自己的保護傘。這樣一來，既可以打擊同事與同僚中的對手，又可巴結或傾陷上司；堵塞上情下達、下情上達的溝通管道，蒙蔽上司，壓制下屬。這是官場一種較極端的手法。

**【宗吾真言】　一人之下，萬人之上的「權臣」，所畏懼的只有頂頭上司。但如果上司不知道他做了什麼事，就誰也不用怕。所以，只要讓上司閉目塞聽、杜絕言路，外事不知，就可以隻手遮天了。**

宗吾認為，運用「閉目塞聽，阻斷溝通」這手法，關鍵就必須切斷其他通往上司的資訊管道。比如，唐朝的李林甫為了達到此目的，採取了幾條杜絕言路的措施。首先是以殺立威。開元二

十五年（西元七三七年），李林甫召集朝廷所有諫官，恐嚇說：「明主在上，群臣順眼還來不及，又有什麼好議論的？你們不都見過立仗馬嗎？牠終天不叫喚，還能得到豆子填飽肚皮，一叫喚，主人就要趕牠走了，即使後來想不叫了，恐也得不到豆子吃了。」李林甫明目張膽封緘群臣之口，企圖造成萬馬齊喑的局面。對李林甫所為，補闕杜璡才不買他的帳，堅持上書言事。第二天，林甫就將其黜為下令，群諫臣震慄，此後，諫爭之路絕。

李林甫又收附爪牙，廣布耳目，培訓一批諫官的「諫官」為自己服務，嚴密監視朝內外各級大小官吏，防止有人仗義執言，揭發他的奸惡行為。天寶八年（西元七四九年），咸寧太守趙奉璋告林甫罪二十餘條。狀來送達，林甫已知，立即命御史將其逮捕，以為妖言，當場杖殺於堂上，從此，「朝廷之士，皆容身自保，無復直言。」

其次是攬權。所有文武官員都由他任命，自然不聽他話的人都被這一關篩選掉了。他消除異己，「公卿之進，有不出其門者，必以罪去之」，以「蔽塞人主視聽」。開元二十七年（西元七三九年），李林甫安排牛仙客為兵部侍郎兼侍中，自己為吏部尚書兼中書令，兩人一文一武，總文武選事，由此，將文武官員的增補銓選大權都攬在手裡了。

再者是唯恐奸情戳穿，改變取士之路。唐代從貞觀起，即有皇帝面試取士，漸而形成制度。天寶六年，玄宗遵循祖制，下詔廣求天下之士，命通曉一藝以上者皆詣京師，應試對策聽選。可是李林甫害怕「草野之士對策斥言其奸惡」，就欺騙玄宗，藉口「舉人多卑賤愚聵，恐有俚語污濁視聽」，玄宗聽信，便放棄了親自過問選事最後一部分「對策」取士的權利。

李林甫乃按常規科試，「令郡縣長官精加試練，灼然超絕者要尚書複試，御史中丞監之。」經李林甫精心安排，貌似嚴格公正，結果「無一人及第」。李林甫反而向玄宗上表賀「野無遺賢」！巧妙地阻斷了對策之路。

李林甫一方面在進諫之路上作文章，另一方面以「養君欲」打皇上的主意。他極力幫助皇上「超脫」，從生活上盡量迎合他的胃口。宮中美女武惠妃死，玄宗皇帝霸佔了兒媳壽王妃楊玉環。李林甫身為宰相，卻緘口無語。楊玉環，天生麗質，傾國傾城，回眸一笑百媚生，從此玄宗不早朝，史書載，自是「玄宗深居燕適，沉蠱衽席，主德衰矣。」他晚年「慕長生」不老，尊道教，李林甫投其所好，「請舍宅為觀，以視聖壽」，取悅主上。

宮中用度不足，李林甫為了保證供給皇上的消費，乃「謀增追道粟賦及和糴以實關中，數年蓄積稍豐」。這種輕易改變經濟法令，增加農民負擔的措施，玄宗反而高興地說：「朕不出長安近十年，天下無事。朕欲高居無為，悉以政事委林甫，何如？」由此，李林甫在玄宗面前「恩寵莫比」，「帝食有所甘美，必賜之。嘗詔百僚閱歲於尚書省，既而舉貢物悉賜林甫」，並派車送到林甫家中，至此，李林甫田宅無數，車馬衣服靡，妻妾成群，侍姬盈芳，富貴時人莫比。

在宗吾看來，唐玄宗本來是一個非常有作為的皇帝，只要「耳聰目明」的話，是有一定辨別能力的。可是，一旦被「閉目塞聽」，再聰明也沒有用了！

**【宗吾真言】** 如果能把「小遵大違，小信大詭」與「閉目塞聽，阻斷溝通」結合起來，「語

**箭傷人不見血」的威力便更大了。**

在宗吾看來，如果能在「閉目塞聽，阻斷溝通」的過程中，打著分擔上司之憂的旗號，就可以輕鬆地行上司之權了。

例如，劉瑾自幼品行惡劣，黠猾無賴，為圖富貴，竟自閹其身，混入宮中。後被分去服侍太子朱厚照（即武宗），因能曲承其意，博得了太子的寵愛。太子即位後，更受重用。

武宗本好遊樂，劉瑾當然體會武宗的心意，倍力殷勤，導其淫樂，不是進獻歌伎舞女、鬥雞走狗，就是引他出城遊獵。弄得武宗的心裡十分舒服。於是，劉瑾被提升為禁衛軍總督，掌握了宮廷衛隊的指揮權。

劉瑾強徵民地、夫役為武宗建造宮殿，又多方巧取豪奪，搜羅財物供武宗享樂，並欺壓凌辱大臣，弄得朝野上下一片譁然，孝宗時期好轉的一點政治局面又開始急速滑落。朝中的正直之士開始上書彈奏劉瑾等人，要求武宗親賢臣而遠小人，朝中的大臣有一大半簽名連署。武宗見劉瑾等犯了眾怒，退朝之後，竟愁得嗚嗚地哭起來，再加上王岳等太監對劉瑾也不滿，督促武宗處置劉瑾，武宗只好決定把劉瑾貶往天津。但群臣對這一決定強烈抗議，認為處置太輕，一致要求處死劉瑾等人，武宗無奈，便打算第二天處斬劉瑾等人。

決定尚未做出，劉瑾早已得了消息，他連忙率領一群宦官跑到武宗面前，把頭磕得咚咚直響，一邊哭求，一邊傾訴：「除去了我們這些人，不知道皇上還能信任誰。」武宗一想，除了劉瑾等人以外，確實並無心腹之人。想到這裡，武宗來了個急轉彎，大筆一揮，下旨讓劉瑾掌管司禮監，馬永成掌管東廠，谷大用掌管西廠。

劉健、李東陽等大臣本以為皇上下了決心，誓死除掉劉瑾等人，第二天早朝武宗會下旨殺了劉瑾等人，誰知一夜之間，形勢全變。第二天早朝一開，聖旨一出，朝臣個個目瞪口呆。劉健、李東陽見事已不可挽回，當即表示辭職。

劉健等人辭去，正合劉瑾的心意，他藉機安排自己的死黨、吏部尚書焦芳進宮辦事。由此，劉瑾就控制了行政和特務大權。此後，他還大肆提拔官吏，培養自己的勢力，在之後的很長時間，朝廷的絕大多數重要官吏都出於劉瑾之門，對於軍隊和特務機關，他更是重點掌握，他一次就曾提拔官校一千五百六十多人，錦衣衛的軍官，也多是他的私黨。

劉瑾旦夕與武宗相處，十分瞭解武宗的性格，就摸索出一套陷害忠良的辦法來。武宗極愛遊樂，最討厭別人打斷了他的活動，敗壞了他的遊興，而劉瑾偏偏在這時候去奏事，武宗一般都是不耐煩地說：「我以為什麼事呢，別拿這些小事來煩我，你自己看著辦吧！」劉瑾巴不得有這句話，然後就出去肆逞淫威。

兵部尚書林翰等人不滿劉瑾的專權，曾支持上書彈劾劉瑾等人，劉瑾知道後，懷恨在心，就寫好了一紙奏章，羅列了這些人的言論，劉瑾專在武宗擊球興致正濃的時候把奏章遞上去。武宗看了一眼，不耐煩地說：「我不耐看這等胡言亂語，交你去辦吧。」劉瑾自然求之不得，立即出宮，傳下旨去，把這些反對他的人統統拿來，狠狠地打了一頓棍子，有的還被貶了官。

據記載，南京御史蔣欽，因南京給事中戴銑彈劾劉瑾受累入獄，受杖後被削職為民，出獄沒有幾天，戴銑再度上奏章彈劾，蔣欽又被捉入獄中，再杖三十，新舊創傷交織，蔣欽昏而復醒，獄吏問他：「你還敢胡說嗎？」蔣欽說：「一日不言，一日要盡責言。」錦衣衛又將他毒打一頓，昏迷三日後復醒。

醒後愈想愈怒，又向獄吏乞了紙筆，再劾奏劉瑾。才寫了數筆，忽然從壁間傳出了一陣悽楚的聲音，如鬼嘯一般，蔣欽不由得停下筆來，鬼嘯聲也就聽不見了。蔣欽再寫，鬼嘯聲又起，而且案上殘燈，似有似無，將燃將滅，十分嚇人。蔣欽想了一想，便對壁祝禱說：「此疏一上，必有殺身之禍，想是先人神靈示警，如果不欲我寫奏章，請以厲聲相示。」祝畢，果然鬼聲大作。蔣欽聽了以後，不覺心灰意冷，就想把奏稿付之一炬，但轉念一想，意志遂決，大聲道：「既然已經委身事君，不可愛惜一身，遺羞先人。除死無大難，此奏定要呈上。」這麼一說，鬼嘯之聲也就停了。蔣欽就託獄吏遞上奏章，結果又被打了三十杖，就此斃命。

在宗吾看來，武宗被蒙蔽極深，直到劉瑾謀反東窗事發，武宗還是不大相信，起初也沒打算把他殺頭，只是送他到鳳陽居住。但抄家時得金二十四萬錠，又五萬七千八百兩，元寶五百萬錠，一百五十八萬三千六百兩，寶石二斗，奇異珠寶，不計其數。這還罷了，更有偽造玉璽一枚，八爪龍袍四件，蟒衣四百七十件，衣甲千餘，弓弩五百。劉瑾經常持在手裡的扇子扇柄上竟藏有兩把匕首。武宗見了這些，驚出了一身冷汗，才知劉瑾果然謀反。可見，作為上司，被「閉目塞聽，阻斷溝通」是何等可怕！

## 厚黑口才 五十一 製造口實，張網設局

■「讒之必毀，誣之必陷。」「讒誣」是「語箭傷人不見血」這一說話技巧中最有殺傷力的一招。

既然為「敵我矛盾」，就不僅僅要扳倒的問題，還要一不做、二不休，徹底了結對手，置之於死地，斬草除根。「製造口實，張網設局」就是打擊對手時經常使用的一種較狠的方法，一旦成功，往往能最大限度地達到目的，而他的異己一旦落入圈套，往往是毀滅性的災難。所以在運用這一招時，所製造的「口實」和所設置的「陷阱」不厭其大，不厭其重，也不厭其惡，總是要在最大程度上、最大範圍內來激怒上司，從而借刀殺人。

**【宗吾真言】「製造口實，張網設局」要事先經過周密的安排、計畫，給對方挖好陷阱，設好圈套。之後，再想辦法將對手引入陷阱之內、圈套之中，這樣一來，異己就像兇猛的老虎失去鋒利的牙齒一樣，只能任人宰割。**

在宗吾看來，一旦對手落入設置好的陷阱，鑽進圈套，就會被牢牢地套住，就算他們有天大的

本領也無濟於事了。

例如，李林甫任宰相期間，頗得唐玄宗的寵信，他在朝廷內外飛揚跋扈，肆意妄為，對於朝中文臣武將，他不僅對那些違迕自己的人進行兇狠的報復，對那些與自己相安無事卻因品德高尚、才能超群而受到皇帝器重的人也不放過，必欲打擊毀滅之而後快。

盧絢修養較高，風度清雅，儀態大方，處世縝密，很受同僚的尊重。他深知李林甫為人，平日裡只是敬而遠之，既不親近也不得罪，從不指望進入李林甫的圈子，只求能夠相安無事。

這年三月，唐玄宗見春色正好，興致大增，攜皇后妃子登上勤政樓，觀看樂舞。正看得入神，猛然發現有一位官員提鞭按轡從樓下穿過，真正是生得儀表堂堂，一舉一動都透著儒雅和瀟灑。唐玄宗自己生得相貌英俊，因此也特別喜歡儀表雅美的臣僚，他禁不住脫口讚道：「真乃偉丈夫也！」

當時，唐玄宗雖被此人的風度才俊所動，但也不過是偶感一時而已，很快就忘記了。哪知，說者無心，聽者有意，這一幕竟被玄宗身邊的一個小太監注意到了。這小太監曾受過李林甫的賄賂，被李專門安插在皇帝身邊作耳目，留心著皇帝的一舉一動，隨時向李報告。於是，這件事很快被李林甫知道了。

經過詢問，李林甫知道這位深得皇帝讚美的過路官員正是兵部侍郎盧絢，他的眉頭緊皺起來：盧絢此次被聖上看中，今後是否會擢升高位乃至威脅到我呢？想著想著，盧絢那張俊朗儒雅的面孔就在他腦海浮現出來，一種強烈的嫉妒心理使李林甫怒火中燒，咬牙切齒。很快，李林甫就想出了將盧絢逐出京城的辦法。

李林甫命人找來盧絢的兒子，告訴他聖上準備讓他父親遷往交州、廣州一帶為官。盧絢之子一聽父親要被貶至這麼邊遠的地方，心裡很是吃驚，不禁面露難色。李林甫見狀，就又假意說，念在盧絢平日勤勉的份上，他可以代為周旋，但至多也只能做個無職權的東宮屬官。盧絢之子想這總比被遷往邊疆做官要好，於是回去跟父親說了。

盧絢害怕被任命到交州、廣州一帶邊遠地區任職，只好聽從李林甫的「指點」，上書奏言自己年老，不堪重用。結果被罷免兵部侍郎之職，出任華州刺史。盧絢到任不久，李林甫又誣其藉口有疾而不理政事。玄宗對他的好印象一下子抹煞了，改授為太子員外詹事。盧絢就是這樣讓李林甫給玩了。

原中書侍郎嚴挺之，早年被李林甫排擠出京城。後來，唐玄宗想起他，問李林甫：「嚴挺之現在在哪兒？此人可用。」李林甫當晚把嚴挺之的弟嚴損之召到府中「敘舊」，虛偽地以老朋友自居，說：「當授子員外郎。」李林甫又進一步套近乎說：「皇上對你哥哥很關心，須做一計，入城面見，當有大用。」並教嚴損之為其寫一狀紙，以身體不好為名，請入京就醫。

在宗吾看來，嚴損之是無法看穿李林甫之心的，他只能心懷感激地照著他說的辦。李林甫拿著嚴損之寫的狀紙，面奏玄宗說：「嚴挺之年事已高，近患風疾，急需辭官就醫。」玄宗聽後，嘆息良久，只好令嚴挺之到東京養病去了。一起被安排去東京「養疾」的還有李林甫憎恨的汴州刺史齊瀚。總之，李林甫就是運用「製造口實，張網設局」的手法，把自己的對手一一扳倒。

**【宗吾真言】「製造口實，張網設局」從某種意義上說，是一種「借刀殺人」的計謀。透過「讒誣」借助上司的力量扳倒對手。一般來說，本人是不會直接出面與對手進行面對面的正面交鋒，而且往往還做出推心置腹、親密無間的姿態，使對手放鬆警惕。**

在宗吾看來，「製造口實，張網設局」之計，往往用於「殺熟」，所以也更能使其行之有效，也體現出其致命性。

唐朝李林甫與楊國忠之間，在權力欲驅動下，經過了勾結、交惡和爭奪幾個階段。楊國忠剛入朝時，羽翼未豐，不得不在李林甫幕下充當打手，製造了「韋堅獄案」和「楊慎矜獄案」。但不久，楊國忠隨著地位的上升、他的權力欲不斷膨脹，不甘心再寄人籬下，要做人上人，開始覬覦李林甫手中的相權了。楊國忠初時黨附李林甫，只是想把他作為一塊向上爬的墊腳石。現在自己羽毛漸豐，李林甫的存在不僅是不必要的，而且已成為自己向上爬、進一步擴大權力的障礙。

楊國忠對李林甫主動攻擊，李林甫窮於招架。一些見風轉舵的「能手」紛紛觀測風向，尋找避風港。黨附李林甫多年的原京兆府法曹吉溫，這時已改投楊國忠門下，並積極獻策，奏請國忠兼兵部侍郎一職。

楊國忠打擊李林甫所採取的手法是，翦其羽翼，斷其膀臂。天寶八年（西元七四九年）六月，在楊國忠、吉溫的策劃彈劾下，李林甫的親信、京兆尹蕭靈坐贓左遷汝陰太守。第二年四月，李林甫的另一親信、御史大夫宋渾坐贓巨萬，又被貶流潮陽。同年十月，楊國忠替武則天的幸臣張易之鳴冤叫屈，玄宗言聽計從，恢復了張易之的爵位。由此看出，楊國忠說話的分量和他在玄宗心中的重要地位，也使得他的膽子愈來愈大。接著，他又開始把矛頭指向李林甫更多的心腹。

楊國忠利用審訊與李林甫的心腹有牽連的人時，不斷命他們供出李林甫與阿布思的關係。原來，李林甫兼領安西大都護、朔方節度使、單于副大都護時，其下屬，朔方節度副使阿布思（突厥人）在征討契丹時叛走漠北，李林甫被迫引咎辭去節度使職。楊國忠借題發揮，窮追不捨審訊逼供許多人，李林甫過去的醜事被揭穿。楊國忠不斷把情況上奏玄宗，由此玄宗開始厭惡和疏遠李林甫了。

李林甫目睹自己的親信一個接一個地被剷除，而且整到自己頭上來了，便有窮途末路的感覺。因為精神壓力太大，一下子病倒在床。楊國忠聞知，馬上到李林甫家探視，實際上是察看虛實。李林甫自知鬥不過楊國忠，且來日無多，不禁流下眼淚，說：「林甫將死，公必繼為宰相，以後多辛苦啦。」不久，李林甫死去。楊國忠代之為右相，兼吏部尚書。

在宗吾看來，楊國忠除去心頭大患的過程中，透過「翻舊帳」的方法，「製造口實，張網設局」，硬說李林甫與阿布思曾勾結謀反，最終才把李林甫嚇死。

# 厚黑口才 五十二 牽強附會，名敵為賊

■ 使對手遭致上司的嫉恨，或大眾的唾棄，而又百口莫辯，即使知道是誰下的手，也無話可說。

你要對方幫助你對付另一個強大的競爭者，這種事在厚黑行世中經常會發生。因為，有競爭就自然會有爭奪者。此時，就可以來一個「惡人先告狀」，一悶棍打倒對手，具體手法就是「牽強附會，名敵為賊」。楚漢相爭時，劉邦自感羽翼已豐，出漢中，過潼關，意欲與項羽爭奪天下。此時，他及時聽取了「洛陽三老」的「名敵為賊」之計，打著為「義帝發喪」的旗號，號令天下諸侯共伐項羽，用的就是這種辦法。這種手法可以在對手不自覺、無形之中陷入被動局面，而自己不留任何把柄。

**【宗吾真言】** 運用「語箭傷人不見血」之法打擊對手時，是不會直來直往的，如果是這樣，對手會有防備。使用「牽強附會，名敵為賊」之計就不同了，這樣可以使對手在迷迷糊糊中著了你的「道」。

在宗吾看來，製造一些於對手不利的輿論和流言來打擊對手，一種有效的辦法就是從對手無意的言行中，「牽強附會」地得出對上司或大眾不利的結論，激怒他們，使他們為你出頭、出力去對付你的對手。這樣，你的對手連解釋的機會都沒有，而你的目的也達到了。

東漢建安十三年十月，曹操率領八十萬大軍由江陵順水而下，擺出渡江攻打東吳孫權的態勢。東吳百官，有主戰的，有主和的，弄得孫權也舉棋不定，急召都督周瑜回朝問計。

就在這時，諸葛亮為了鞏固孫權和劉備共同抗曹的聯盟關係，專程出訪了東吳。來到東吳後，孔明看出說服周瑜決心抗曹既可以平定文武大臣的嘈雜議論，又可以堅定孫權聯盟抗曹的決心，是他這次出訪的重點。

此時的孫權、周瑜雖心存抗曹念頭，可是在諸葛亮面前故顯深沉，不露痕跡，同時也想試探諸葛孔明，故而談及抗曹之事，周瑜總是以言語搪塞，遊說出現僵持狀態。於是，諸葛亮開始運用「牽強附會，名敵為賊」的說話技巧了。

一天晚上，魯肅引諸葛亮會見周瑜。魯肅問周瑜：「如今曹操駐兵南侵，是戰是和，將軍意欲如何？」

周瑜說道：「操挾天子以令諸侯，難以抗命。而且，兵力強大，不可輕敵。戰則必敗，和則易安。我的意見和為上策。」

魯肅大驚道：「將軍之言錯矣！江東三世基業，豈可一朝白白送給他人？」

周瑜說道：「江東六郡，千百萬生命財產，如遭到戰禍之毀，大家都會責備我的。因此，我決心講和為好。」

諸葛亮說道：「我有一條妙計，只需差一名特使，駕一葉扁舟，送兩個人過江，曹操得到那兩個人，百萬大軍必然捲旗而撤。」

周瑜急問是哪兩個人。諸葛亮說道：「曹操本是一名好色之徒，打聽到江東喬公有兩位千金小姐，大喬和小喬，長得美麗動人，曹操曾發誓說：我有兩個志向，一是要掃平四海，創立帝業，流芳百世；二是要得到江東二喬，以娛晚年。目前雖然領兵百萬，進逼江南，其實就是為喬家的兩位千金小姐而來的。將軍何不找到喬公，花上千兩黃金買到那兩名女子，差人送給曹操？江東失去這兩個人，就像大樹飄落一兩片黃葉，如同大海減少一兩滴水珠，絲毫無損大局；而曹操得到兩人必然心滿意足，歡歡喜喜班師回朝。」

周瑜說道：「曹操想得二喬，有什麼證據可說明這一點？」

諸葛亮答道：「有詩為證。曹操的小兒子曹植，十分會寫文章，曹操在漳河岸上建造了一座銅雀台，雕樑畫棟，十分壯麗，並挑選許多美女安置其中，又令曹植作了一篇《銅雀台賦》，文中之意就是說他會做天子，立誓要娶『二喬』。」

周瑜問：「那篇賦是怎麼寫的，你可記得？」

諸葛亮說道：「因為我十分喜愛賦中文筆華麗，曾偷偷地背熟了。……從明後以嬉遊兮，登層台以娛情……臨漳水之長流兮，望園果之滋榮。立雙台於左右兮，有玉龍與金鳳。攬『二喬』於東南兮，樂朝夕之與共……」

小喬本為周瑜的妻子，周瑜聽罷，勃然大怒，霍地站立起來指著北方大罵道：「曹操老賊欺我太甚！」於是孫、劉結成的抗曹聯盟得到鞏固，贏得了赤壁之戰的重大勝利。

在宗吾看來，諸葛亮這次之所以遊說成功，是因為「喬」姓古時本就寫作「橋」，後來才改作「喬」的，把原賦中兩條橋的簡稱「二喬」，曲解為大喬和小喬的簡稱「二喬」，是十分容易收到諸葛亮有意的「牽強」、周瑜無意中「附會」的效果的。諸葛亮看準機會，編造這一段謊言刺激周瑜，果然產生了巨大的效果。

**【宗吾真言】　如果你與競爭對手是同一級別的同事，同樣可以採用「牽強附會，名敵為賊」之法，使你的上司逐漸對你的競爭對手產生厭惡的感覺，最終在你們之間的競爭中，站在你這一方。**

宗吾認為，首先要發現上司最痛恨的地方，找到他的最痛處。這樣才有可能激起上司的最大仇恨。然後，再誘使對手去觸摸上司的痛處，激起上司的反感。

例如，秦檜施用種種陰謀詭計逼使張浚離開相位後，又阿諛奉承新上任的宰相趙鼎，實際上是為自己重新篡相奪權鋪平道路。紹興八年三月，高宗果然把秦檜從樞密使升遷為右相。秦檜的下一步，就是排擠和他同居相位的左相趙鼎了。

趙鼎復相之後，對抗金不太積極，支持高宗的求和政策，但他主張在議和時要加強防守，這樣才能保住和鞏固偏安的南宋政權。秦檜覺得不把趙鼎排擠出朝，對於他自己的投降活動始終是一個莫大障礙。於是，秦檜暗施詭計，一方面，他推薦蕭振為侍御史。蕭振一上台，就上奏章彈劾參知政事劉大中，說他「不以孝聞於中外，乞賜罷斥。」實際上，「其劾大中，蓋以搖鼎也。」蕭振彈劾劉大中後，又四處放出風聲說：「趙丞相不待論，當自為去就。」一時之間，議論紛紛。其實，這些謠傳都是「秦檜之屬，以此撼之。」

在此基礎上，秦檜又施用兩面派的手法，使高宗對趙鼎產生了惡感。高宗原有一個兒子，小時因病夭逝。金兵南侵，高宗敗逃，在揚州因驚恐過度發生了生理變異，喪失了生育能力。此後，他選了宋太祖七世孫趙伯琮、趙伯玖入宮撫養。伯琮先封為建國公，原想選他作為未來皇位的繼承人，高宗命趙鼎「專任其事」。

趙鼎曾請建資善堂，後來趙鼎一度罷相，攻擊趙鼎的人必「以資善為口實」。趙鼎復相後，高宗又下御劄要封伯玖為吳國公，當時宰執大臣商議，都認為不妥。趙鼎也認為：伯琮所封的建州，只不過是一郡之地，而伯玖所封的吳，卻是一個大都會，「恐弟之封不宜壓兄」。樞密副使王庶也認為：「並後匹嫡，此不可行。」當時趙鼎就對秦檜說：過去議論我的人，都以「資善」為藉口，今天我為了避免嫌疑，「公專面納此御筆如何?」

秦檜裝得非常正經的樣子回答趙鼎說：「公專首相，檜豈敢專?公欲納之，檜當同敷奏。」於是，趙鼎就約定秦檜、劉大中一起將劄子進呈，但到時秦檜卻不肯參加。趙鼎又對秦檜說：劄子還是共同呈上為好。秦檜再次表示：「公為首相，檜不敢專，明日進呈。」到第二天朝見高宗時，趙鼎先奏說：建國公雖然沒有正式立為太子，可是天下都知道「陛下有子矣，今日禮數不得不異。」此時秦檜「無一語」。

秦檜單獨朝見高宗時，卻說：「趙鼎欲立持太子，是待陛下無子也，宜俟親子乃立。」明知高宗喪失了生育能力，卻故意說這些話來刺激高宗，使他遷怒於趙鼎。

在宗吾看來，秦檜正是利用「牽強附會，名敵為賊」的手段，使趙鼎「拂上意」，而「檜趁間擠鼎」，趙鼎被迫上奏章辭職。由此，朝政大權完全由他一人獨攬了，專政持續了十九年。

**【宗吾真言】使用「牽強附會，名敵為賊」之法，使別人站到你的一邊，這種方法固然有效，但是，常言道，「紙裡包不住火」，一旦對手有了解釋的機會，你的這一招就不攻自破了。**

宗吾認為，「牽強附會，名敵為賊」這一招行不行得通的一個關鍵，就在於使對手不能有反駁的機會。

例如，漢元帝懦弱無能，寵信宦官石顯，一切唯石顯是聽。朝中有個郎官，名京房，精通易學，擅長以自然災變附會人事興衰。鑑於石顯專權，吏治腐敗，京房制訂了一套考課吏法，以約束各級官吏。元帝對這套方法很欣賞，下令群臣與京房討論施行辦法。京房心裡明白，不除掉石顯，腐敗的吏治不能改變。於是他藉一次元帝宴見的機會，向元帝一連提出七個問題，歷舉史實，提醒元帝認清石顯的面目。但事與願違，語重心長的勸諫並沒有使元帝醒悟，絲毫沒有動搖元帝對石顯的信任。

於是，石顯把京房視為眼中釘，尋找機會將他趕出朝廷。他提出讓京房任郡守，以便推行考核吏法。元帝不知石顯用心，任京房為魏郡太守，在那裡試行考核吏法。郡守的官階雖然高於刺史，但沒有回朝奏事的權利，還要接受刺史監察。京房請求不隸屬刺史監察之下和回京奏事的特權，元帝應允。京房還是不放心，在赴任途中三上密章，提醒元帝辨明忠奸，揭露石顯等人陰謀詭計，又一再請求回朝奏事。元帝還是聽不進京房的苦心忠諫。一個多月後，石顯誣告京房與其岳父張博通謀，誹謗朝政，歸惡天子，並牽連諸侯王，京房無罪而被下獄處死。

京房死後，朝中能與石顯抗衡的唯有前御史大夫陳萬年之子陳咸。此時陳咸為御史中丞，總領州郡奏事，負責考核諸州官吏。他既是監察官，又是執法官。陳咸正年輕氣盛，無所畏懼，才能超群，剛正不阿，曾多次上書揭露石顯奸惡行為，石顯及其黨羽皆對他恨之入骨。在石顯指使下，群奸到處尋找陳咸過失，要趁機除掉他。

陳咸好友朱雲，是當世經學名流。經人推薦，朱雲被元帝召見，拜為博士。他看到朝中石顯專權，陳咸勢孤，丞相韋玄成阿諛逢迎，但求自保。朱雲便上書彈劾韋玄成懦怯無能，不勝任丞相之職。石顯將此事告知韋玄成，從此韋與朱結下仇恨。後來官吏考察朱雲時，有人告發他譏諷官吏，妄殺無辜。元帝詢問丞相，韋玄成當即說朱雲為政暴虐，毫無治績。此時陳咸恰在旁聞知，便密告朱雲，並代替他寫好奏章，請求呈交御史中丞查辦。

石顯及其黨羽早已控制中書機構，朱雲奏章被交給石顯。石顯批交丞相查辦。丞相管轄的官吏定朱雲殺人罪，並派官緝捕。陳咸聞知，又密告朱雲。朱雲逃到京師陳咸家中，與之商議脫險之計。韋玄成以執法犯法等罪名上奏元帝，終將陳、朱兩人拘捕下獄，判處服苦役修城牆的刑罰，除掉了兩位賢能之臣。

在宗吾看來，與石顯爭鬥的大有人在，而且他們所告句句屬實，對石顯來說，一旦查實，件件都是致命的。而石顯卻安然無恙，原因就在於他不給對手這樣的機會。

## 厚黑口才 五十三 鼓弄唇舌，攪混池水

■ 運用「三寸不爛之舌」，混淆是非，搞亂局面，破壞上司的判斷，為打擊對手創造條件。

俗話說：人言可畏。在打擊對手的過程中，故意散佈虛假資訊，用謠言製造氣氛，繪聲繪色地謊報敵情，以此來擾亂上司的視聽。使他以忠為奸，難以做出正確判斷與決策。這樣，就可以藉權力者之手或起鬨者之口來打擊對手，保護自己。

**【宗吾真言】 在上司面前說自己對手的壞話，稟報對同僚不利的情況，叫打「小報告」。通常情況下，這些「小報告」都是虛假、不真實的；凡是真實的或有事實根據的都不稱之為「小報告」。**

在宗吾看來，這種「小報告」在打擊對手的過程中，能發揮重大的作用。

例如，宋真宗時，宰相寇準在澶淵一戰中因為勸真宗御駕親征、痛敗遼人而立下殊功。真宗對寇準很是信任。此時另一個受到真宗寵幸的大臣王欽若對寇準非常嫉妒，就處心積慮地想打擊他。

王欽若想，如果能從寇準最愛炫耀、最為得意的澶淵之功下手，只要這條大功勞變成大罪狀，真宗自然會對其另眼相看了。

一天，散朝時，真宗對寇準離去以目相送，似乎依依不捨，王欽若上前對真宗說：「陛下敬重寇相，天下人莫不知道。只是不知道陛下是不是以為他對社稷有大功？」這句話問得很突然，使真宗莫名其妙。

王欽若接著說：「微臣卻斗膽不這樣認為。澶淵之役，實在是我朝奇恥大辱，陛下卻不以為恥，反以為寇相功勞蓋世，不知道是什麼原因？」

真宗忙問道：「愛卿何出此言？」

王欽若說：「城下之盟，《春秋》認為是亡國無道之君才訂立的恥辱和約。現在澶淵之盟，正是遼賊兵臨城下，我朝才不得不簽訂的，這樣的盟約還有比它更恥辱的嗎？」

真宗一聽，恍然大悟，臉色一下驟變，羞怒滿面。王欽若又說：「陛下知道賭博嗎？賭徒錢快輸光時，就會傾其所有做最後的拚爭，這叫孤注一擲。陛下就是寇相的孤注啊，這不是太危險了？」

從此，真宗對寇準的看法來了個大轉彎，寇準也由大功臣變成了大罪人，連受貶斥，不再受到重用。

後來，王欽若、王旦同朝為相，王旦因為資歷老，有才氣，受到真宗的信任。有一次，王旦對王欽若說：「翰林學士李宗諤才華出眾，很有政績，我想提請陛下，將他調到閣中，任參知政事

（副宰相），你以為如何？」

平時，王欽若對王旦總是言聽計從，因此王旦毫無戒備之心，就說出這件提拔官員之事。但是王欽若知道李宗諤與王旦關係深厚，且又有才華，將他提為副相，這不是給自己又樹立了一個對手嗎？王欽若嘴上還是滿口答應說：「好呀，明早就請王丞相向皇上稟告此事吧。」

當夜，王欽若就搜集到不利於王旦的證據。由於李宗諤家境貧寒，俸祿不足以供家計開銷，王旦就先後借給他千餘貫錢。按宋朝慣例，參知政事入朝向皇帝謝恩時，可以得到三千貫的賞賜，因此王欽若馬上到宮密奏真宗說：「李宗諤欠了王旦的錢不能償還，王丞相就想以提拔他為參知政事，來償還這筆舊債。微臣以為王相此舉是假公濟私，不是為了社稷推薦賢才。」

正是由於這個小報告，第二天上朝王旦推薦李宗諤，真宗板起面孔，沒有答應。王旦自此也遭到了真宗的猜忌，王欽若則因告密有功，更受到真宗的信任。

在宗吾看來，預先探聽到對手的一些情況，然後採取打「小報告」方式，使上司曲解對手的下步行動，不僅可以打擊了對手，還可以在上司的心中增加自己的分量。這就是「鼓弄唇舌，攪混池水」的妙處！

**【宗吾真言】** 「鼓弄唇舌，攪混池水」這一手法的表現形式是多種多樣的：有無中生有、故意捏造的；有信口開河、缺乏事實根據的；有以假充真、以偏概全，以一真掩九假的。但是，無論以什麼形式，其內容從實質上說都是虛假的。

宗吾認為，「鼓弄唇舌，攪混池水」所使用的依據都是真實的，但是再加以牽強附會借題發揮使之失真，變成虛假、毫無根據的事，而關鍵是讓上司看不出來，而且信以為真。所以，運用這一厚黑口才並不容易。

例如：春秋時期吳國太宰伯嚭，其家族在楚國被滿門抄斬，他聽到消息後，出逃到吳國。經過伍子胥真誠地介紹和大力推舉，吳王闔閭封他為大夫，和伍子胥共佐朝政。

伍子胥為了進攻楚國，為父兄報仇，把當時的大軍事家孫武推薦給吳王。訓練了一支英勇善戰的軍隊。西元前五六年，闔閭拜孫武為大將，伍子胥與伯嚭為副將，親兄弟公子夫概為先鋒，發兵伐楚，楚昭王無力應戰，棄城而逃。

西元前四九六年，越王卒，其子勾踐繼位。吳王闔閭趁越國有喪事，帶領三萬精兵伐越，沒想到傷重而死，死前立太子夫差為吳王。三年之後，夫差拜相國伍子胥為大將，伯嚭為副將，親率大軍從太湖出發攻打越國。越國被打得大敗，勾踐只帶五千殘兵敗將，逃到會稽山躲起來。

文種勸勾踐說：「再莫遲疑，趕緊求和。求和之事透過副將伯嚭準能辦成，我聽說，伯嚭貪財好色，狗苟蠅營；伍子胥正直無私，做事謹嚴，兩人志趣不合。伯嚭擔心伍子胥功勞太大，而使自己相形見絀，爬不上去。吳王夫差對伍子胥也多有不滿，暗護伯嚭。我們只要到伯嚭的軍營，送上厚禮和美女，好好拉攏他，定會接受求和。」

就這樣，在伯嚭的極力促成下，吳王打算接受越國的求和。伍子胥極力反對，向吳王進諫道：

「俗話說得好：『治病要除根』，吳、越兩國，南北相鄰，幾代相攻，勢不兩立。勾踐是英明之君，文種、范蠡是賢能之臣，他們一旦被放回國，定要準備報仇雪恥，現在不趁機滅掉它，將來一定會後悔的。」

可是，伯嚭卻說：「勾踐夫婦願意到吳國伺候大王，整個越國都是吳國的了。還有何擔心？大王允和吧。」於是，夫差答應求和。

越王勾踐委託文種等大臣管理國事，就帶著夫人和范蠡到吳國做苦役。後又在伯嚭的一再鼓動之下，吳王有放歸勾踐之意。他又對吳王說：「大王讓勾踐回國，乃聖明之舉，越國獲恩，當有厚報。再說，越國富庶起來，可助我們稱霸中原。」

伍子胥得知此事後，連忙上朝進諫說：「勾踐為人陰險，如今扣留在吳國，如釜中之魚。他所以巧言令色，為的是免於一死。一旦放虎歸山，縱鯨入海，就難於制服了，應當立即誅殺，切莫養癰遺患。」

伯嚭又趕忙辯駁說：「子胥只看眼前，乃婦人之見。赦免勾踐，兩國交好，北上中原稱霸，可無後顧之憂。這才是安邦治國之道，大王的仁義之名才能傳揚四海。」

就這樣，在伯嚭的巧言之下，吳王夫差已分不清是非。西元前四九一年，夫差親自把勾踐夫婦送上車，令其回國。

勾踐回國後，立志發憤圖強，臥薪嘗膽，鼓勵生育，擴軍備戰。越國擴軍備戰的措施，被處事留心的伍子胥探知了，立即向夫差建議採取對策：「勾踐並非真心臣服，不然何須日夜操練士卒，加緊製造武器。大王應在邊境上加強防範，以免越軍乘隙入侵。」

當吳王夫差問及越國何以又大肆操兵治械之時，伯嚭替越國辯護道：「守國則需有軍，有軍不練則等於無，有軍隊無兵器則軍隊無用。大王既准越國存在，就需有兵守土。勾踐整軍修械並非為了進攻吳國，而是防備他國入侵。他若以吳國為敵，何須年年進貢，歲歲稱臣呢？」

夫差一向喜歡奉承，所以伯嚭才逐漸得寵，對於伯嚭的話是言聽計從。伍子胥為了吳國的利益，犯顏直諫，卻得不到吳王的採納，甚是不平，對伯嚭的得勢更加憂慮。

在宗吾看來，伯嚭所做的一切，目的就是要抬高自己的地位，不使個人利益受損。在他看來，若是吳王採納伍子胥的意見，那他就斷絕了從越國得到美女和財物的路子，而且更重要的是顯不出自己的高明，不利於鞏固自己的權勢，他必須要「鼓弄唇舌，攪混池水。」

## 厚黑口才 五十四 暗擊要穴，逼上梁山

■「凡是當軸諸公，都有軟處，只要尋著他的要穴，輕輕點他一下，他就會惶然失措，立刻為你出力。」

在宗吾看來，在現實生活中，只知道「捧」而不知道「恐」，上司有時會不把你看在眼裡。凡是出類拔萃的奸雄人物，必有過人之處，或性格異常，或心理構造特別，正所謂吃了「狼子心，豹子膽」，其行為思想有一個「三怕三不怕」的公式。所謂三不怕，即在未得志之時，不怕天誅地滅，不怕羞宗辱祖，不怕神憎鬼厭，故能任性橫行，恣意貪取，視人家生命如囊中之物，這是鼠竊狗偷時期；所謂三怕，那是在已得志之後，這已是有權可弄，有威可擺，可以控制一切，播講仁義道德的顯赫時期了，這時最怕舊聞，怕見舊人，怕提舊事了。看來人人都有怕與不怕，你若欲取勝，必先壯起膽量，使自己不怕，分析問題的關鍵在哪裡，找到對方最怕的地方，斷其後路，將對方逼到「牆角」，手到擒來，他必會乖乖地聽你調遣。

**【宗吾真言】** 要想把對方逼入「牆角」，束手就擒，最好的辦法就是「釜底抽薪」。在對手實力比較強大時，不去和敵人正面交手，而是轉而破壞敵人所依恃的有利條件，瓦解敵人的囂

張氣勢。就像一只氣球，如果被放了氣，自然就硬不起來了。

宗吾認為，不要直接阻擋強大的對手，以防止因針鋒相對而帶來的不必要犧牲，可採用避實就虛之法，「暗擊要穴，逼上梁山」，在對方還沒有明白過來時，先扼其咽喉。這樣可以以最小的代價而獲勝。

例如，洛克菲勒家族擁有的美國最大的石油壟斷財團——美孚集團，是石油王國的霸主。可以毫不誇張地講，世界上任何一個石油企業，都無法與之抗衡。

早期的洛克菲勒，正是靠嫻熟地運用「釜底抽薪」這一計謀，走上了成功之道。洛克菲勒在使用大量資金擴大煉油生產量的同時，為了有效地擠垮對手，他安排人去把一切可以裝運石油的油罐列車以及油桶全部包租下來。但賓夕法尼亞公司壟斷了油田和東部港口間的火車，迫使洛克菲勒按其要求支付將煤油和其他產品運到東部市場的費用。洛克菲勒豈能容忍這種情況長期存在下去。

一八六七年下半年，洛克菲勒派弗拉格勒訪晤了中央鐵路公司的新任副董事長詹姆斯·德弗羅將軍，告訴他洛克菲勒·安德魯斯·弗拉格勒公司不再透過運河運輸石油，而保證透過他的鐵路每天裝運不少於六節車廂的石油，不過條件是在運費上打折扣。

就中央鐵路而言，他們當然需要一個「承包」者，這樣他們就可以在動盪的美國運輸業中有穩定的收入，而不必擔心其他風險。於是，中央公司答應了弗拉格勒公司的要求：從石油區裝運原油到克利夫蘭每桶三十五美分，從克利夫蘭裝運精煉油到東部海濱每桶一·三美元。而當時的正式運費是：前者為四十美分，後者為二美元。

僅此一舉，洛克菲勒不僅打破了賓夕法尼亞公司的壟斷，而且在運費上，也佔了很大便宜。在宗吾看來，「暗擊要穴」是手段，真正的目的是「逼上梁山」。所以，一旦在時機成熟之時，就馬上和對方攤牌，逼對手做出艱難的選擇，要嘛屈服，要嘛滅亡。

一八七〇年對於美國來說，是個不景氣的年頭，鐵路貨車的總裝運量不斷下降。那些鐵路老闆為了解決其困難，著手尋求為自由市場所能提供的更為有利的解決方法。他們設想：既然他們能夠和最大的煉油商們合夥經營，分享利潤，又何必忍受這種正在消耗著金錢競爭的局面呢？

摸透了鐵路老闆們心理的洛克菲勒，立即與鐵路老闆們醞釀出一個方案。根據該方案，鐵路公司，包括賓夕法尼亞和伊利鐵路公司，將與各主要煉油商們聯合起來，為他們的共同利益來計畫安排石油的流通問題。運費將提高，但參加這個方案的成員則可以享受運費回扣，可以得到超過提高運費的補償。

洛克菲勒立即將此方案付諸實施，著手組建了南方改良公司。該公司的運費以每桶二十四美分的特優惠價格支付，而非成員的運費則要提高價格。那些拒絕不參加這個方案的煉油商們，則被逼得走投無路，而美孚不在此列，對其要價每桶只有十九美分。

在一八七一年的整個冬天，這個方案以極其隱蔽的方式進行著。以洛克菲勒為首的煉油商們風塵僕僕，多次到紐約去與一些鐵路老闆們舉行秘密的最高會議。洛克菲勒把這個方案視為一種手段，藉以消滅美孚石油公司在克利夫蘭的絆手絆腳的競爭對手。

洛克菲勒把競爭對手逼到了牆角：要嘛把自己的企業解散併入美孚公司，而換回股票；要嘛最後在運費折扣制的壓力下破產倒閉。洛克菲勒首先從幾個最強大的競爭對手下手，然後依次輕鬆地對付弱小的對手。

更絕的還在後頭。這樁陰謀進行了差不多三個月，不料走漏了風聲。於是，石油區頓時一片驚慌。人們通宵達旦地舉行會議，舉著火炬遊行，向立法者遞交長達九十三英尺長的請願書，對鐵路公司經理發出了恐嚇電報。產油商們更是聯合起來，他們大聲疾呼、威脅、恐嚇，直到與洛克菲勒串通一氣的鐵路老闆們讓步，並不得不解散南方改良公司。

洛克菲勒和他的美孚公司似乎受到了沉重的打擊。然而，當石油區的人們從興奮中清醒過來，環顧四周時，卻驚得目瞪口呆。他們發現，克利夫蘭的煉油設備已經掌握在美孚公司手裡了。

在這三個月的閃電戰中，洛克菲勒已設法買進了他在該城的二十五家競爭企業中的二十二家，只剩下三家沒有買進！

在宗吾看來，在這場你死我活的競爭中，洛克菲勒緊緊抓住運輸這個關鍵，釜底抽薪，把對手逼上了絕路，最終自己有效地壟斷了整個美國的石油業。

# 第七篇　虛情實意動真心

◆世人都希望自己生活在一個和諧的環境中，人與人之間總是一團和氣，但這只是一種理想狀態，稍微言辭失當就可能破壞這種氣氛。如何才能求得諒解，恢復和諧呢？由於信任感的缺乏使相互諒解變得異常困難，好在人心都是肉做的，再堅固的堡壘也有被攻破的時候，再「鐵石心腸」的人也有感動的時候。只要在批評、拒絕和道歉等重要環節上，運用「虛情實意動真心」的說話技藝，取得對方信任，進而求得對方諒解是不成問題的。在宗吾看來，無論「真情實意」也好，「虛情假意」也罷，只要「情」和「意」到位，能切中要害，就一定能打動對方。

## 厚黑口才 五十五 軟化對手，博取憐憫

■同情弱者的傾向，是人的一種美德，同時也容易被人利用「抓小辮子」，如果能在「情理」上找到突破口，求得別人諒解就不成問題了。

在宗吾看來，同情弱者是人生的特質之一，也是對方堡壘的薄弱處之一。因此，運用「虛情實意動真心」時，一定要利用人性弱點的一面。「動人心者莫不發乎情」，高明的說話者必然會用「真摯」的感情、「熱誠」的態度去求得別人的諒解。人總是會「心軟」的，再冷酷無情的人也有被打動的時候，關鍵在於「情」和「意」能否切中對方的要害。如果能使對方情理上「甘拜下風」，從「道理」上說服對方就簡單得多了。

**【宗吾真言】 要發揮「軟化對手，博取憐憫」的作用，善套近乎是非常重要的。如果一個人具備與人一見如故的功夫，對方即使對他的話題再不感興趣，似乎也不忍掉頭走開，有了這樣一個好的開局，後面的話就好說了。**

怎樣才能使自己成為一個使別人一見如故的人呢？可以在語言上表現出你對他人的「愛」。世

界上，愛是最有說服力的，溫柔的愛，忍耐的愛，寬容的愛，用在社交上，具有無堅不摧的能量。任何人也都渴望著被人愛，所以你盡可以用你的語言去表達出你對他人的愛。

在宗吾看來，你只要在語言上稍微表現出一些你的關懷和愛心，就很容易讓他接受你，願意傾聽你說話，即使是從你嘴裡說出的指責人的話，他人也會對你好感倍增，對你也就一見如故了。

當然，還要在語言上多對對方進行「奉承」。尊重他人並獲取好感是建立良好的人際關係的重要手段，雖然沒有人能十全十美，但這也不妨礙你的讚美，可以說適度的「奉承」是獲得他人尊重的有效方法。一個人的髮式、穿著、談吐、行為、姿態都可以成為好的話題。

「你的字寫得真漂亮！」

「你的聲音很好聽，唱歌一定很動人。」

「這件衣服在哪兒買的，你穿上太合適了。」

宗吾認為，對於同樣的目的，說話方式的不同，會造成兩種完全不同的效果。比如，當你的上司病了，你去看望他說：「這真是個大好機會啊！你趁此好好靜養一下。不必擔心，沒有你，公司照樣正常運轉，所以你不必牽掛公司的事情。」同樣，如果這樣說：「你一不在，公司的事務就雜亂無章，顯然是缺少一位果斷、能幹的管理者，希望你能早日康復，回到公司來。」

顯然，在對方聽起來兩段話的效果大不一樣。因為，不管任何人，都有他存在的價值，更何況一位上司。他希望自己對於公司而言是很重要的，如果探望他的人絲毫沒有承認他在公司的價值，他會很失望。因而承認他人的價值，也是一種最好的「奉承」，因為它不是毫無事實根據的混淆是非，它是在他人優點的基礎上加以適當地誇張，從而使聽的人感到溫暖和被關注的喜悅，無形中會對說話者產生一種依賴和親切感。

總之，「愛心」和「奉承」是你與人相處一見如故的秘密武器，請不要忘記隨身帶著它。

**【宗吾真言】為了達到「軟化對手，博取憐憫」的目的，還有一種極為有效的手段，就是透過自己的忍讓，使對方感到過意不去，激起對方的同情心，自然也就原諒你了。**

宗吾認為，對方的同情心是激發出來的，在「軟化對手，博取憐憫」時，一定要善於激發對方的同情，以打動對方，求得諒解。

有一個日本青年，在一家百貨公司上班，他曾經為了和某大企業家締結合約，拜訪過幾次對方的主管。有位主管雖然是萬貫家財的大富翁，但此人卻非常小氣，別家百貨公司也曾經試著和他打交道，都不得要領。大家都認為要使他成為百貨公司的客戶是不可能的。但是，既然公司老闆下令，他只好從命。一天，對方不知道吃了什麼開心果，竟說：「嗯，進來吧！」就這樣，這位年輕人終於登堂入室了。

大概是窮極無聊吧，「當我還年輕的時候……」這個古怪的老頭突然開始滔滔不絕地說起他的奮鬥史。這一番話足足講了兩個多鐘頭，客房是榻榻米式格局，對方正襟危坐，這位年輕人當然不能側膝或盤腿而坐，剛開始還能頻頻點頭，注意地聽，後來腳實在覺得痠痛，他的話已經變成過耳東風，後腳也已經麻木，過了一個鐘頭，額頭直冒冷汗。

「今天就到此為止吧！」這個古怪的大富翁說完就站起來，這個年輕人也打算站起來，不料下半身整個麻木，一不留神，「砰」的一聲跌個四腳朝天！

那古怪的富翁看見這個大男人竟然跌地不起，「真是個沒用的傢伙！」嘴上如是說著，卻笑得合不攏嘴。古怪富翁終於成為這家公司的客戶。

這次合作的成功，正是因為憐惜這個「沒用的東西」的結果。這位年輕人給對方造成了很沒用的印象，從而對方便產生了可憐的想法。人人見到弱者、愚笨者便不免會有些同情心，他正是依靠了這種優勢而取得了成功。

在宗吾看來，故意適當地把自己安置得低一點，也就無形中已經抬高了別人。當人被別人抬高時，就會多一分善意，而少一分敵意，顯然這是「虛情實意動真心」的一個妙招。扮成弱者，人們往往會為了謙虛和自尊的需要，對你表現出異乎尋常的大方，殊不知你竟是一隻氣定神閒的老虎。

## 厚黑口才 五十六　逢場作戲，不動真情

■對於打算運用「虛情實意動真心」的人來說，感情是有價值的，是可以拿來作交換的。

宗吾認為，「虛情實意動真心」從本質上來說，是不講感情的，但又是最善於做情感遊戲的。這對很多勞於事業而深感寂寞的對象來說正中下懷。「逢場作戲，不動真情」不是以袒示自我的內心開始的，而是以揣摩對方的需要開始的。如果揣摩得準，對方一下子就可以進入了他們的陷阱，誤認他們為知己。這種沒有一個真正的朋友卻曾有很多人把他誤認為知己的人，很容易換來自己想要的東西。

**【宗吾真言】　如果給予對方「母親般的溫情」，正可以彌補對方遊子的思鄉情懷。比如，老闆娘以斥責的口氣對時近深夜的客人說：「不要再喝了，該回去了，明天還要上班哪！」被斥責的客人不但不生氣，甚至還會有些感動。**

在宗吾看來，在這種館子裡，老闆娘和顧客之間的關係很微妙，這種經營者看似屬於性格直

率，實則往往是利用顧客的撒嬌心理，並且，由顧客的依賴得到相應的情感回報。

古代的皇帝，實際上是情感上的飢渴者，位高權重，異常孤獨。太監就是一類能給他們提供特別溫情的人。如果能在感情上給予皇帝寄託，他一定會十分聽你的話。

北齊時的和士開出生於諂門世家，然而他青出於藍，有過之而無不及。他年幼就聰明伶俐，反應機敏，同年齡的孩子都比不過他。北齊朝政的腐敗，可以說為和士開大展拳腳提供了絕佳的機會。他先是投靠高歡的第九子，也就是後來成為武成皇帝的高湛。

天保元年（西元五五五年），高湛被封為長廣王，召辟和士開為開府行參軍。高湛特別喜好一種名叫握槊的遊戲，和士開對此非常擅長，這是他得以被任用的主要原因。加上他生性乖巧，善於諂媚，又彈得一手好琵琶，因此日益受到高湛的親寵。他曾奉承高湛說：「殿下非天人也，是天帝也。」高湛也回報一語：「卿非世人也，是世神也。」從此，主僕兩人，形影相隨，一直到高湛過世為止，十四、五年的時間，一直得到主子寵幸。

北齊文宣帝高洋察覺到和士開這個人太輕薄，不想讓高湛與他關係過於密切，因而責怪和士開狎戲過度，把他流放到馬城。但是，不久以後，在高湛的請求之下，又把他召回。從此，和士開開始飛黃騰達了。

太寧元年（西元五六一年），高湛登基做了北齊皇帝，和士開一日三遷，晉爵升官，累除侍中，加開府，以「帝鄉故舊」，與趙彥深、元文遙等人「共相薦達，任遇彌重」，專擅朝政。武成帝對他也是寵信有加。和士開母親去世，高湛聽說後，悲痛不已，派武衛將軍呂芬到他家，晝夜侍候和士開，生怕他會因母喪過分憂傷而弄垮身體。等到喪事辦完，當天便迫不及待地派車迎接他入宮相見，握住他的手，悲傷流淚，曉喻良久，才讓他離去。同時，打破慣例，馬上將他和他的四個弟弟起復原職。

太寧四年，和士開又升為尚書右僕射，出任宰相。這一年，武成帝因為飲酒過度，氣疾經常發作，和士開勸說了好多次沒有結果。後來有一次，武成帝氣疾發作，又想飲酒，和士開眼中流淚而不說話，武成帝說：「卿這是不言之諫。」從此不再飲酒。一直到冬天公主出嫁時，才開始飲酒。不久，和士開又升為尚書左僕射，仍然兼侍中職。

武成帝無論是在外朝處理國家大事，還是在內廷宴客，一刻也離不開和士開。和士開或者一次入宮幾個月不回家，或者一天幾次入宮，或者放還之後，又馬上敕回，他受到的寵幸與日俱增，他的動作言辭，都非常鄙褻，唯以取悅武成帝為能事，君臣之間沒有半點禮節。他曾勸武成帝說：「自古帝王，都已經化為灰土，堯舜、桀紂，又有什麼兩樣呢？陛下您應該趁年輕力壯的時候，恣意作樂，一天快活勝達萬年，國事可以分別交付給大臣辦理，您沒有必要親自操勞。」武成帝聽後非常贊同，把政事都委託給大臣去辦理，而自己三、四天才上一次朝，而且就是上朝也不過是劃幾個數目字而已，不說什麼話，一會兒就罷朝。

在宗吾看來，和士開正是利用了皇帝沒有一個真正的朋友，而又真心想有一個人可以交流的渴望，使皇帝對自己產生了深深的依賴，從而大權在握。

**【宗吾真言】「逢場作戲，不動真情」還有一個特殊用法，也是最原始的用法，就是「美人計」。有人把「酒、色、財、氣」喻為人生四大關口，這四大關口中「色」關是最難過的。**

在宗吾看來，一個人一旦在情色上對某人產生依賴，他就不可能再用頭腦思考問題。翻開歷史，「美人計」之所以屢屢得手，關鍵的問題不在於施「美人計」者，也不在於「美人」，而在於中了「美人計」的人自己。

大權在握、有權有勢的人，往往認為他們最有資格和條件享受，這就給了施「美人計」者可乘之機。例如，秦穆公時，戎人勢力強大。秦穆公就送給他們兩隊女子歌舞隊和一些高明的廚師。戎王十分高興。有了美女和廚師，不管白天黑夜，戎王不停地大吃大喝，身邊如果有誰說秦國軍隊將會到來，戎王就開弓射死他。後來，秦國軍隊果然來了，這時戎王正喝得大醉躺在酒桌下面睡覺，結果被秦國軍隊活活地捆起來。

同時，有權有勢的人，往往對自己過分自信，對「美人計」的警惕性不足。例如，隋朝的開國皇帝楊堅是個很有心計之人，也深知美人計的厲害。楊堅的女兒是周宣帝的皇后，他因此身兼上柱國、大司馬等重要官職，地位顯赫。後來，皇帝本人對楊堅也產生疑忌，便想找個藉口把楊堅除掉。宣帝有四個美姬，彼此爭寵。一天，宣帝突然想出一計，他讓四個寵姬打扮得分外妖豔嫵媚，站在他的兩側，又派人召喚楊堅。宣帝對左右的武士說：「如果楊堅進來神色有什麼變化，你們就立即把他殺掉。」安排好後，宣帝召楊堅進殿。在楊堅朝殿上走的時候，宣帝還故意地和四個妃嬪嬉笑耍鬧，不料，楊堅始終目不斜視，從容自若。宣帝的陰謀才沒有得逞。

大象二年五月，宣帝因荒淫過度而死。他九歲的兒子宇文衍即位，歷史上稱為靜帝。靜帝年幼無知，楊堅趁機總攬了軍政大權。但是，對楊堅入朝主政，宇文氏集團中許多人並不甘心。宣帝的弟弟宇文贊早就想當皇帝，宣帝死後他便搬進宮中，上朝聽政時也常常和楊堅同帳而坐。楊堅對此非常惱火，但又不好說什麼。楊堅知道宇文贊是個酒色之徒，於是，他囑咐手下的心腹劉方選了幾個特別漂亮的姑娘送給了宇文贊，宇文贊滿心歡喜地接受了，根本不知這是一計。

有了美人，他的權力欲減退了不少，很少與楊堅同帳而坐過問政事了。劉方還對宇文贊說：「大王，您是先帝的弟弟，眾望所歸，現在靜帝年幼無知，怎能承擔大事？只不過先帝剛死去不久，現在大家的情緒還沒有穩定。您暫且回歸王府，等形勢稍稍平靜，就請您入承大統。」宇文贊當時只有十六歲，又不太聰明，他相信劉方的話，便從宮中搬回了王府，天天與美女娛樂玩耍，不問政事。就這樣，楊堅除掉了稱帝的一大障礙。

此外，如果有權有勢的人是男性，往往對女性非常輕視，認為女人愈漂亮，頭腦愈簡單，所以非常容易上女人的圈套。

例如，南宋時，天下不大安定，叛將擁兵自立者眾多。有個叫夏全的，原是南宋叛將李全的部下，想發展自己的勢力，稱雄一方。一二二六年，李全在青州被蒙古軍圍困，南宋朝廷派遣劉卓為淮東制置使，去接管李全在老巢楚州的軍隊，夏全自告奮勇，也帶著自己的軍隊趕來。劉卓命夏全陳兵楚州城下。

李全的妻子楊氏當時還在楚州，她美貌風流，狡詐多謀，見形勢嚴峻，連忙派人告訴夏全：「李全要是被消滅了，夏氏就能獨自存在嗎？將軍三思。」夏全聞言，果然心動。進城後，夏全前往李全兵營，楊氏盛裝出迎，並領他巡視諸營，對他說：「現在到處都傳說李全死了，我一個婦道人家，怎麼能統兵打仗呢？還是把軍隊、糧倉、錢財、子女連同我自己，一同託付給將軍吧，請將軍用心照顧，別再惦記著與官軍聯合了。」說罷，又設宴擺酒，夏全被灌得迷迷糊糊的，第二天醒來，已和楊氏睡在一床了。夏全驟然獲得了李全半輩子打下的疆土、軍隊乃至妻子兒女，好不得意，昔日仇怨頓消，轉而與李全的哥哥李福一起商量如何對付官軍。

當時，劉卓也進駐州府，手下還有一點軍隊，但全無決斷，聞知夏全倒戈叛亂，領軍隊包圍了州府衙門，還焚燒官民宅第，搶掠官倉財物。但是官軍勢弱，被叛軍殺死一大半，大批武器糧草落在叛軍手中，夏全部下追趕劉卓，直到黃昏才返歸楚州城。官軍敗走，楚州城又成了李全的天下，夏全自以為這座城池已歸了他，卻不料城門緊閉，楊氏拒絕他進入，這時，夏全方知上了當，只好孤零零地投奔了金軍。

在宗吾看來，楊氏在兵臨城下的緊要關頭，運用「逢場作戲，不動真情」的手法，施美人計離間敵手，夏全被美色迷惑，白白讓人家當了槍手。

## 厚黑口才 五十七 批駁有度，無話可說

■針對一些錯誤言行，不可避免地會產生一些批評意見。但是，如何展開批評，卻大有文章可作。

在宗吾看來，沒有幾個人能在別人指出自己的缺點後，立即坦率地承認自己的錯誤。因此，你想規規矩矩對某人提出批評或陳述對某個問題的忠告，其結果往往是不歡而散。這樣一來，不但沒有達到批評的目的，反而適得其反，彼此之間產生了心理隔閡。而「虛情實意動真心」這一說話技巧，正好可以用於批評的場合。

**【宗吾真言】 有的人在批評時，總是誇大其詞，藉機整人，往往以一時一事的失誤，就將人的過去全盤否定，覺得此人「朽木不可雕也」，甚至當面斷定對方「不可救藥」。這麼想和這麼說都是大錯特錯。**

宗吾認為，不要隨隨便便地指責別人。中國古代有一個寓言故事：在一條河裡有一條河豚，牠游到一座橋下，撞在了橋柱上。這條魚不怪自己不小心，也不想繞過橋柱，反而生起氣來，認為是

橋柱撞了自己，於是，氣得張開嘴，豎起顎旁的鰭，脹起肚子，漂在水面上，很長時間一動也不動。飛過的老鷹看見牠，一把抓起來，把牠的肚子撕裂。

這個寓言故事告訴我們，在不該發怒的時候發怒，結果一定會遭到不幸。因此，即使別人真的犯下了「不可饒恕」的錯誤，在批評對方的時候也一定要講求適當的方式，不能隨隨便便地指責別人。挨批評肯定是一件痛苦的事情，也是一件丟面子的事情，因為「苦」，受批評者往往會產生抵觸情緒，使批評的效果大打折扣，如果能夠很恰當把握批評的方法尺度，批評就會達到春風化雨的效果。

在宗吾看來，批評和發脾氣不是一回事，發脾氣根本無助於提高批評的效果，只會把事情搞僵。別人做了於你不利的事，或說了於你不利的話，你難免不生氣，生氣歸生氣，但一定要有氣度和涵養，要能夠把握自己的情緒，批評時千萬不要聲嘶力竭。

批評時一定要以理服人，說事實，講道理。如果一味地挖苦侮蔑，或者以對方的缺陷為笑柄，過分地傷害對方的自尊，往往會適得其反，產生抵觸，對方會以其人之道還治其人之身的。

在宗吾看來，批評別人時永遠不能傷害對方的自尊，應該用很正面、很積極的思考方式對待別人，這樣別人也會以正面的方式對待你。相反的，如果你以惡意的、否定的言詞對待他，他也會以「負面思考」來看待你。

**【宗吾真言】　批評別人時，如果時機不對，會帶來一連串的影響。一定要善於把握批評的時機。對於這種時機把握，一定要以對方容易接受你的意見為前提。**

宗吾認為，應在具備了一定的前提之後才能進行批評。一方面，批評和接受批評的雙方應該以足夠的信任為基礎，如果無法取得對方的信賴，即使所持的見解確實言之有物，也很精闢，卻依然無法令對方折服。另一方面，批評者必須有純正的動機和建設性的意見，在進言之前先要確定自己的言行確能發揮實際效用。最後，你和被批評的對象之間有足夠的關係，構成批評的理由，而你又有足夠的時間分析自己的看法。真理並不是任何人所能壟斷或獨佔的，當我們觀察別人時，總免不了以個人有限的經驗，和一己的需求作衡量尺度，難免失之偏頗，最好的辦法就是在提出批評之前，先請教第三方，使你的言論更能切合實際，合乎客觀。

如果時機不適當，就暫時不要開口。一方面，當一個人心平氣和較能以客觀立場看問題時，就是對其進行批評的適當時機。假若你心中充滿不平，隨時可能大發脾氣，那麼最好先讓自己冷靜下來，因為過分情緒化的表現，不僅無濟於事，反而有害。不僅對於批評者，對於雙方都是如此。另一方面，在對方對自己所犯錯誤記憶猶新之時提出批評。假如在事情發生幾個月以後才提出來，這時人們的記憶已經模糊，你的批評反容易使對方留下「記仇」的印象。

宗吾認為，最關鍵的是在對方處於能夠接受的心理狀態下才能進行批評。進行批評時，除了個人的心理狀態外，一定要把對方的心理狀態考慮在內。你應該在對方事先已有心理準備，並且願意聆聽的情況下，提出批評。假若對方情緒低落或激動，那麼就等到他恢復冷靜時再說出你的看法。假若對方向你尋求幫助時，你也應該盡可能把事實告訴他。

**【宗吾真言】 在進行有效的批評時，除了在考慮原則、方式和時機之外，還必須注意對批評的藝術性的考量，使自己在反駁對方不適當的言行時能夠有的放矢，效果明顯。**

宗吾認為，在現實生活中，反駁別人的不適當言行可採用這樣一些技巧：

一是以謬制謬。比如，某公司的待遇很低，下屬職員苦不堪言，這一點老闆也承認，但是他為了自身的利益仍然不願意主動增加薪資，這家公司的主任對於下屬的抱怨也愛莫能助，因為他畢竟不是老闆。

有一天，這位主任靈機一動，想出了一個計策，他對老闆說：「公司裡的職員都表示待遇太低，生活很艱苦，別的開銷暫且不說，單是每個月上、下班的公共汽車費，也不勝負擔，教他們怎麼辦呢？」老闆說：「他們自己可以買自行車，這樣既能解決上下班問題，又能鍛鍊身體，不是一舉兩得的好辦法嗎？」主任搖搖頭說：「他們磨穿了鞋襪也無錢購買自行車。我倒有一個辦法，希望老闆出一個告示，提倡赤足運動，教大家赤足上下班，這樣不是連買鞋襪的錢也省下了嗎？誰叫他們命運不好，生在這個時候！誰教他們不去想辦法做生意，來做這份苦差事！他們坐不起計程車、公共汽車，也不能鞋襪整齊地到公司上班，都是活該，自找苦吃！」他這樣一說，說得老闆也有點不好意思了，只好增加員工的薪資。

二是委婉點撥。比如，十九世紀義大利著名歌劇作曲家羅西尼，對自己的創作，非常嚴肅認真，非常注意獨創性。對那些模仿、抄襲行為深惡痛絕。有一次，一位作曲家演奏自己的新作，特意請羅西尼去聽他的演奏。羅西尼坐在前排，興致勃勃地聽著，起初還聽得滿入神，繼而有點不安，再而臉上出現不快的神色。演奏按其章節繼續下去，羅西尼邊聽邊不時把帽子脫下又戴上，過一會，又把帽子脫下，又戴上，這樣，脫下戴上，戴上又脫下，接連好幾次……那位作曲家也注意到了羅西尼的這個奇怪動作和表情，就問他：「這裡的演出條件不好，是不是太熱了？」

「不，」羅西尼說，「我有一見熟人就脫帽的習慣，在閣下的曲子裡，我碰到那麼多熟人，不得不頻頻脫帽了。」

三是循循善誘。比如，俄國偉大的十月革命剛剛勝利的時候，沙皇的皇宮被革命軍隊攻佔了。當時，俄國的農民們打著火把嚷道，要點燃這座舉世聞名的建築，將皇宮付之一炬，以解他們心中對沙皇的仇恨，一些有知識的革命者出來勸說，但無濟於事，列寧得知此消息，立即趕到現場。面對著這些農民，他懇切地說：「農民兄弟們，皇宮是可以燒的。但在點燃它之前，我有幾句話要說，看可不可以呢？」農民們一聽這話，列寧並不反對他們燒，立即同意。

列寧接著問：「請問這座房子原來住的是誰？」「是沙皇。」農民們大聲地回答。

列寧又問：「那它又是誰修建起來的？」農民們堅定地說：「是我們。」

「那麼，既然是我們人民修建的，現在就讓我們的人民代表住，你們說，可不可以呀？」農民們點點頭。

列寧又問：「那還要燒嗎？」「不燒了！」農民們齊聲答道。在厚黑學看來，面對激憤的群眾，列寧的五句循循善誘的問話，理清了群眾思路，提高了其思想認知，保住了皇宮這座舉世聞名

的建築。

宗吾認為，在不得不批駁別人時，不妨試一試「以謬制謬」、「委婉點撥」和「循循善誘」等方法，使對方無話可說，誠心實意地接受你的批評！

## 厚黑口才　五十八　開誠佈公，先聲奪人

■一味地放低身段未必有效，不妨使用「恐嚇」的手段，並在「恐嚇」的外面包一層「都是為你好」的偽裝，同樣可以達到「虛情實意動真心」的目的。

當對方不肯輕易順從你的意見，甚至顯示出一種居高臨下的姿態時，這時不要一味放低身段，不妨用「恐嚇」的辦法，抓住制約和影響對方態度、行為的主要衝突，或點明其癥結所在，或分析其利弊得失，或指出其解決的途徑，並以此吸引對方聽取自己的意見。也就是說，用自己的透闢道理、有力的談話壓制住對方，就可以讓對方屈從和改變主意。

**【宗吾真言】在說服對方求得諒解過程中，不要迴避利益這個核心問題，採用開誠佈公的方法，客觀地分析對方行動的利與弊，設法使對方的某種需要得以滿足，從而使自己的需要也得到滿足。**

宗吾認為，說話雙方都是圍繞利益展開交流，一方為了爭取到一定的利益，而另一方，又盡量保護自己的利益不受損害。這時，不妨開誠佈公，給對方指出利弊得失反而有效。

首先，要明之以利。在宗吾看來，什麼可以作為消除隔閡、溝通關係的橋樑呢？那就是共同利

益。如果獲悉對方的利益所在，採用明修棧道的方法，告之以利，使說服對方的過程變成尋求共同利益的過程，肯定會收到良好的效果。

例如，維克多公司裡的一位年輕有為的員工走進他的辦公室。年輕員工向維克多宣稱，他剛接到別的公司的錄用通知，說這家公司願意提供較高的待遇，還附帶一些其他福利，其中包括使用公司的汽車，每年可以在公司冬季銷售會議期間到聖地牙哥度假，等等。

上述福利是維克多所管轄的雷明頓公司不能提供的。這位年輕員工知道雷明頓公司不可能滿足他的這些額外的要求，但他堅持要和維克多談談，好讓公司在他要接受新的工作之前，有機會能重新考慮。維克多知道，別的公司是用高薪來做釣餌，這一點雷明頓公司辦不到。再說以目前這位年輕人的職位和對公司的貢獻，還不值得投這個「資」。不過考慮這位年輕人今後對公司的作用，維克多開誠佈公地與他進行了交談。

他首先答應可以將年輕員工的薪金略微提高。在同意了調整薪金之後，維克多指出：以年輕人目前在該公司的職位，將來的升遷潛能很大。雖然目前該公司所提供的薪金與別的公司相比要低一些，但公司對其每一位成員都不會虧待。如果年輕人能勝任當前的工作，那麼根據公司的獎勵制度，薪金將會逐年調高。

其次，要告之以害。例如，在提醒了公司對他的一貫態度之後，維克多就開始打著「為你著想」的旗號。他指出，年輕人考慮要接受的那份工作實際上是死路一條。雖然這家公司比雷明頓公司願意提供的薪水要多些，不過，如果他接受那家公司的工作，那麼他將來在那家公司的職位，將很難有機會繼續提升。這並非說明他能力不足，問題是這一新的職位將來沒有雷明頓公司所具有的升遷機會。

他繼續告訴年輕人，他想加入的那家公司是個家族企業，其中的成員大多攀親帶故，一個外人很難打入權力核心。他的專長是銷售，而這家公司則是以提供融資服務為主的。維克多還進一步指出，雷明頓公司沒有升遷上的限制，說不定有一天他會坐在維克多現在的位子上。如果他考慮留在雷明頓公司，公司會為他提供良好的發展環境。維克多為他描繪著遠景。這位員工對自己很有信心，他也知道維克多並不是開空頭支票，因為維克多說的都在情在理，都是符合實際的。於是，這位年輕員工決定放棄新的工作，仍然留在原公司。

在宗吾看來，維克多為了能夠說服年輕有為的員工留下來，基本上採用開誠佈公的方法，分析年輕員工去與留中的利弊得失。由於維克多態度中肯，且又語中要害，雖然沒有滿足年輕員工眼下的種種額外要求，但還是達到了挽留對方的目的。

**【宗吾真言】「開誠佈公」打著為對方著想的旗號的確不失為一個好辦法。但是，你得有機會在對方面前陳述其中利害。因此，必須以出人意料的手段，引起對方注意。**

宗吾認為，人們都習慣於常規思維，慣於按照通常的語言習慣和行為方式行事。但是，如果有人突然打破了常規，別出心裁地用超常的方式進行解釋，那麼，他的話和行動便會引起人們的好奇心，促使人們懷著極大的興趣去關注他。

例如，蘇秦曾經長期為燕國服務。滯留在齊國期間，他實際上是做一種間諜工作。有一次當蘇秦回到燕國時，正好遇上齊國動員大軍攻燕，奪走了十個城邑。燕王大吃一驚，把蘇秦叫來對他說：「我一向偏勞先生居間斡旋，但事不奏效，竟演變成這樣的結局。希望你到齊國去疏通一下，設法阻止這意外事件。」

燕王認為這是蘇秦的責任，他應該去把城邑奪回來。蘇秦也覺得這是他的過失，就說：「好吧！我一定去奪回來。」

據《史記》記載，蘇秦到齊國被齊王召見時，「俯而慶，仰而弔。」所謂「俯而慶」，是說蘇秦在俯身相拜時說：「這次大王擴張領土，非常可慶可賀。」所謂「仰而弔」，就是慢慢抬起頭來，說：「可是，齊國的命脈已到此為止了！」

既被慶賀，又突然被弔，這兩種相反的態度，轉變得這麼快，即使不是齊王，任何人聽到了也會大吃一驚的。齊王愣住了，於是問道：「慶弔相隨何速？」

蘇秦立即解釋說：「我聽說快餓死的人，也還是不敢吃毒草，因為愈是吃它，愈死得快。而我發現，燕雖是小國，燕王卻是秦王的女婿，既然貴國奪走了燕國的領土，從此以後就得和強秦為敵了。像您這樣只撿了一點便宜，卻反而招致天下精兵來攻貴國的惡果，這不正如同吃了毒草一樣的情況嗎？」蘇秦不失時機地開始恐嚇齊王。

齊王聽了，臉色大變，說：「那該怎麼辦？」

蘇秦見目的快達到了，便繼續說：「古時候的成功者，大都懂得『轉禍為福，轉敗立功』的道理。所以我想如今之計，最好是立刻把奪來的領土還給燕國，燕國見被奪之城邑意想不到地又回來了，一定很高興。而秦國也會認為貴國寬宏大度，也會很高興的。這就是『釋舊怨，結新交』。由於這一點使燕秦兩國對齊國友善的話，其他諸侯也必然如此。」

蘇秦先出其不意使對方震驚，接著談起情勢大局，再提到利害得失，時而威脅，時而哄騙，完全操弄對方於股掌之間。

齊王聽完，說：「你說得有道理。」

在宗吾看來，蘇秦正是利用一種近乎荒唐的行為——「俯而慶，仰而弔」，引起了對方的關注，從而有機會打動對方，順利地完成了無代價索還領土這一看似不可能完成的任務。

**【宗吾真言】如果對方不肯輕易順從你的意見，甚至顯示出一種居高臨下的姿態時，可以示弱乞憐，然後步入正題；也可以一開始就以「先聲奪人」之勢壓制住對方，從而讓對方屈從和改變主意，這就是反客為主。**

在宗吾看來，歷史上諸葛亮出使東吳，遊說孫權與劉備聯合抗曹的故事，就是運用先聲奪人反客為主的好例證。

首先，一上來隻字不提自己的事情，使對方擺好了陣勢卻找不到對手。同時，他又不得不面對你提出的另一個嚴重問題，把「球」踢給對方。

例如，東吳孫權自恃擁有江東全土和十萬精兵，又有長江天塹作為天然屏障，大有坐觀江北各路諸侯惡鬥的態勢。他斷定諸葛亮此來是做說客，採取了一種居高臨下的姿態等待著諸葛亮的哀求。不想諸葛亮見到孫權，開門見山地說道：「現在正值天下大亂之際，將軍你舉兵江東，我主劉備募兵漢南，同時和曹操爭奪天下。但是，曹操幾乎將天下完全平定了，現在正進軍荊州，名震天下，各路英雄盡被其所網羅，因而造成我主劉備今日之敗退，將軍你是否也要權衡自己的力量，以處置目前的情勢？如果貴國的軍勢足以與曹軍相抗衡，則應盡快與曹軍斷交才好。若是無法與曹軍相抗，則應盡快消除對抗，臣服於曹操才是上策。將軍你是否已定好方針，決定臣服於曹操？時間剩下不多，再不做決定就來不及了。」

在這裡，諸葛亮明知孫權不會輕易投降，屈居曹操之下，只是想激起孫權的自尊心。在進行了一番火力進攻之後，要考查一下效果，看看對方的反應。孫權聽完諸葛亮一席話，雖然不高興，但不露聲色，反問道：「照你的說法，劉備為何不向曹操投降呢？」

諸葛亮馬上接招反擊，將對手從心理上徹底擊敗。他答道：「你知道齊王田橫的故事嗎？他忠義可嘉，為了不服侍二主，在漢高祖招降時不願稱臣而自我了斷，更何況我主劉皇叔乃堂堂漢室之後。欽慕劉皇叔之英邁資質，而投到他旗下的優秀人才不計其數，不論事成或不成，都只能說是天意，怎可向曹賊投降？」

雖然孫權決定和劉備聯手，但面對著曹操八十萬大軍的勢力，又考慮到劉備新近敗北，未必還有能力抵抗曹軍，心裡還存在不少疑惑——諸葛亮看出這一點，進一步採用分析事實的方法說服孫權。

「的確，我主是一敗塗地，想要整軍是比較困難。但曹操大軍長途遠征，這是兵家大忌。他為追趕我軍，輕騎兵一整夜急行三百餘里，已是強弩之末。且曹軍多是北方人，不習水性，不慣水戰。再則荊州新失，城中百姓為曹操所脅，絕不會心悅誠服。現在假如將軍的精兵能和我們並肩作戰，定能打敗曹軍。曹軍北退，自然形成三分天下的局面，這是難得的機會，現在全看你的決定了。」

在宗吾看來，孫權在諸葛亮以「先聲奪人」之法激起自尊後又聽到他中肯的分析，增強了信心，於是同意諸葛亮提出的孫劉聯手抗曹的主張，這才有後來舉世聞名的赤壁之戰。

# 厚黑口才 五十九 敢於拒絕，婉轉說不

■ 用堅決果斷的暗示給對方一個明確的拒絕信號，同時又不傷害他的自尊心，並讓對方明白你的拒絕是萬不得已。

在日常生活中，很多不被諒解是由於拒絕別人造成的。你明知「拒絕」別人會帶來很多的麻煩，但是，很多時候又不得不拒絕別人。例如一個素行不良的朋友來向你借錢，你明知道把錢借給他就像肉包子打狗一樣有去無回；一個相識的商人向你推銷商品，你明知買下了就會虧本……諸如此類的事你必定加以拒絕。可是拒絕之後，就有可能斷絕交情，引人惡感，被人誤會，甚至埋下了仇恨的禍根。要避免這種事情發生，就要用到「虛情實意動真心」的說話技巧了。

**【宗吾真言】 拒絕對方其實不難，只要明白說出「不」就可以了。但是，語氣強硬地說「不」，是會傷害對方的自尊心，甚至遭來對方的怨恨。**

宗吾認為，運用「虛情實意動真心」的手法拒絕別人，最大的好處就是可以緩和對方對「不」的抗拒感。

有的人認為，對於拒絕應該在態度上表現得曖昧不明，以免傷了對方的心，其實這是錯誤的。你愈是態度曖昧，愈會給對方造成一種期待，這時，雖然想表示拒絕，卻又講不出口。聽別人幾句甜言蜜語，就輕易地承諾下來的舉動，也是自己態度不明確所造成的。

儘管要向對方明確地傳達你拒絕的資訊，但是要考慮到，人都是有自尊心的，一個人開口相求時，往往都帶著惴惴不安的心理，如果一開始就說「不行」，勢必會傷害對方的自尊心，使對方不安的心理急劇加速，失去平衡，引起強烈的反感。因此，不要一開口就說「不行」，應該尊重對方的願望，先說關心、同情的話，然後再講清實際情況，說明無法接受要求的理由。如果先說了一些讓人聽了產生共鳴的話，對方一般會相信你所陳述的情況是真實的，相信你的拒絕是出於無奈，因而是可以理解的。同時，為了不傷對方的自尊，還要注意準確恰當地措辭。

宗吾認為，凡是對你提出要求的人，都是相信你能解決這個問題，抱有很高的期望值。常言道，「期望愈高，失望愈大。」因此，在拒絕要求時，不要多講自己的長處，或過分誇耀自己，這樣會在無意中抬高了對方的期望，增大了拒絕的難度。如果適當地講一講自己能力的侷限，就降低了對方的期望，在此基礎上，抓住適當的機會多講別人的長處，就能把對方求助目標自然地轉移過去。

當你想拒絕對方時，可以在溫柔緩和的語氣中，逐漸地發出一些警語，使對方產生「可能被拒絕」的預感，形成對方對於「不」的心理準備。因此，婉轉地拒絕，對方會心服口服；如果生硬地拒絕，對方則會產生不滿，甚至懷恨、仇視你。所以，一定要記住，拒絕對方時，要讓對方明白，你的拒絕是出於不得已，並且感到很抱歉、很遺憾，盡量使你的拒絕溫柔而緩和。

人們在求別人幫忙時，總是希望別人能滿足自己的要求，卻往往不考慮給他人帶來的麻煩和風險。如果能實事求是地講清利害關係和可能產生的不良後果，把對方也拉進來，共同承擔風險，即讓對方設身處地去判斷，這樣會使提出要求的人望而止步，放棄自己的要求。

在宗吾看來，拒絕總是令人不快的，即使語氣再「委婉」，目的也無非是為了減輕對方的心理負擔。因此，作為上級拒絕下級、晚輩的要求時，不能盛氣凌人，要以同情的態度，關切的口吻講述理由，使之心服。

**【宗吾真言】 很多人不認識「不」字的偉大，遇事優柔寡斷，畏首畏尾，結果常使自己處於被動地位，聽命於人。說出這個「不」真得這麼困難嗎？其實，要說「不」，並非直言其「不」，還可以語中藏「不」。**

在宗吾看來，一般人心裡都知道自己不要什麼、不能怎樣，和為什麼不要、為什麼不可能，但就是學不會說「不」，於是簡單的「不」字，只在嗓子眼裡打滾，怎麼也跳不出來。不妨試試「虛情實意動真心」提供的策略。

如果某人提出的要求不符合原則，就不能答應，不能為保持一團和氣而喪失立場，不論什麼樣的關係，該拒絕的一定要拒絕。但同時要講究說話方式的靈活性，根據人際關係的類型和特點，根據語言交往的內容、場合和時間等的不同，來採取靈活的策略，其中，很重要的一點是委婉含蓄，其目的是希望對方知難而退。

如，有人想讓莊子去做官，莊子並未直接拒絕，而是打了一個比方，說：「你看到太廟裡被當作供品的牛馬嗎？當牠尚未被宰殺時，披著華麗的布料，吃著最好的飼料，的確風光，但一到了太廟，被宰殺成為犧牲品，再想自由自在地生活著，可能嗎？」莊子雖沒有正面拒絕，但一個很貼切的比喻已經拒絕了讓他去做官的要求。

當對別人所託之事自己不能幫忙時，應在講明道理之後，幫忙想一些別的辦法作為替補。這時，即使你想的辦法不很理想，但你已經盡力了，對方的情感便得到了滿足，這在一定程度上減少了失望感。

還可以在不便明言回絕的情況下，含糊迴避對方。敷衍對方是一種藝術，運用得當會取得良好的效果。如：有一個人向一位做生意的朋友借錢，這個朋友敷衍他說：「好！沒問題，再過一段時間，等我收回一筆貨款後，就馬上借給你。」在厚黑學看來，這位朋友的敷衍很有水準，不說不借，也不說馬上借，而是說過一段時間收回貨款後再借。這話有幾層意思：一是我目前沒有，現在不能借給你；二是我也不是富人；三是過一段時間不是確指，到時借不借再說。借錢的人聽後自然明白了對方的意思，但他不會怨恨什麼。

拒絕可以運用以下幾種方法：

一是藉故推託其辭。在不便明言相拒的時候，找個理由推託其辭是一種比較策略的辦法。如：

有人託你辦事，假如你是領導成員之一，你可以說，像你的事，需要大家討論，才能決定，不過，這件事恐怕很難通過，最好還是別抱什麼希望，如果你實在要堅持的話，待大家討論後再說，我個人說了不能算數。

二是顧左右而言他。也就是答非所問裝糊塗，給請託者暗示。如：「此事您能不能幫忙？」「我明天必須去參加會議」。這樣就答非所問地婉拒了對方，使對方從你的話語中感受到，他的請託得不到你的幫助。

三是含糊拒絕。也就是不說同意，也不說不同意，如：「今晚我請客，請務必光臨。」「今天恐怕不行，下次一定來。」下次是什麼時候，並沒有說定，實際上給對方的是一個含糊不定概念。對方若是聰明人，一定會聽出其中的意思，而不會強人所難了。

當別人要求你公開某些情況，而你不想或不能做出一些明確的回答時，可以採取避實就虛的手法，避免作實質性回答。

例如，一九四五年美國在日本扔下兩顆原子彈後，美國新聞界一個突出話題是猜蘇聯有多少原子彈。當蘇聯外長莫洛托夫率代表團訪問美國時，有美國記者問他：「蘇聯有多少原子彈？」莫洛托夫繃著臉說：「足夠！」在宗吾看來，這樣的回答避其話鋒，保守秘密，同時又顯示了自尊和力量，這就是避實就虛，避免作實質性回答的最典型事例。

## 厚黑口才 六十 不吝賞賜，收買人心

■「虛情實意動真心」，「情」可以是「虛」，「意」一定要是「實」，該大方時，一定要夠「意思」。

在宗吾看來，所謂「虛情實意動真心」，「情」可以是虛假的，「意」卻必須是實實在在的，這樣才能打動對方。為此，在需要「意思意思」的時候，一定要夠「意思」。拿破崙打天下的時候，就常常告訴他的士兵：「只要把這個城市攻下，所有的東西都是你們的。」這句話就像懸在驢子眼前的胡蘿蔔。物質上的賞賜固然重要，但不要忽視了精神上的賞賜，畢竟人生在世，「名」最為緊要。

**【宗吾真言】為了使下屬保持忠誠，上司必須常常想著下屬，尊敬他，使他富貴，使他感恩戴德，讓他分享榮譽，承擔職責。同時，也使他知道如果沒有自己，他就站不住，這樣他就會心甘情願地為你賣命。**

宗吾認為，韓非子將控制下屬的手段化簡為「二柄」，即賞和罰，是非常有道理的。投身官場

的人，追求的核心便是一個「官」字，有了官便有了權，有了權便有了一切。因此，利用官職來駕馭、控制臣下，歷來是最高掌權者手中的法寶。在長期實踐過程中，他們對於官職的分配，高低順序的排列、封給的對象、時機、手段，都有了一些匠心獨運的計謀。

在楚漢相爭這場大戰中，項羽和劉邦這對立的雙方，在力量的對比上其實是很不平衡的。項羽無論就個人的勇猛威武、名望的影響力、士卒的精銳、戰功的卓著，都遠遠超過了劉邦，可是，最後卻敗在劉邦的手下，這究竟是因為什麼呢？其中一個重要的原因，便是在官爵的封賞上，沒有劉邦的手段高明。

韓信是劉邦取得勝利的一個關鍵性人物，可以說，沒有韓信，就沒有劉邦的江山，而韓信原來卻是項羽的部下，他為什麼要棄項而歸劉呢？他在和劉邦談到項羽時曾說過一段話：「項羽這個人，威風凜凜，他一發起怒來，誰也不敢吭一聲。可是，他不能發揮其他良將的作用，這只不過是匹夫之勇罷了。他對人也恭敬慈愛，和人說起話來，平易近人，如話家常；誰要是有了疾病，他會急得流淚，將自己的飲食送給病人。可是，當別人立了大功，應該封官賞爵時，他把封賞的大印都擬好了，放在手上摩弄得印角都磨滅了，還捨不得交給應受封賞的人，實在是太小家子氣了。」

看來項羽不善於利用封賞官爵這個手段來激發別人為他效力，他的那些小慈小悲的舉動，是所謂口惠而實不至，無怪韓信要棄他而去了。

而劉邦的高明之處，在於他比項羽大方，不吝封侯之賞，因而籠絡住了人心。其實，劉邦這個沛縣的一名小小的亭長，比項羽更小家子氣，他把天下看成村頭自己的一畝三分地一般，更不願意分人一絲一毫，這從他帝位鞏固以後，立刻殺掉韓信、彭越這些大功臣，臨終之前一再囑咐「不是姓劉的人，一律不許封王，否則要天下並討之」，便可以看得出來。

但是也正因為他是農民，在起事之初，沒有貴族出身的項羽那麼多的霸氣，而更多了一些農民的狡黠和精明，他看出來，在當時那個亂糟糟的形勢下，群雄並起，有槍就是草頭王，天下本不屬哪一姓一家的，韓信也好，彭越也好，完全可以憑藉自己的實力稱霸、稱王，根本用不著他的恩賜，他們讓他授封，這是推崇他，抬高他，他不費一弓一箭，只用一個虛名，便拉住兩位大將為他賣命，他何樂而不為呢？

可是，如果不得要領，胡亂封賞，也同樣達不到應有的目的。例如，楊駿是晉武帝司馬炎的老岳丈，司馬炎死的時候，身邊沒有別的人，他串通女兒楊皇后，假造詔書，封自己為顧命大臣，而排斥皇族其他成員，甚至連喪事都不讓他們參加。他又假借白癡皇帝晉惠帝的名義，封自己為太傅、大都督，有權總攬朝政、統領百官、指揮天下兵馬。他也知道自己一向沒有什麼聲望，不為人所信服，為了能使別人聽他的，他便利用竊取來的權力，大行封賞，以向眾大臣獻媚討好。他宣佈，所有大臣，一律晉升一級官職，在朝中參與辦理皇帝喪事的升兩級，俸祿達到兩千石以上的，都自動晉升為關內侯。

有的大臣對這個做法提出意見說：「從來沒見過皇帝剛剛去世，臣下就論功行賞的。」「新皇帝一登基就這樣大行封賞，規模和規格都超過了先帝當年登基時和後來平定吳國統一天下時的水準，輕重太不相稱了。而且晉朝今後的歷史還十分久遠，如果開了這個頭，傳給後世，幾代以後，大臣們便都非公即侯了。」

楊駿不聽，他以為靠了這套籠絡手段，必能爭取到大臣的支持。可是，他白費了心思，司馬炎死後還不到一年，他便以謀反的罪名，在馬廄裡被人殺死，他的老婆，還有那個當過皇后的女兒都遭殺戮，夷滅三族，死者達數千人之多。

在宗吾看來，官職的設立，本來是為了治國、理民。可是千百年來，它的本來目的被大大地扭曲。在握有權柄的統治者那裡，它成了籠絡臣下的手段，挾制臣下的武器，或者是和臣下行某種交易的商品。這就叫「虛情實意動真心」！

**【宗吾真言】 人活在世上有的時候為了名可以捨利，可以忘生。因此，在運用「不吝賞賜，收買人心」這一「虛情實意動真心」的技巧時，別忘了「世人重名」這一本性。**

宗吾認為，人的社會性決定了人需要得到他人和社會的承認與肯定，而你發自肺腑，恰如其分地給予讚揚，是對別人熱情的關注、誠摯的友愛、慷慨的給予和由衷的承認，必然會產生鼓勵的作用和引發感激的心理效應，甚至他會把你當成知己。

例如，一九〇七年，蔣介石東渡日本，入振武學校學習軍事。不久，就由他的浙江同鄉陳其美介紹加入了同盟會。在此期間，他曾給他的表兄寄過一張照片，還在上面題了一首小詩：「騰騰殺氣滿全球，力不如人萬事休！光我神州完我責，東來志豈在封侯！」

隨著蔣介石地位的提高，他的照片也有了更多的用場。還在北伐之前，蔣介石就開始躊躇滿志地網羅天下名士。一九二六年春天，邵力子奉廣州國民黨中央之命到上海聯絡報界人士，宣傳國民黨的主張。蔣介石趁機委託邵力子把自己親筆簽名的照片轉贈陳布雷，並同時傳達他對這位報界才子的欽敬之情。

陳布雷當時是上海商報的主筆。他才思敏捷，運筆如神，所寫的社論、短評以其犀利的風格著稱於上海報界，他曾因在政治上傾向於孫中山在廣州的國民黨，言論過於激烈而吃了官司，此事更使他的名聲大振。

蔣介石不僅佩服陳布雷的膽識和才氣，還特別看重他是浙江同鄉，所以著意延攬。在一次上海報界名流的宴會上，陳布雷接過了邵力子轉來的蔣氏照片，既見其人，又領其意，此後又接到蔣介石約他相見的口信，終於在這一年年底奔赴南昌，會晤了這位國民革命軍總司令，此後一氣跟隨了他二十多年，直到一九四八年自殺才算了結，而兩人交往的開端，卻是那張小小的照片。

蔣介石靠黃埔軍校起家，深知維繫校長與學生之間關係的重要，因而從不放過任何培養和籠絡學生的機會，其中送照片便是他巧妙利用人性弱點的小秘訣。

抗日戰爭期間，蔣介石成立了中央訓練團。他自兼團長，舉辦各種訓練班，其中以黨政訓練班最為重要。其訓練內容除軍事訓練外，重點灌輸「效忠領袖」的思想。為期一個月訓練中最重要的一節是蔣介石接見受訓人員，一批十多人，談話十幾分鐘。結業時還分贈每個學員一張蔣介石的照片，上款寫著「某某同志惠存」，下款是「蔣中正贈」，並蓋有私章。贈送這張照片，既可給學員造成深受寵幸之感，又可使其能憑「天子門生」到處炫耀，而更重要的則是時刻牢記要為「領袖」盡力忠心效勞。

在宗吾看來，蔣介石的這招著實了得，細想身在高位之人，要安撫下人如此容易，有些人受到某個大人物的垂青，便自覺臉上很風光，在人前很有面子，似乎如此一來，自己的身價也便跟著提高了。心裡對大人物感激涕零，沒有不誓死效忠的道理。

## 厚黑口才 六十一 誠心道歉，求得諒解

■ 道歉時左一個「因為」，右一個「假設」，只知道強調客觀因素或將責任推到他人身上，這樣的道歉是無法讓人諒解的。

宗吾認為，一個人在說「對不起」時，眼睛不要看在地上，要抬起頭，看著對方的眼睛。這樣人家才會明白你是真誠的。可見，真正的道歉藝術就在於「直率」。掌握道歉的藝術是求得別人諒解的重要手段，由此也成為了「虛情實意動真心」的重要組成部分。道歉首先要有承擔責任的誠心和勇氣。道歉不僅不是一件丟臉的事情，反而更能體現一個人良好的人品。「負荊請罪」的典故中，人們不僅佩服藺相如的「有容乃大」，更佩服廉頗「有過則改」的勇氣和「負荊」的真誠。

**【宗吾真言】是人就難免犯錯誤，能否求得諒解關鍵看你的態度。如果採取拒不認帳的態度，能推就推，能躲就躲，以為可以不為後果負責，保住了面子，又避免了損失。實際上往往適得其反。**

宗吾認為，以坦率地承認過失來顯示誠心是最佳策略。實際上，既然已經犯了錯誤，拒不認帳

的結果是弊大於利。首先，鑄成的大錯是盡人皆知的，抵賴只能讓人覺得你沒有骨氣。如果犯錯誤的人證物證俱存，責任又逃避不了，再抵賴也只是枉費心機。如果是雞毛蒜皮的小錯，那你就更不用頑固，頑固會在別人心目中造成更壞的印象。你敢做不敢當的印象形成後，別人就再也不敢把重要任務交給你了。

如果採取坦率地認錯的態度，可能要承擔一定的責任，但在絕大多數的情況下，別人都不會一棍子打死你，況且認錯本身就是替上司分擔責任，上司再抓住不放，也有損自己的形象。而坦率認錯的好處卻很多，首先是為自己樹立敢做敢當的形象。承擔責任，不推諉過失，上司放心，下屬和同事尊敬，認一個錯又有什麼大不了的呢？其次，只有勇於面對錯誤，才能避免錯誤，從而提高自己的水準和能力。此外，坦率承認錯誤，雖然得到了上司的訓斥，你無形中處在受難者的地位，而眾人從心理上往往是同情受苦受難者的，你獲得的是人心。

例如，某公司財務科的會計粗心大意，給一位請事假的員工發了全薪。他發現失誤後，就親自去找當事人，但當事人要分期退還，這顯然不符合財務制度。這位會計在無奈的情況下只好向上級彙報，坦率地承認，是由於自己的失誤造成了錯發薪資的結果，並請求處罰。上司聽完報告後卻說：「錯了就改，你去吧，可是那小子也太不上道了。」

由此可見，人不怕犯錯誤，就怕犯了拒不認錯，拒不改錯。只要坦率地承認，並想辦法補救，並在今後加以改進，誰都不得不承認你是一個不錯的人！

若要求得別人的諒解，除了坦率地承認錯誤，誠懇地向人家道歉之外，還要主動地承擔責任。

既然已經給對方造成損失，就應該承擔相應的責任。

例如，一七五四年，華盛頓率部駐守在亞歷山大里亞城，當地正在選舉維吉尼亞議會議員，這時，一個名叫威廉·佩思的人反對華盛頓所支持的候選人，而且，華盛頓與佩思在關於選舉問題的某一點上發生了激烈的爭論，他說了一些冒犯佩思的話。佩思把華盛頓一拳打倒在地。華盛頓的部下準備替自己的指揮官報仇。華盛頓當場予以阻止，並勸他們返回營地。第二天一早，華盛頓遞給佩思一張便條，要求他盡快到當地的一家小酒店去。佩思認為華盛頓一定是要與自己來一場決鬥，於是他如約到來。可是，令他感到驚奇的是，他看到的不是手槍而是酒杯。華盛頓說：「佩思先生，犯錯誤乃人之常情，糾正錯誤是件光榮的事。我相信昨天我是不對的，你已經在某種程度上得到了滿足。如果你認為到此還難以解決的話，那麼請握我的手，讓我們交朋友吧。」此後，佩思成了華盛頓的熱烈擁護者。

在宗吾看來，真正的道歉並不只是認錯，而是要勇敢地為自己的過錯承擔責任，承認自己的言行給對方造成了不必要的損失。只有敢於承擔責任，才能表現出你對雙方關係的重視，這樣不僅可以彌補破裂了的關係，而且還可以增進感情。

**【宗吾真言】** 當由於自己的過錯而給別人造成了損失時，應當致以誠心的歉意。那麼如何表現自己的誠心呢？你不妨也過分拔高自己的錯誤，使對方感到不好意思追究你的責任。這是「虛情實意動真心」的一個妙招！

宗吾認為，在必要的時候，適當地拔高自己的錯誤，可以顯示自己的誠心，從而求得對方諒解。

例如，美國心理學家卡內基常常帶一隻叫雷斯的小獵狗到公園散步，因為在公園裡很少碰到人，而且這條狗非常友善，所以他常常未給雷斯繫狗鏈或戴口罩。有一天，他們在公園遇見一位員警。員警嚴厲地說：「你為什麼讓你的狗跑來跑去而不給牠繫上鍊子或戴上口罩？你難道不知道這是犯法嗎？」

「是的，我知道。」卡內基低聲地說，「不過，我認為牠不至於在這兒咬人。」

「你不認為，你不認為！法律是不管你怎麼認為的。牠可能在這裡咬死松鼠，或咬傷小孩。這次我不追究，假如下次再被我碰上，你就必須跟法官解釋了。」

可是，他的雷斯不喜歡戴口罩，他也不喜歡牠那樣，所以，一天下午，他們又遇見了這位他們最不想見到的人。卡內基決定不等員警開口就先發制人。他說：

「先生，這下你當場逮到我了。我有罪。你上星期警告過我，若是再看到小狗出來而不替牠戴口罩，你就要罰我。」

「好說，好說，」員警回答的聲調很柔和，「我知道在沒人的時候，誰都忍不住要帶這樣的小狗出來溜達。」

「的確忍不住，」卡內基說道，「但這是違法的。」

「哦，你大概把事情看得太嚴重了。」員警說，「這樣吧，你只要讓牠跑過小山，到我看不到的地方，事情就算了。」

在宗吾看來，卡內基為了免於被罰，用的是給自己的錯誤「拔高」，使對方覺得自己受到尊重，從而表現出寬容的態度。由此可見，當發現自己可能會被人指責時，不妨先數落自己一番，當對方發覺你已承認錯誤時，便不好意思再指責你了。

**【宗吾真言】 有人能夠充分意識到道歉的重要性，也意識到自己的錯誤，也誠心想要道歉，就是躲躲閃閃，羞羞答答不知道如何開口。這就要用到巧妙的說話藝術了。**

宗吾認為，成功的道歉必須掌握一定的說話技巧：

一是道歉要堂堂正正，不必奴顏婢膝。誠心道歉，檢討自己，糾正錯誤，是一件值得尊敬的事。

二是道歉要及時，即使不能馬上道歉，日後也要找準時機及時表示自己的歉意。因為，及時道歉，在很大程度上可以彌補言行不當帶來的不良後果。

三是道歉要放下面子。很多人做了錯事，就會搬出很多理由試圖保護自己，也有人礙於面子而不肯誠實認錯。殊不知，這樣做，反而會遭致反效果。做錯了事，最重要的是應該「自己先認錯」，唯有自己勇於認錯，才能希望對方以「人非聖賢，孰能無過」的寬大態度給予諒解。

四是道歉要把握適當的時機。最好選在對方心平氣和有喜事臨門等心情較好的時候道歉。常言道，「人逢喜事精神爽」，這時，對方更容易接受道歉。而且道歉還要選對適當的地點，最好是親自上門道歉，或約對方到一個環境幽雅安靜的地方，雙方都能平心靜氣，自然也就容易推心置腹、開誠佈公地談談心，化干戈為玉帛了。

五是不便說出口的時候，要巧妙表達。如果道歉的話說不出口，或者是由於某種場合的特殊性不便說出口，不妨用別的辦法來替代一下也可以。在直接致歉不適宜時，不妨打個電話或發一封電子郵件，向對方表示歉意。當然，也可以請一位雙方都信任的人代為轉達歉意。

六是道歉一定要有耐心。比如，你的失誤造成了對方刻骨銘心的傷害，這時，道歉僅僅有誠心就不夠了，還必須有耐心。一次不行就兩次，兩次不行就三次。因為，你要站在對方的立場上想一想：要是你，能輕易原諒深深傷害你的人嗎？所以不妨來一個「精誠所至，金石為開」！

## 厚黑口才 六十二 消除抱怨，避免誤解

■能否走出因誤解和抱怨而產生的困境，直接關係到自己的事業發展，而繼續針鋒相對則只會使自己陷入更大的困境。

在宗吾看來，如果自己錯已鑄成，對方已經產生深深的誤解，雙方的關係已經出現深深的傷痕，這就顯示自己在人際關係上面臨著困境。誤解可能帶來深深的怨恨和高高的堤防，抱怨可能引起滔天的怒火和惡毒的咒罵，面對這種情況怎麼辦？宗吾認為，「心病還得心藥治」，語言上的失誤必須透過語言來彌補，只有透過有效溝通，使雙方相互理解，才可能消除不必要的誤解，化解對方的抱怨，彌補已造成的裂痕。

**【宗吾真言】 求得別人的諒解從本質上說就是要解除自己的困境。但是大錯已成，如何扭轉局面？辦法當然就是「虛情實意動真心」。可是這裡有個前提，就是有效溝通。如果不能有效溝通，其他的就無從談起了。**

宗吾認為，有效溝通與一般聊天不同，它是針對一定的心理、思想的分歧而進行的，要使溝通

有成效，必須明確目的，有所準備。

交流溝通開始時的話語是最難構想的。這時，可以用表情來代替，一個真誠自然的微笑，表明你的態度是誠實的。在情感上就先給對方很大影響，然後再來上一兩句寒暄話，進一步表明你的友好態度和誠意。開場白過後，應很快地切入主題，消除某個誤會，說明某種情況。因為這時雙方的關係只是表面的禮節性的和緩，若過多地拉扯別的內容會引起對方的反感，同時也會暴露你的弱點。直接切入正題，讓雙方就一個問題展開對話，進行溝通，盡快消除分歧，澄清誤會，說明情況，以便達成共識。

溝通是要向對方解釋自己的某種看法，而不是加劇衝突。因此要以誠懇之心來遣詞造句，不能用有強烈刺激性的詞語，以減少對方的反感和受刺激的心理效應，這樣來傳達出你希望釋解前嫌的誠意。如果對方是一個個性極強、難以理喻的人，一定要把握其特點，除了使用能闡明觀點的話語外，更要以情動人，多使用具有情感交流作用的詞語來製造氣氛，溝通心靈，理順情緒。比如有兩位老同事，許多年前因工作造成分歧，相互不理睬。其中一位上門化解多次，但對方態度強硬，拒不接受。最後一次去時，他說：「我今年六十歲了，你比我大，該是六十二歲了吧？咱們都是過了大半輩子的人了，還有多少年好活呢？我真不希望咱們到另一個世界還是對頭。」這樣就以真摯的情感，使對方產生情感共鳴，終於消除了隔閡。

溝通時語氣一定要和緩、委婉，不能聲色俱厲，咄咄逼人。和緩委婉的語氣能沖淡對方的敵對心理，能給對方一種信任感、誠實感，不至於造成心理上的壓抑，不至於激化衝突。比如多用回顧、商榷、引導、模糊等說話方式，以製造平淡和諧的談話氣氛，這樣有利於減輕壓力，闡明自己的觀點。另一方面，聲調在溝通中的作用也同樣重要。比如，當一個人心存怒氣時，說話的聲調無疑會上揚，形成一種尖刻沒有耐心的調子，這種調子對方馬上會像受到傳染一樣，針鋒相對，後果只會使事態擴大。此外，語言的節奏有舒有急，有快有慢。使用快節奏講話往往會使你顯得心急，情緒不穩，易激動發火，這不利於交流，顯得沒有誠意；節奏太遲太緩，顯得缺乏生氣，沒有信心；節奏適度，才能產生良好的心理效應。

**【宗吾真言】在進行有效的溝通之後，就要有針對性地用「虛情實意動真心」來求得對方的諒解。如果這種局面是由於誤解造成的，就要盡量解釋清楚，消除誤解。**

要消除誤解，首先就要分析造成誤解的原因。社會是由形形色色的人所聚集成的，每個人的立場不同，工作性質也不一樣，難免發生一些意想不到的誤解，甚至是摸不著頭緒的糾紛。因此，要避免和消除誤解，必須瞭解造成誤解的原因。

一是言語失當。有的人在說明某些事情時，常常在言詞上有所缺失，結果弄得只有自己明白，別人一點也搞不清真相，以致招來對方的誤解。

二是過分小心。有的人不管什麼事，都顧慮過多，從不發表意見，也容易受到別人的誤會。

三是自以為是。有的人頭腦聰明，任何事都能辦得妥當，但是卻經常自以為是，我行我素，即使著手一件新工作，也從不和別人照會一聲，這麼一來，即使自己把工作圓滿完成了，也難免被人誤解。

四是形象欠佳。人對視覺上的感受印象最深刻，親眼所見的形象，往往成為評判的標準，這個印象可能是造成誤解的原因，這也就是我們常說的不能留下一個好印象，也容易造成誤解。

五是不顧及對方感受。縱然只是一句玩笑話，但若造成對方的不快，恐怕也會導致意想不到的誤解。甚至是一句安慰、讚賞的話，如果對方接受的方式不同，也可能變成誤解。

面對別人的懷疑和誤解，唯有真正具備機智應對功夫的人，才能處理得當。正如前面所說，造成誤解的原因是多方面的。有的由於一時的誤解，缺乏溝通與解釋，進而形成了對某件事情的疑點；有的由於性格脾氣的差異，缺乏相互間的包容與補充，逐漸引發了對對方的不信任情緒；有的由於嫉妒心的纏繞，由此而產生了對朋友的疏遠甚至惡意。如果說誤解是一件不可以完全避免的事情，那麼，就既不應當迴避它、懼怕它，也不應當視而不見，聽之任之。要以「不做虧心事，不怕鬼敲門」的心態，去掉自己的一份疑心，被人懷疑的事情也許就會減少一些。還要盡量避免他人對你產生疑心，要有防患於未然的強烈心理意識，盡量減少被人懷疑的契機，主動說明情況，求得諒解。同時，切不可「以毒攻毒」，如果你對別人的懷疑也採取懷疑的態度，就會雪上加霜。

**【宗吾真言】** **如果你的行為造成了對方的不滿，引起了對方的抱怨，要想求得諒解，就必須化解這種抱怨，特別是對於必須維持長期良好關係的雙方來說，化解抱怨就意味著事業的發**

展。

宗吾認為，要消除抱怨，首先要善於接受對方的抱怨。面對對方的抱怨，必須耐心傾聽，讓對方把抱怨的情況講完，然後就可以站在對方的立場上去說服對方，為對方解難。但是一些人常犯的錯誤是：對方剛一開口抱怨，就急忙將其打斷，迫不及待地進行解釋，這是激怒對方的行為。要知道，對方之所以抱怨，主要的目的是要傾訴他們內心的種種不滿和意見，希望有人能幫助他們解決問題，而不是希望來聽解釋、說明或辯護的。因此，宗吾認為，任何一個人來對你抱怨時，無論開始的脾氣有多大，只要你能耐心地聽，鼓勵他把心裡的不滿都發洩出來，那麼，他的脾氣會愈來愈小，像被刺了一個洞的皮球那樣，慢慢地「放氣」了。

具體來講，當對方發火時，必須冷靜對待；用詢問法鼓勵對方把真正的原因講出來；當對方講清原因後，站在對方的立場上考慮問題，當即採取措施；對對方的抱怨表示誠摯的感謝，並繼續聽取對方的意見。特別是，當聽完對方的抱怨之後，必須明確問題的責任在哪一方，如果責任確在自己一方，應毫不猶豫地向對方表示歉意，並提出相應的補救辦法。但是，耐心地聽取了對方的抱怨之後，弄清責任不在自己，而是對方產生誤會，則要婉轉解釋，但絕對不要正面批評對方。

同時，消除抱怨過程中，要善於把握自己的聲調。自己的口語表達及聲調，是對方瞭解你的一種途徑。通常情況下，你的聲調可以控制對方，讓對方俯首稱臣，因此，聲調也是處理抱怨的利劍，它使對方更加相信你。＋

例如：透過電話處理對方抱怨時，如果由女性用一種明朗清晰的語氣來應對，效果通常會比較好，這種爽朗的聲音會很有感染力的，即使對方正覺得不滿，心情也會受其影響而慢慢轉好。反之，如果以一種微弱的聲音、推託的低沉聲調應付：「有問題啊？我不太瞭解那件事，請你去問某某某吧。」這樣對方就會覺得自己只不過是提出抱怨，卻被當作一個難纏的人，而且聽起來像是在直截了當地把事情撇得一乾二淨，那麼，對方心情一定壞透了。

在宗吾看來，消除抱怨還要善於處理自己的措辭。消除對方的抱怨，可以用道歉、說明、說服三種方式，但必須配合適當的態度、聲音和措辭。但讓抱怨者心悅誠服，關鍵在於措辭的技巧，如果措辭運用不當就會弄巧成拙，那些原本能解決的事也變得不可解決了。既要緩和對方的怒火，又要巧妙地回應對方的話。傾聽對方抱怨時，不要在其表達不滿時反駁或插話，而是應該準備該回應的話，如果完全瞭解了對方的意思，可以說，「我瞭解了」、「我完全清楚了」之類非常肯定的措辭，以表現出你是願意負責的；如果不瞭解對方的意思，可以說：「對不起，您可不可以再說詳細一點？」「對不起，剛才那個人沒聽清楚你的意思，現在您可不可以再說一遍呢？」這樣也表示你非常願意接受他的抱怨，為說服工作創造一個良好的開端。

## 厚黑口才 六十三 故作糊塗，轉移注意

■ 當別人出醜時，不能將幸災樂禍之心溢於言表，應假裝糊塗，主動為別人遮醜事，收取順水人情。

運用「妙語解開窘迫境」這一說話技巧，必須要有一個良好的心態，就是不「較真」。如果事事都針尖對麥芒，非較出個高低上下，也就談不上「妙語解開窘迫境」了。因此，「故作糊塗，不必較真」是厚黑口才的基礎，因為這樣能深藏不露，避免樹大招風，招至不必要的麻煩。

**【宗吾真言】 人言家醜不可外揚，自己的難言之隱誰也不想示人，落下笑柄。善於遮羞不可或缺，一來可以盡量保守秘密，二來醜事曝光後，可以自己避免處於過於尷尬的境地。**

日常生活中，當別人出醜後，自己不能將幸災樂禍之心溢於言表，否則容易結下仇家，並為眾人不齒。如能故作糊塗，主動為別人遮醜事，就能順水推舟落個順水人情。如果在交際中，注意為人遮蓋羞處，瞞住隱私，別人便會對你感激不盡。每個人都會有一時不慎而有出醜露乖的時候。此時，想替人遮羞的你首先要保持冷靜，不能語無倫次，醜上加醜。其次要學會順勢借力，切莫生遮

硬擋。第三可以「環顧左右而言他」，分散他人的注意力，避其鋒芒。千萬不要讓一個小小的把柄被人揪住不放，引出更大的醜事。

在特定的條件和情況下，人們為了避免觸及別人的忌諱而引起彼此的不愉快，有時不能、不願、不好直接說出某一事物，就需要用另一事物來加以替代或化解，透過「指鹿為馬」，來逢凶化吉。

故作糊塗有時並非壞事。遇到尷尬情況，應盡力以新話題、新內容引申轉移，千萬別拘泥一頭，執著不放，弄得僵持不下，導致更為難堪的局面。

一個人故作糊塗的遮羞能力當然是以人生經驗為基礎的，經過多次實踐，必然會變得老練聰明。與此同時，應變能力也反映著一個人的機智和修養。只有處世功底深厚的人才有可能在情況發生變化時化險為夷，化拙為巧。

無論出現什麼情況，都保持高度的冷靜，使自己不失態。例如在一次商務交際中，對方在談到價格時突然揭了你這一方的老底，說你給某公司的價格很低，而給他們過高，這實在是太不公平了等等。貿易夥伴這樣揭露，無非想讓你陷入窘境。如果你不冷靜，情緒過分緊張或者激動，很可能應付不了這個局面。接下來或者承認事實，或者憤怒爭辯，拚命否認，都有可能會讓自己吃虧。但是你如果很冷靜，可能會很快找出理由，比如價格低並不保證退換維修，某一方面沒有運用新材料新技術，或者在付款形式、供貨期限、品質保險等方面有不同。反正你總能找出合適的理由來挽救局面，為自己的行為找到體面的說法。

在任何情況下，都能夠「打圓場」，淡化和消解衝突，給自己和對方找台階，使氣氛由緊張變為輕鬆，由尷尬變為自然。在很多時候，替別人解圍比為自己掩飾更重要，一方面表示自己對對方的理解和尊重，另一方面也給自己留下了餘地。

在宗吾看來，當自己或者別人陷入窘境時，可以巧妙地轉移話題，把大家的注意力吸引到其他方面，比如用幽默或玩笑的方式轉移目標，把關於人的事扯到某種物上面，把令人緊張的話題變成輕鬆的玩笑等等。可見，如果能學會巧妙地轉移話題和分散別人的注意力，走出尷尬之地也就較為容易了。

**【宗吾真言】在遮羞的過程中有時順勢借力也是較為巧妙的方式，因為有醜在先，強行捂住，只能欲蓋彌彰。而急中生智順勢借力式的幽默是不會惹人反感的。大家笑一笑，便不會再追究什麼了。**

宗吾認為，一旦出醜切不可此地無銀三百兩，那樣容易激起他人的對立衝動，如果糾纏起來，無異於雪上加霜，陷入難以自圓的死胡同裡。這時不如急中生智，跌倒了順勢翻個跟頭。

例如，一個禿子把假髮戴在頭上，騎馬出行。一陣風把假髮吹掉了，旁觀的人都禁不住哈哈大笑。他停下來說：「這頭髮本來不屬於我，從我這裡丟掉了，有什麼奇怪呢？它不是也曾離開了那生長它的主人嗎？」

日常生活中，故作聰明的人太多了，而真正懂得這種「故作糊塗」的卻太少了。比如，有些上進之人可能在生活中感到特別孤獨，他們往往是有才有識，但卻得到許多人的惡意攻擊，好像是他們愈表現自己，就愈受到孤立。如，某單位要選出一名「優秀員工」作為獎勵，某人本來工作突出，成績優異，但他與上司有點衝突。在群眾評議時，單位的主管便把此人提報出來，說明即將要選他為優秀員工，看看大家的態度如何，大家可以自由發表意見。眾人便把那人的缺點捅出許多來，你一言我一語，最後單位主管拍板決定：不通過。

一八七〇年七月，拿破崙與俄國皇帝亞歷山大一世在提爾亞西特會晤。奧地利王后路易莎也來到這裡，想請求拿破崙把北德意志馬格德堡歸還給奧地利。一見面，路易莎王后先是讚賞拿破崙的頭「像凱撒的一樣」，然後她嫵媚而直截了當地向拿破崙提出歸還馬格德堡的懇求。拿破崙也不好當面拒絕，但不能輕易答應。他沒話找話地讚美皇后的服裝如何好看，想以此轉移話題。路易莎王后回敬了一句：「在這樣的時刻，我們要拿時裝作話題嗎？」她再次提出請求，拿破崙又用一些毫不相干的話來對付她。路易莎王后再三央求拿破崙寬大為懷，態度謙恭而又誠懇，使拿破崙多少有些動搖。這時，奧地利弗西斯國王進來了，拿破崙馬上又轉移了話題。

宴會結束時，拿破崙得體地向路易莎王后奉送了一朵玫瑰花。王后靈機一動，脫口而出地說：「我可否認為這是友誼的象徵，我的請求已蒙答允？」拿破崙早有戒備，真誠地說：「願我們的友誼能像玫瑰花一樣純潔無瑕。」一句不著邊際的話就又把話岔開了。路易莎王后沒有達到目的，黯然而歸。

在宗吾看來，王后的面子不能過於直接地去駁，畢竟佔了別人的地盤不是什麼道義的事，一旦王后大吵大鬧起來，場面一定更加尷尬。拿破崙故意轉移話題，達到了遮羞的妙用。由此可見，「顧左右而言他」是一種很有效的遮羞術，它可以轉移別人的注意力，瞞天過海；可以拖延時間，平息別人的怒火；可以避免正面衝突，維護雙方的面子。「顧左右而言他」的技巧有很多，可以隨時隨地，機智地拈來一話題發揮，如果實在找不到合適的話題，插科打諢，扯扯閒淡，逗人哈哈一笑，也是可以的。

**【宗吾真言】 人最見風節的地方，就是面對名利；人最容易露怯的地方，也是面對名利。所謂志向高潔的人，並非他不要名利，而是把名利看得比較淡，在利益衝突的時候，能把握好方向。**

宗吾認為，「較真」與否，一方面取決於先天的性格，另一方面也取決於對名利的看法。厚黑行世者一定要不時提醒自己凡事要理智分析長遠得失，「不必過於較真」。

例如，東漢時的馮異，熟讀《左傳》、《孫子兵法》，文武雙全。最初在王莽手下當小官，後見王莽為害百姓，便對苗萌說：「現在的起義諸將，雖皆英雄，但多獨斷，不愛百姓。只有劉將軍不搶掠百姓，舉止言談，溫和有遠見，不是庸人，可以追隨。」於是苗萌和馮異投靠了劉秀，又吸引了勇將銚期等人進來，劉秀勢力大振。馮異向劉秀建議說：「天下人都反對王莽苛政，劉玄部又紀律太壞，失信於民。此時人民疾苦，若稍施恩德，百姓必熱烈擁護。」

於是，劉秀派馮異、銚期到邯鄲安民，果然得到廣大人民支持。王郎領兵追趕劉秀，劉秀及部下退到饒陽天蔓亭，正遇天氣寒冷，馮異親送來豆粥。在南宮又遇大風雨，劉秀躲到路旁空屋，馮異抱來柴薪，劉秀方能烤乾衣服，馮異又送來飯菜，終於安全移兵到信都。劉秀使馮異收集散兵，重整隊伍，大破王郎。

馮異對東漢統一建國之功是巨大的，但他從不居功。對人也特別謙讓，每和其他大將車仗在路上相遇，他必告訴車夫退讓躲道。他領部隊交戰時，在各營之前；退兵時，在各營之後。當休戰時，諸將坐在一起，都宣揚自己的功勞，以便爭功多得升賞，馮異卻躲於大樹下，一言不發，似為乘涼休息，實為躲避而讓功，後來軍中稱他為「大樹將軍」。不僅劉秀對他格外器重，他部軍隊亦多願在他麾下效力。

又比如，蘇格拉底被弟子強拖著去逛市場，面對琳琅滿目的商品，他的感慨是：這裡竟有這麼多我用不著的東西！說來說去，不管你怎麼看，名利這東西都將會永遠與我們相伴，那麼，如何不受其累，而盡得其惠，我有一個「秘方」：看它愈重，則害你愈大；看它輕些，則益你愈深。

三國時期劉備三讓徐州城的故事很能說明這個道理。

漢獻帝初平四年（一九三年），曹操以為父報仇為名，發兵攻徐州。陶謙面對兵臨徐州城下的曹操大軍，自知難以抵敵，便採納了糜竺的建議，請北海相孔融、青州刺史田楷前來相救。孔融請劉備同去救陶謙。劉備遂欣然帶領關羽、張飛和數千人馬奔赴徐州。劉備率軍在徐州城下與曹軍於禁所部小試鋒芒，初戰告捷。於是陶謙急令將劉備迎入城內，盛宴款待。陶謙席間便主動提出將徐州讓給劉備，說：「當今天下大亂，國將不國；公乃漢室宗親，正當為國出力。老夫年邁無能，情願將徐州相讓。公勿推辭。我當自寫表文，申奏朝廷。」劉備聞言愕然，急忙推辭說：「我雖是漢室後裔，但功德不足稱道，任平原令猶恐不稱職。我本是為了義氣前來相助。您這樣說，莫非懷疑我有吞併之心？」陶謙表白說：「這是老夫推心置腹之言，絕非虛情假意。」但劉備只是推辭，終不肯接受。

糜竺見兩人再三辭讓，便說：「現在兵臨城下，且當商議退敵之策。待事平之後，再議相讓不遲。」於是劉備寫信給曹操，希望曹操以國家大義為重，撤走圍困徐州之兵。恰好這時呂布攻兗州，進佔濮陽，威脅曹操後方。因而曹操便順水推舟，賣了個人情，接受劉備建議，退兵而去。

陶謙見曹軍撤走，便差人請劉備、孔融、田楷等入城聚會，慶祝解圍。飲宴既畢，陶謙再向劉備讓徐州。劉備再次推讓。不久，陶謙染病，日漸沉重，便派人以商議軍務為名，把劉備從小沛請來徐州。陶謙躺在病榻上對劉備說：「今番請您前來，不為別事，只因老夫病已垂危，朝夕難保；萬望您以漢家城池為重，接受徐州牌印，老夫死亦瞑目矣！」

劉備說：「可讓您的兩位公子接班。」陶謙說：「其才皆不能勝任。老夫死後，還望您多加教誨，千萬不能讓他們掌握州中大權。」劉備還是辭讓，陶謙便以手指心而死。舉哀畢，徐州軍民極力表示擁戴劉備執掌州權，關羽、張飛也再三相勸。至此，劉備才同意接受徐州大權，擔任徐州牧。

在宗吾看來，劉備「三辭徐州」就是運用「不必較真」之法而故作糊塗。因為他知道，當時的徐州正處於四戰之地，野心勃勃的曹操正虎視眈眈、兵鋒相向，自不待言。此外，鄰近的軍閥如袁術、呂布、袁紹之輩都在覬覦著具有重要戰略意義的徐州，懷有兼併野心。這些都是潛在的危險。當時的徐州並不是一顆好吃的果子，弄不好就會有惹火燒身的危險。即使徐州牧陶謙真心相讓，其部下能否心悅誠服，這些都是很現實、很嚴重、很迫切的問題。而「故作糊塗」再三推讓，就可以體現劉備的仁義忠厚，以達到收買民心的良苦用心。

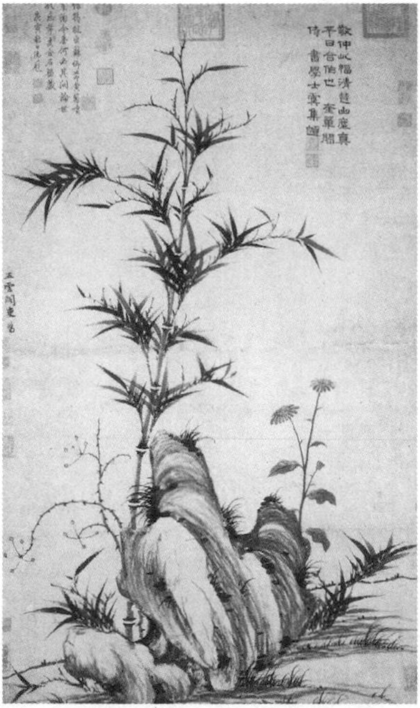

厚黑學口才篇

# 第八篇　是非皆因多開口

◆舌頭是極難馴服的野獸，如果未經馴服就放出牢籠，這隻野獸便會狂奔亂竄，令你後悔莫及。自以為精通厚黑口才之輩一定不要忘記「病從口入，禍從口出」的警訓。充滿競爭、複雜多變的現實社會潛流暗湧，人的一生危機重重，要面對各種各樣的困難和兇險。對於災禍人們是避之唯恐不及，如果僅僅因為嘴上沒「把門的」而招災致禍，就太不值了。日常生活中，人們僅僅因為一念之差，一語失當，一時衝動，而招致禍事的例子實在太多了。「逢人只說三分話，未可全拋一片心」，小心控制自己的言辭吧！

## 厚黑口才 六十四 意氣之爭，四面樹敵

■憑著「意氣」行走世間的人，是寸步難行的。同樣，語言上的「意氣用事」也會為自己造出無數「死敵」。

人們都說，「人活一口氣，樹活一張皮」，在口舌之上，絕不能吃虧。宗吾認為，如此行世愚不可及。「意氣之爭」微不足道，如果僅僅為一口「氣」活著，任何口角都會演化成你死我活的「敵我衝突」。結果就是為自己樹立起無數「死敵」，面對這無數「死敵」的重重包圍，你是沒有辦法衝殺出來的。因此，對於無關緊要的語言冒犯，根本不要理會，化解仇怨，減少對手，以便集中力量，對付最主要的對手，這樣成功之路才能變得更加平坦。

**【宗吾真言】 在世上眾多「意氣之爭」中，「口舌之爭」是最沒有意義的，由此而引發的衝突也是最不值得的。古往今來，為逞口舌之快，而導致君臣離德、父子離義、夫妻離心的事例不勝枚舉。**

宗吾認為，「口舌之爭」的最大危害就是，為了芝麻綠豆大小的事，都想計較個高低，都想爭

個長短，日久天長，會使自己成為一個不受歡迎的「孤家寡人」。這種人在日常生活中的確存在，他們成天板著臉，好像全世界都對不起他。可能他們真沒有什麼害人之心，就是那話說得讓誰也不愛聽。

例如，有一個老太太，鄰居帶著三歲的女兒到她家串門子，小女孩指著燈說：「奶奶，奶奶，我家的燈比您家的大，也比您家的亮。」

老太太陰陽怪氣地說：「是嗎？妳家的燈有太陽大嗎？」「沒有。」「有太陽亮嗎？」「沒有。」老太太接著又說：「妳家淨是好東西吧？妳家有總統府嗎？」鄰居尷尬地笑著，連忙拉著女兒走了。

三歲的孩子懂什麼，可是，這位老太太非鬥這個氣才痛快。鄰居買了架鋼琴，她就說：「裝腔作勢，說不定還不會彈呢。」人家裝修房子，她一次又一次跑去看，看後就說：「什麼爛眼光？裝潢得像『景行廳』。」這位老太太胡亂議論著別人，彷彿鄰居就真的都沒有好東西，這能不引起公憤嗎？

一天中午大家閒聊，她又莫名其妙地大發議論：「咱們這社區的年輕人沒一個順眼的，男孩子長得不是侏儒就是瘦駱駝，女孩們也沒一個漂亮的，不是黑鐵塔就是一臉鳥屎，要不就是大胖子。」大夥聽得都傻眼了，一經對號入座後，都覺得她這麼和年輕人過不去太不應該了。這位老太太自己覺得佔了眾年輕人的上風，十分得意，忍不住又添一句：「咱們社區年輕人生的孩子也沒一個漂亮像樣的。」此言太過傷了，許多人恨不得扁她一頓。

宗吾認為，一定要在「口舌」上爭個長短高下的人總是愛把周圍的人和事放在自己的對立面計較不休，生怕不留神讓別人佔了上風，自己挨了欺侮。這種「口舌之爭」的結果，只會使自己在世人面前失去了立足之地。

**【宗吾真言】 喜歡「口舌之爭」的人，好像天生就是與別人作對的，他們最喜歡說的話就是：「我就不信……」這種人最大的問題就在於過分「自我」，什麼都要比別人強。**

宗吾認為，要避免「口舌之爭」，關鍵在於除去嫉妒心。因為這種好勝心一強，就會使好事變壞事，小事變大事，最終使事情變得無法收拾。

例如，春秋時期，晉獻公有五個兒子，他們是：申生、重耳、夷吾、奚齊、卓子。太子申生的母親很早就去世了，在另外四個妾妃裡，最受寵愛的是奚齊的母親驪姬，不久，獻公就把她立為夫人。驪姬為使自己的兒子立為太子，利用卑鄙的手段害死了太子申生。隨後，重耳和夷吾也分別逃亡國外。

倒楣的重耳在國外顛沛流離，多虧跟隨他的一班大臣披肝瀝膽，才得以活下來。這當中最忠於他的是魏犨和顛頡兩人，一直跟隨重耳流浪了十九年。有一年，重耳逃到了曹國，受到了曹國君主的冷遇，連一頓飯也沒給重耳吃。曹國有個大夫叫僖負羈，十分同情重耳的遭遇，私下為重耳設了一桌豐盛的酒席，並贈送一塊貴重的白玉。重耳對此銘心刻骨，發誓將來一定報答。

重耳終於在逃亡十九年後，做了晉國的國君，這就是晉文公。晉文公奮發治國，國勢不斷強盛，加之有魏犨、顛頡兩員大將南征北戰，晉國終於成為中原霸主。

重耳為出逃難時的那口氣，隨後發兵打下曹國。同時他也沒有忘記報答僖負羈對他的恩德，打算重賞他。他命人找到了僖家，並立刻派兵嚴加保護，下令：「不論何人，只要冒犯僖負羈，就判死罪。」

魏犨和顛頡聽了這道命令，心裡很不服氣，認為僖負羈只不過費了點酒飯，待遇就高過他們兩人，於是愈想愈氣。顛頡提議說：「不如放一把火，把那個老傢伙燒死，我就不信國君能判我們死罪？」

於是，這兩個傢伙在夜半時分，趁著酒興，在僖家周圍放起火來，把僖負羈活活燒死。晉文公得知這一消息後，殺掉了提議放火的顛頡，姑念魏犨屬於脅從，免去了死罪，但削職為民。

在宗吾看來，魏犨和顛頡為了點小事，就「愈想愈氣」，是典型的嫉妒心強，不信國君會為此判他們死罪，這是他們思維有問題，他們的悲劇是完全由他們自己一手造成的。

## 厚黑口才 六十五 機關算盡，弄巧成拙

■莎士比亞說：「傻子自以為聰明，但聰明人知道自己是個傻子。」厚黑口才者絕不能耍「小聰明」。

《紅樓夢》中點評王熙鳳云：「機關算盡太聰明，反誤了卿卿性命。」的確，現實生活中，自以為憑著自己「牙尖嘴利」，就可以「呼風喚雨」，結果「弄巧成拙」，搬起石頭砸腳的事太多了。難怪英國偉大的劇作家莎士比亞曾說：「傻子自以為聰明，但聰明人知道自己是個傻子。」

**【宗吾真言】　厚黑行世者必須要講究策略和手腕，如果沒有權謀，也不是厚黑行世了。但是一定要看對象，小聰明矇一矇糊塗蛋是可以的，但是遇到了「門清」的主就不靈了，否則只會是「偷雞不成反蝕一把米」。**

在宗吾看來，千萬不可幹「關公面前耍大刀」這樣的小聰明之事。

例如，戰國時期，齊威王即位以後，不問政事。朝政掌握在一班卿大夫手裡。一連九年，官場中賄賂盛行，烏煙瘴氣，國家積貧積弱，其他諸侯國趁機紛紛入侵。在決定國家生死存亡的時刻，

齊威王決心振作起來，勵精圖治。

於是，齊威王向朝臣們詢問各地方官吏的政績如何，這些人幾乎眾口一詞，都說：「阿城大夫最好，即墨大夫最壞。」過了不久，齊威王把阿城大夫和即墨大夫召回來，把文武百官也一起召集在皇宮的大殿上。

齊威王先叫即墨大夫上來，眾人瞧見殿上放著一口大鍋，燒著滿滿一鍋水，以為要給即墨大夫行刑。可是，沒有料到齊威王對即墨大夫說：「自從你到了即墨，天天有人告你，把你貶得一無是處。我就派人到即墨調查，他們到了那裡，看到田地裡長著綠油油的莊稼，人們豐衣足食，安居樂業，這都是你治理即墨的功勞，你把心思都投入到治理政事上去，不送禮賄賂上司，這正是你的賢德。像你這種老老實實、勤勤懇懇、不吹牛不拍馬的大夫，實在是太少了啊！今天我特意叫你來，加封你一萬家戶口的俸祿。」

隨後，齊威王又把阿城大夫叫來，對他說：「自從你到了阿城，天天有人在我面前誇讚你，我派人到阿城去調查，看到那裡的田裡長滿了野草，百姓們啼飢號寒，敢怒不敢言，這都是你治理阿城的罪惡。你只知搜刮民財，經常回朝內賄賂這幫貪官，像你這樣的再不懲辦，國家還成何體統。」於是，下令把阿城大夫扔到了大鍋裡。

齊威王威嚴地對一幫大臣訓斥道：「我常在宮裡，怎麼能知道外邊的事？你們就是我的耳目，應該把看到的、聽到的都如實告訴我。但你們貪贓受賄，顛倒黑白，混淆是非，這不等於堵住我的耳朵，戳瞎我的眼睛嗎？要你們有何用！」齊威王根據這幫人罪惡大小，相應地懲治了他們。

在宗吾看來，這幫大臣錯就錯在，還以為齊威王和以前一樣糊塗，而沒有察覺到面對國家生死存亡的時刻，齊威王變得比任何人都精明，這時，再玩弄「小聰明」只會「自取其辱」了。

**【宗吾真言】常言道：「千穿萬穿，馬屁不穿。」是不是說上司喜歡拍馬就可以無所顧忌了？其實，官場上耍小聰明欺騙上司同樣會引火焚身，莫忘「拍馬屁拍到馬蹄上」的教訓。**

宗吾認為，拍馬屁這種手段運用不當，其效果往往會適得其反，到頭來，不僅白忙一場，而且還會弄個灰頭土臉，適得其反。

宋朝時，有位姓李的將軍，帶兵出征，軍功顯赫，身邊自然不缺拍馬之徒。有一天將軍正在洗腳，被一位拍馬之士瞧見了，哎喲，這不是天賜良機嘛！拍馬之士走上前，故作探尋狀：「香，真香，賽過茉莉，勝過桂花。我說這香味是打哪兒來的，原來是從將軍您腳上散發出來的。將軍呀，你的腳怎麼這樣香，我老遠就聞到啦。」

這位拍馬之士的這番話若是對一位女士講，說不定能讓她芳心大動，但對一位帶兵打仗的將軍來說，就有點太過肉麻了，後果也就可想而知了。

一般來說，皇帝老兒大都愛聽馬屁精的「頌歌」，而且一聽就發昏。不過，也有個別皇帝，頭腦還算清醒。比如，明朝時，有一位太監，跟隨武宗朱厚照南巡，他從北京一路拍馬到南京。有一天，朱厚照心血來潮，想體驗一下撒網捕魚的樂趣，就到後湖撐船捕魚。無奈技藝欠佳，忙了大半天，才勉強撈到些蛤蟆臭蝦。這位太監居然毫不猶豫地開拍了：「陛下，您捕的這些東西還真不賴，拿到市場上能賣五百兩黃金。」沒想到朱厚照不吃這一套，說：「拿錢來吧，這些統統賣給你了！」

又比如，東晉十六國時期南燕獻武帝慕容德，在延賢堂舉辦國宴。酒酣耳熱，慕容德問群臣說：「諸位愛卿，朕的治國才能如何呀？」

這幫大臣爭先恐後地吹捧說：「陛下治國才能實在是高！」誰知，慕容德對這個回答並不滿意，於是又問道：「朕可與古時哪位帝王媲美呀？」青州刺史鞠仲高聲回答：「陛下的文韜武略，蓋世超群，前無古人，後無來者。光武帝劉秀只配當您的徒弟，漢高祖劉邦也只能望望您的後腦勺。」

慕容德聽罷，當場賜給鞠仲錦帛一千匹，良田一千畝，美女一千名。鞠仲做夢也沒想到，慕容德今天出手會這麼大，於是，雙膝跪下：「謝陛下！謝陛下！」

不料，慕容德哈哈大笑：「愛卿不用謝，朕剛才乃是戲言。愛卿用假話捧朕，故而朕也用假話賞卿。」

常言道：「人情冷暖，世態炎涼。」在宗吾看來，生活為強者所壟斷。為了生存，人們很難有選擇的餘地，只能向強者靠近，溜鬚拍馬的人總會存在。但是不懂得拍馬藝術，信口拈來不經大腦的話，只會為自己帶來禍害。

## 厚黑口才 六十六 漫不經心，難免有失

■過分聰明的人會因過分自信而在說話時漫不經心，「智者千慮必有一失」，這「一失」一旦被對手抓住，就可能被擊敗。

厚黑口才是一種藝術，是一種智慧，只有聰明人才能運用。可是有的人的確聰明，同時，他們也認為自己聰明，這種人是不是說起話來，就可以無所顧忌？其實「是非皆因多開口」主要就是對這種人說的。一個人如果過分自信就會把任何事都不放在眼裡，一切難題對於他們來說，好像都不在話下，手到擒來。結果，因過分自信而掉以輕心，最終可能被「傻子」打敗。

**【宗吾真言】要避免因語言上的漫不經心而招致失敗，必須把後果的危險性想得嚴重一些。也就是說，在運用語言時要保持高度的警惕性，時刻記住「是非皆因多開口」，「智者千慮」尚且「必有一失」，過分自信而掉以輕心，可能就不是一失，而是二失、三失、四失，最終失得一塌糊塗！**

在宗吾看來，在運用語言時，把後果的危險性想得嚴重一些，沒有壞處！

例如，漢靈帝時，竇太后臨朝聽政，竇太后的父親竇武得以執掌朝中大權。當時的宦官勢力很大，竇武與陳蕃就密謀剷除宦官勢力。

竇武接受陳蕃的建議，向竇太后進言道：「宦官的職責，一向只是管理宮中財物，幹些雜役，現在他們卻干預朝政，手握重權，爪牙遍佈朝野，正是為此，應當將這些作惡的太監一併剷除，掃出宮門。」

竇太后認為世代有宦官，應當查其有罪的酌量懲罰，不可一併剷除。竇武見說服不了太后，就又和陳蕃商量，陳蕃就直接上書。可是，太后仍不理睬。於是竇武與陳蕃相商，決定採取行動，先令朱寓為司隸校尉，虞祁為洛陽令。然後逮捕了長樂尚書鄭颯，送入北寺監獄。陳蕃建議殺掉鄭颯，竇武不聽，令人審訊，鄭颯供詞中牽連到曹節。竇武就上書，請求逮捕曹節和王甫，交上奏章，就回家去了。

事實上，在競爭與對抗中，一方的任何行動都會引起對方的反應。因此，即使實力再強大，採取行動時，也必須密切關注對方的反應，絕不可掉以輕心。竇武正是在這一點上犯了大錯。

負責傳送奏章的太監，沒有把奏章上交太后，而是先告知長樂宮內的五官史太監，他聽說鄭颯被收監，心中已害怕，他與曹節、王甫一向友好，彼此互為倚託，立即取了奏本，私自看了一遍，又驚又怒，就自言自語道：「有罪的太監，自可殺頭，我們何罪，要全部誅殺。」說著，就大聲喊道：「陳蕃、竇武，上書太后，要廢掉皇上，殺盡宦官，要造反！」於是，報告了曹節、王甫。

曹節、王甫哄騙靈帝，讓靈帝帶劍出宮，下令緊閉宮門，收了印信符節，威逼尚書省的官員寫了詔書。曹節假託帝意，拜王甫為黃門令，讓他持節到北寺獄，去逮捕審訊鄭颯的尚書令尹勳和黃門令山冰。王甫放出鄭颯，仍回長樂宮，軟禁了太后，搶走了印璽，鄭颯拿著聖旨去抓竇武。

竇武跑進步兵營，大聲傳令說：「太監造反，平反者封侯！」當時就集合了數千人，他的姪子竇紹當時任步兵校尉。

王甫矯旨調周靖為車騎將軍，讓他和護匈奴中郎將張奐討伐竇武。士卒們一向畏怕宦官，又見王甫手拿聖旨，就心懷顧慮，經張奐揮兵一衝擊，就棄甲倒戈，紛紛投降，竇武與姪子竇紹拔劍自殺。

在宗吾看來，人性叢林中競爭猶如刺刀見紅，稍有疏忽，就會播下不幸的種子。大權在握的竇武之所以功敗垂成，就是因為他疏於防範，沒有把後果想得嚴重一些，因此，走漏了風聲，給對手留下可乘之機。

**【宗吾真言】人生並不是輕輕鬆鬆就可以獲取勝利的，激烈的競爭和不可逃避的責任，無時無刻不在壓迫著你。如果漫不經心，必然當斷不斷，後果可想而知。**

宗吾認為「當斷不斷，反受其亂」。對於說話辦事漫不經心者來講，是一個非常重要的告誡。

漢少帝時，朝廷大權落在何太后和她的哥哥大將軍何進手中。當初，宦官蹇碩被靈帝委以典領禁軍的重任，為「西園八校尉」之統帥，但與何進不和。靈帝將次子劉協託付給蹇碩，蹇碩曾密謀誅何進，擁立劉協，後事情敗露，何進才免一死。

何太后臨朝，何進執掌朝政，便想誅殺蹇碩，恰逢袁紹進京，為何進出謀獻計：不但要誅殺蹇碩，而且還要將宦官一網打盡。當時何進握有軍權，他將蹇碩誘入宮，當即捕殺，蹇碩所領的士兵也為何進所掌握。

校尉袁紹又向何進建議：「以前竇武誅殺宦官，反被宦官害死，無非是因為事不機密，當時的士兵，都怕宦官，竇武想依靠他們，哪能成事呢？現在將軍和您的弟兄都掌握兵權，部下又願為您效力，事情在您掌握之中，這正是天賜良機。將軍應為天下除患，必流芳後世，不可遲疑。」

何進有些猶豫，太監張讓、趙忠已得了消息，嚴加防範。為了誅殺宦官，何進欲召外兵入京。主簿陳琳說：「諺云『掩目捕雀，是諷人自欺！』試想捕一微物，尚且不宜欺掩，況國家大事呢？現在將軍仗皇威，握兵權，龍驤虎步，高下在心，若欲誅宦官，如鼓洪爐，如燎毛髮，容易得很。當機立斷，便能成功，現在卻想藉外臣，這就是倒持干戈，授人利柄，非但無功，反而生亂！」

何進不聽，令左右傳書信於四方，召兵進京。

典軍校尉曹操聽到此事說：「自古以來，俱有宦官，但皇上不應讓其受寵掌權，釀成禍亂；若欲治罪，當除元兇，一獄吏便足了事，為何紛紛召外兵。事一洩露，必致失敗。」

由地方豪強起家的董卓，接到何進的書信，回稟說近日入京。何進聞報大喜，侍御史鄭泰諫說：「董卓強暴寡義，貪欲無厭，若假以政權，授以兵柄，將來必驕恣不法，上危朝廷。明公望隆動戚，位據阿衡，欲除去幾個權閹，何須倚卓？且事緩變生，殷鑑不遠，但教秉意獨斷，便可有成。」

何進仍不聽，鄭泰只好辭職回鄉去了。

董卓大軍向京城開進，途中上書何太后，請誅殺宦官，太后不從。何進也變了卦，派人前往董卓營中，企圖阻止他前進，董卓不聽，一鼓作氣開到京城外駐紮下來。在大兵壓境的情況下，何太后不得已將十常侍張讓等宦官罷免，遷出皇宮。張讓等人不甘心，透過舞陽君的關係說服了何太后，同意讓他們重新回宮。

張讓等太監密謀誅殺何進，他讓太監埋伏在嘉德殿門外，然後詐傳太后的詔命，傳何進入宮。何進一入宮門，就被太監一擁而上，當即殺死。

在宗吾看來，何進手握兵權，想殺十常侍是不費什麼力氣的，可是他卻優柔寡斷，一直沒有動手，就是因為他不懂得當斷不斷的嚴重後果，等他明白過來時，一切已經遲了。

## 厚黑口才 六十七 爭強好勝，得不償失

■凡事都要在嘴上爭個高低，這是一種不良的心態。其實爭來爭去，得到的只是「虛」的，而失去的卻可能是「實」的。

有的人信奉一種「鬥爭」的哲學，一天到晚「嘴不饒人」，而且自覺其樂無窮。其實爭來爭去，只是一些吃著沒味扔了可惜的「雞骨頭」。所以說，爭來爭去真沒意思，你得到一點微不足道的名或利的同時，又失去了太多的東西，真是撿了芝麻丟了西瓜，本末倒置。因此，宗吾認為，要想避免「禍從口出」，不可爭強好勝！

**【宗吾真言】 曾國藩曾寫過這樣一首詩：「善莫大於恕，德莫凶於妒。知足天地寬，貪得宇宙阻。」在宗吾看來，只有自私心重、貪欲極深的人，才會整天為了爭名逐利而絞盡腦汁。**

宗吾認為，爭強好勝的人整日焦慮，超脫不得，無法做一個坦蕩於天地間的人。因此，不能為了爭名逐利，使自己成為「無頭蒼蠅」。

唐順宗為太子時，好發豪言壯語，慨然以天下為己任。曾對僚屬說：「我要竭盡全力，改革弊

政。」王叔文告誡他說：「作為太子，不應該多言國事，況且改革一事又屬當前敏感問題，你若過分熱心，別人會認為你邀名逐利，招攬人心，如果陛下因此而猜忌你，你將何以自明？」一番話使太子如雷貫耳，從此以後再也不發豪言壯語了。後來繼承皇位，才逐步改革了某些弊政。

古人云：「木秀於林，風必摧之。」常言道：「人怕出名豬怕肥。」所以，厚黑學提醒人們在名利二字前，要瞻前顧後，適可而止，有所節制，懂得適度的可貴。

元朝末年，有一人名叫王冕，在鄉村居住。七歲亡父，他母親做些針線活，供他到村學堂裡去讀書。他十歲時因為家裡窮，只好到隔壁人家放牛，每月得幾錢銀子，又有現成飯吃。這樣，王冕也沒有什麼不滿足的。王冕邊放牛，邊讀書。一天大雨過後，景色清新優美，湖裡有十來枝荷花，花苞上清水滴滴，荷葉上水珠滾來滾去。王冕看了一會兒，決心學畫，便託人買些胭脂鉛粉之類，學畫荷花，畫了三個月，那荷花的精神顏色無一不像，便有人來購買，名聲漸漸傳出去了。自此不愁衣食，便愈發自由自在。

一位在京城當官的書法家回鄉居住，見到了王冕的畫，愛不釋手，約王冕相見，但王冕推辭不去，無非是不想趨炎附勢，以免招災引禍罷了。知縣來請，也躲到一邊不見。王冕怕大禍臨頭，就出遠門去了。在外地租了個小屋，賣卜測字，聊以度日。縣裡幾個土財主，見到王冕的畫，時常要買，王冕被鬧騰得不耐煩，又搬走了。大亂之時，回到家裡，母親病倒在床，對王冕說：「我就快不行了。但這幾年來，人人都在我耳根前說你有學問，勸你去做官。做官怕不是光宗耀祖的事，我看做官的都不得有好下場。況你的性情高傲，倘若弄出禍來，反為不美。我兒可聽我的遺言，將來娶妻生子，守著我的墳墓，不要出去做官，我死了，口眼也閉。」王冕含淚應諾。

總之，宗吾認為，爭名奪利實際上吃虧受害的還是自己，如能戒除名利心，自然就會做到「多聽，少說，常點頭」，避免「是非皆因多開口」的局面，也就不是什麼難事了。

**【宗吾真言】　在人際關係中，當多重矛盾糾結在一起時，假如你並非「繫鈴人」，那你最好「閉起嘴巴」，別添亂，在客觀環境一時無法改變，條件尚未成熟之時，索性故作愚人，靜觀其變，氣定神閒。**

《論語．為政》中講孔子的弟子顏回會「守愚」，深得其師的喜愛。顏回聽先生授業解惑時「終日不違如愚」，對老師非常尊重。表面上唯唯諾諾，迷迷糊糊，其實他在用心勁，所以課後他總能把先生的教導清楚而有條理地講出來。

對顏回，這叫「尊師重道」，以「守愚」博得個謙虛好學的名聲；在今天，就叫「會來事」，不失做人原則，不出風頭，凡事都讓人以為自己不懂，關鍵時候能拿出「真招」。但儒家這種「守愚」只是權宜之計，一時的不顯山不露水，是為了「需要時露鋒芒」，其中仍有與世爭雄的競爭意味。

道家「守愚」的宗旨不是權宜之計，而是視其為終身處世方式。「守愚」可以全身遠禍，不至於成為先爛的「出頭椽子」。大智若愚，守愚裝拙，確實可以免去許多不必要的衝突和紛爭。

特別是一些著名的自然科學家，為了潛心於自己的專業研究，經常是「兩耳不聞窗外事」，對世態炎涼、社會思潮的「行情」一竅不通，在他們自己的研究領域，他不愧為專家權威，而一接觸生活，就顯得十分愚拙。

現實社會中，確實有許多事不能太認真，太計較。特別涉及到人際關係，錯綜複雜，盤根錯節。太認真，不是扯著胳臂，就是動了筋骨，愈搞愈複雜，愈攪愈亂乎。順其自然，裝一次糊塗，不喪失原則和人格；或為了公眾為了長遠，哪怕暫時忍一忍，受點委屈也值得。

一個人一生的道路是很寬闊的，當官為民，有錢沒錢，其實都一樣可以活得有滋有味，各有各的活法。功名利祿不必著力去追求，官大五品，腹中空空，也是虛有官祿。「芝麻綠豆」一個，身懷絕技，照樣譽滿全球，優哉快哉！當得則得，不當得不爭；當得沒得，不急不惱；不當得得了，也不要——這才叫活得輕鬆，悟得透徹。

宗吾認為，現實生活中偶爾說兩句「小聰明」的話，別人不拆穿，也就罷了。但是說多了，一定會被人拆穿，就會被人當成虛偽、狡黠之人，到時你再說什麼，別人也不會相信了！

# 厚黑口才 六十八 狂放不羈，遭人嫉恨

■ 人如果沒有自知之明，說起話來就會狂妄，在言辭間，把自己看作聖人，把別人視為混蛋，這能不遭人嫉恨嗎？

孔子說：「君子莊敬自重，而與人無所爭。」宗吾認為，即使再有本事的人，也不要在語言上流露出狂傲。就像一個人力大如牛，卻不必與牛較力量；走快似馬，卻不必與馬比速度；即使聰明過人，也不必要與人在語言上比聰明。比如你手中有一把利劍，在適當的場合，比如遇到危險時顯露出劍的逼人鋒芒可以震懾對手。但是過分地在說話上顯露鋒芒，甚至到了狂妄的地步，除了顯出咄咄逼人的氣勢外，沒有任何意義。

**【宗吾真言】 讀書人往往比較聰明，但是如果聰明反被聰明誤，說起話來為了讓別人知道自己聰明而顯示聰明，就犯了大忌。書生氣太濃和滿腦子的「不合時宜」是讀書人的通病。**

宗吾認為，如果一個人書生氣太濃，說起話來，就會與環境格格不入。

例如，漢代的賈誼，因為誦詩通經聞名於郡中。河南吳太守，聽說了他的大名，把他召至自己

門下。漢文帝剛剛登基不久，聽說河南太守吳公政績為天下第一，而且還曾經向李斯學習。於是，漢文帝加封他為廷尉，「廷尉乃言賈生年少，頗通諸子百家之書，文帝召之為博士。」

這一年賈誼才二十多歲，每次漢文帝召集群臣議事，諸位老先生不能言，賈誼卻可以對答如流。於是，大家都認為能力不如賈誼。漢文帝非常高興，就越級提拔，一年之內就官至太中大夫。

賈誼認為漢朝此時已經天下大治，因而當「改正朔，易服色，法制度，定官名，興禮樂」。他還自作主張，草撰了新的儀規法禮，認為漢代的顏色應以黃為上，黃即土色，土在五行位第五，故數應用五，還自行設定官名，把由秦傳下來的規定全都改了。雖然漢文帝剛即位，不敢一下子都按賈誼的意見去辦，但卻以為賈誼可以擔任公卿。

大臣周勃、灌嬰、東陽侯張相如、御史大夫馮敬時等貴族都因此而嫉恨賈誼，常常在文帝面前說賈誼的壞話，「年少初學」，「專欲擅權」，「紛亂諸事」。於是，文帝開始疏遠賈誼，也不再採納他的建議，並讓他去當長沙王的太傅。過了一年多，文帝召見賈誼，與他長談至夜半，但是「不問蒼生問鬼神」。隨後又讓賈誼做梁懷王太傅。梁懷王是「文帝之少子，愛，而好書」。文帝又封淮南厲王子四人皆為列侯。賈誼數上諫，認為禍患可能從此而起，他認為，「諸侯或連數郡，非古之制，可稍削之。」文帝不聽。過了幾年，梁懷王學習騎馬，不幸墜馬而死。賈誼悔恨自己沒有盡到老師的責任。哭泣歲餘，亦死，年僅三十三歲。

人生活在社會中，面對的是紛繁多變的世界，與之打交道的是形形色色的人物，要想立身於世，就得少一些書生氣，不得不精明些。但是，精明、技巧要因人因地而異，有時候就不能太聰明。比如，在談話時，一定要注意顧及別人心理，不要處處顯示自己的聰明。必要時不但要把自己的聰明歸於別人，而且要善於自損形象。要做出一副「大智若愚」的形象來，既顯示自己的謙遜，又不致使對方相形見絀。

在宗吾看來，年少才子賈誼本來才高八斗，睿智英煌，得到皇帝的賞識也理所當然。但是，賈誼畢竟太年輕，書生氣太濃，不僅不懂得預設保護，反更強求，致使自己力盡而寡助。

**【宗吾真言】有一種人說話從來不顧及別人的感受，非常容易傷人自尊。他們只圖自己快活，說話銳利刻薄不饒人，這樣就會激起巨大的衝突，甚至會一世為仇。**

在宗吾看來，這種人的「病根」就在「我行我素」和「無所顧忌」，說到底，就是不懂得「狂放不羈，遭人嫉恨」的道理。

例如，西漢人楊惲是司馬遷的外孫，非常有才幹，喜歡結交儒生與豪傑，在朝廷中有很高的名望，漢宣帝任他為郎官。大司馬霍禹謀反，楊惲事先得到消息，上報皇帝。因這件事皇帝加封他為平通侯，升中郎將，再升光祿勳。楊惲這個人什麼都好，只有一樣不好，就是我行我素。比如，宮中有堯、舜、桀、紂的畫像，楊惲指著桀、紂的像對人說：「當今天子經過此地時，要是能對他們的過錯一一指明，就知道怎樣做天子了。」

這話在當時是大逆不道的，但是楊惲卻不在乎。廷尉于定國查明屬實後，便奏請皇帝逮捕楊惲治罪。漢宣帝認為楊惲對自己有功，不忍心殺了他，就下詔把他免為庶人。

楊惲不記取教訓，失去官職、爵位後，便藉招朋聚友、狂飲浪醉來發洩自己的不滿。他又添置產業，經商逐利，西漢大臣講究身分，楊惲這種與民爭利的行為也是離經叛道的，一時人們議論紛紛。楊惲的朋友孫會宗當時是西河太守，得知這個情況後，就寫信勸楊惲要謹慎自守，閉門思過，以便再被起用。

楊惲自認為沒有過錯，於是模仿司馬遷《報任安書》的筆調，寫了一封《報孫會宗書》。其實，楊惲所受委屈與其外祖父當年所受的委屈根本沒法相比，但楊惲卻在詩中大發牢騷。他對孫會宗的好心一點不理會，反而不斷申明自己已是庶人，甚至罵孫會宗以士大夫的身分媚俗為貪鄙。後被人告發，漢宣帝大怒，下令把楊惲腰斬了。

事實上，楊惲是一位頗有能力的幹才。但是我行我素，容不得他人，且心高氣傲，居功自傲，導致「滿嘴跑舌頭」，才落得了身首異處的下場。所以，宗吾認為，在與別人交談時不可表現出傲骨錚錚。俗話說：「前半夜想想自己，後半夜想想別人。」就是說，一個人想發表意見之前，不能只想到自己，還要能為別人考慮，要能體諒別人的難處。我行我素之徒的問題就出在這裡，他們在說話之前，從不替別人考慮，其結果只會讓自己的路愈走愈窄。

**【宗吾真言】** 如果你僅僅做一個老百姓可能還好一些，如果身在官場，那麼說話方面就要格外小心了。那些能夠爬上顯位者，為了升官，吹牛拍馬，打擊對手，送禮進貢，攀親附貴。在

## 這種弱肉強食的「叢林」中，狂放不羈的下場只會被人「吃掉」。

宗吾認為，說起話來狂放不羈是與韜光養晦這一存身保命訣竅不相容的！

例如，明朝時，夏言任內閣首輔後，恃才驕橫，對嚴嵩無恥行徑十分鄙夷。夏言性情剛烈，嚴嵩陰柔獻媚；夏言對下嚴峻，嚴嵩卻裝得謙恭下士；夏言在皇帝面前態度強直、驕慢，嚴嵩卻在皇帝面前表現柔媚、謙卑，俯首貼耳；夏言對嚴嵩要求嚴厲，嚴嵩呈送的上疏手稿，常常被夏言改得一塌糊塗，甚至還擲還給他，讓他重寫。嘉靖皇帝在兩人侍君態度的強烈反差面前，寵信之心漸漸傾向了嚴嵩。

為了動搖皇帝對夏言的信任，嚴嵩首先收買了皇帝身邊的太監。嘉靖猜疑心很重，常派太監察看大臣的動靜。太監到夏言處，遇到的是夏言的盛氣凌人。夏言把太監視為皇帝的奴才，不把他們放在眼裡，加之忙於處理政事，無暇答理他們；而太監到嚴嵩處，嚴嵩急忙起身，笑臉相迎，執手延坐，非常謙和，奉為上賓，還不時把一些銀兩送給他們。這些太監回到皇帝身邊，爭著說嚴嵩的好話，說夏言的壞話，皇帝聯想到朝中議事時夏言的恃才傲上，對夏言更加不滿意。

嘉靖十分迷信道教，每有齋戒，令大臣寫青詞讚頌。夏言和嚴嵩雖都是寫青詞的行家，並以此受寵。但夏言由於體衰、政務忙，對青詞已厭倦了，常讓幕僚撰寫，自己也不好好修改，嘉靖帝接到後，常常不滿意。嚴嵩卻是曲意迎合，他精心構思，反覆修改，每次進呈青詞，都能博得皇帝十分喜歡。每逢夜間皇帝派太監巡查值班大臣的行跡時，夏言常已就枕酣睡，根本不理會；而嚴嵩得此消息，故意當晚燈火通明，他或伏案研讀奏章，或撰寫青詞。嘉靖越發對嚴嵩喜歡，而對夏言不滿和疏遠。

嘉靖對道教迷信到了毫不顧及朝廷儀禮的地步。他丟棄皇冠，而喜歡戴道士香葉冠。他命人仿製五頂香葉冠，賜給夏言、嚴嵩等大臣戴。嚴嵩等急忙受賜謝恩。夏言拒不受命，說：「香葉冠不是正式朝服，為大臣者絕不應戴！」他堅決不戴，惹得嘉靖十分不滿。嘉靖遵照道士的習慣，要求大臣只能騎馬，不准坐轎。嚴嵩迎合帝意，而夏言偏不騎馬，仍是坐轎。嘉靖帝對夏言到了氣惱的地步。

於是，嚴嵩便趁機密謀罷免夏言。有一天，嘉靖帝單獨召見嚴嵩，其中問及他和夏言不融洽的事。嚴嵩抓住這個機會，說到夏言過去種種作為名義上是對著嚴嵩，實際是針對皇上時，嘉靖怒髮衝冠，決心罷免夏言。這時，事有湊巧，出現一次日全食，皇上認為是上天示警。嚴嵩藉機落井下石，附會說此事應夏言身上。嘉靖帝令嚴嵩擬詔，「日蝕過分，正坐臣子欺逼君之咎」，竟將夏言革職罷官。

在宗吾看來，夏言的結局正說明，他固然才高八斗，但不懂得韜光養晦，最終給對手提供了下手的機會。所以說，韜光養晦正是根治狂放不羈這一惡習的一劑良方。

## 厚黑口才 六十九　自吹自擂，欲蓋彌彰

■ 僅僅為了滿足自己的虛榮心，對自己大吹大擂、自說自話，這是一種人性的虛偽，到頭來只會適得其反。

有些人為了面子和虛榮心，對自己大吹大擂、自說自話，或者對人對事故意擺出一副姿態，說些與實際想法相違背的話來。自吹自擂是一種人生虛偽的表現，只能瞞過那些愚蠢者，在聰明人面前卻是欲蓋彌彰，適得其反。其結果，輕者被人看偏，自此不再被信任；重者被人抓把柄，為人所制。

**【宗吾真言】在世人眼裡，喜歡自吹自擂的人，其裝腔作勢實際是一種心虛的表現，他們知道自己本來不行，所以才擺出這種姿態，以使自己能夠在他人面前有「尊嚴」和臉面。**

宗吾認為，愈使用「自吹自擂」這種伎倆，本來的面目愈暴露得充分，愈讓人不屑或恥於為伍。要知道，無論是人或事物，光靠擺一副姿態是打不垮人家的。

故事發生在俄國某偏僻城市。以市長為首的一群官吏聽到欽差大臣前來視察的消息，驚慌失

措，竟將一個過路的彼得堡的紈絝子弟赫列斯達科夫當作欽差大臣，對他阿諛奉承，殷勤款待。正當市長準備將自己的女兒許配給這位「欽差大臣」，做著升官發財的美夢時，傳來了真正的欽差大臣到達的消息，喜劇以黑色幽默告終。這部作品無情地嘲笑了無惡不做、掠奪成性的沙皇官僚，作者以卓越的現實主義手法，刻畫了老奸巨猾的市長、怠忽職守的法官、不顧病人死活的慈善醫院院長等，忠實地反映了俄國官僚階層貪贓枉法、善於鑽營的形象，連同厚顏無恥、自吹自擂的赫列斯達科夫的形象，組成了一幅整個俄國官僚界的群醜圖。

這種人中國歷史上也曾出現過。陳勝年輕時家境貧寒，靠打長工種地為生。他雖志向遠大，卻命運多舛，不知道什麼時候才有出頭之日，鬱鬱不得志。有一天，他扔下手中的農具，走到高處歇息，茫然四顧，順口說道：「如果我們中間有誰富貴了，千萬不要忘了別人。」雇工夥伴們覺得好笑，陳勝嘆息道：「唉！燕雀又怎能知道鴻鵠的志向呢？」

後來陳勝首先發難，奮起抗秦，天下應聲而起。陳勝軍隊日益壯大，於是自立為王。他的那些雇工朋友們聽說了，都想佔點便宜，就冒著戰火來投奔他。到了宮門前，一齊敲打宮門，口中喊道：「我們要見陳勝！」門官見這些人衣衫襤褸，又直呼大王的名字，便想綁起他們。碰巧陳勝出門，就讓他們同車回宮。宮中一班官吏，左看右看不順眼，但又礙著是陳勝故人，只好大酒大肉讓他們大吃大喝一通。有些喝醉了的拍案狂呼起來：「陳勝，陳勝，真想不到你還有今日。」於是，你一言我一語地將陳勝當年的可笑往事都扯了出來。

之後，宮中有人將這些有損王威的言論報告了陳勝。最後陳勝下令一律斬首。軍中將帥見陳勝心狠，不可共享富貴便離心離德，加上陳勝用人不當，刑罰失度，最後竟被車夫莊賈刺殺，為王也不過六個月，就連命也丟掉了。陳勝在貧困時曾對天盟誓，要同富貴。一旦富貴了卻容不得那些剛擺脫不久的「貧窮」朋友，連「裝腔作勢」的面紗也不要了。

在宗吾看來，自吹自擂、裝腔作勢不僅使自己活得很累，而且還極易因此做錯事，學識淵博，修養深厚的智者是不會如此的。「平平淡淡，從從容容才是真」，人不能憑偽裝去面對生活，如果你連最起碼的真實都做不到，那麼最終將什麼也得不到。

**【宗吾真言】 在與人打交道之中，不注意言語的輕重是一種非常危險的做法。《周易．繫辭》上說：「君子的話很少。」孔子也把語言視為禍根。要想招惹是非，沒有什麼比「自吹自擂」更容易的了。**

宗吾認為，言為心聲，語出明心跡。所以，與人交往，慎言為上。晉朝王獻之和他的兩個哥哥一塊兒去謝安的家裡。他的兩個哥哥說了很多話，王獻之只不過寒暄幾句而已。他們出來以後，有人問謝安，王家兄弟中誰好誰差，謝安說：「說話少的好。吉人的話少啊。」

同樣，光緒即位時年僅四歲，由兩宮皇太后垂簾聽政。慈禧常常單獨召見廷臣，有事不與慈安太后商量，慈安太后頗為不滿。一八八一年初，慈禧忽然患了很重的病，徵集中外名醫都治不好。後來用產後疏導補養的藥治療，竟然治好了。於是慈安太后知道慈禧作風不檢點，便以慶賀慈禧康復為名，在鐘粹宮置酒，與慈禧共飲。酒喝到一半，慈安太后命左右退下，談起咸豐晚年的事，說二十多年來兩宮相處還算好，有一件事早想和妹妹說了，想請妹妹看一件東西。慈安說著起身在一個匣裡拿出一捲黃紙來。原來是咸豐帝臨終寫給慈安太后的手諭，大意說若此後那拉氏不安分，可出示此詔命大臣把她除掉。慈禧聽後臉色大變。慈安太后完全出於好心告知慈禧此事，想勸她以後檢點一些。為了不使慈禧猜忌，慈安當場索回遺詔，焚於燭上，說：「此紙已無用，焚之大佳。」慈禧表面感激涕零，暗中心懷鬼胎。不久，慈安太後患感冒，當晚就死了，事實上是被慈禧所毒死。慈安之死，就是典型的禍從口出。

清代著名詩人和詩評家沈德潛，做過禮部尚書，生前深得乾隆恩寵。乾隆南巡時喜歡到處題詩，每有所作，即令沈氏潤色，甚至由沈氏代為捉刀。沈氏為了炫耀自己，常對詩友說某首御制詩是他改的，某首詩是他代寫的。甚至把代乾隆所作的詩收入自己詩集。乾隆皇帝為此非常怨恨他，不久以沈氏《詠黑牡丹譜》中有「奪朱非正色，異種也稱王」句下獄，死後剖棺碎屍。

宗吾認為，「是非皆因多開口」並不是不讓人們說話，而是告誡人們講話一定要謹慎，開口說話要動腦筋，為什麼要說話，要看講話對象，應該怎樣開口，都有一定的學問。該說話時一定要說，不該說話時絕不多嘴，千萬不可為了虛榮心，自吹自擂。

**【宗吾真言】** 老子曾告誡孔子說，一個聰明而富於洞察力的人身上經常隱藏著危險，那是因為他喜歡批評別人。雄辯而學識淵博的人也會遭遇相同的命運，那是因為他暴露了別人的缺

**點。這就是「自是不彰，自誇不長」的道理。**

老子提出：「不自見，故明；不自是，故彰；不自伐，故有功；不自矜，故長。」意思是說，一個人不自我表現，反而顯得與眾不同；一個人不自以為是，反而會超出眾人；一個不自誇的人會贏得成功；一個不自負的人會不斷進步。相反的，老子告誡世人：「企者不立，跨者不行。自見者不明，自是者不彰，自伐者無功，自誇者不長。」因此，宗吾認為，如果一個人處處表現自己的聰明才智，唯恐天下人不知道，這樣一定不會有好下場。

世人都知道「楊修之死」這段故事，它給我們留下了重要的啟示。第一，才不可露盡。楊修是絕頂聰明之人，個性也算爽快，且才華橫溢，其才蓋主。這就犯了曹操的大忌。有些將帥帝王是不喜歡別人勝過自己的。楊修犯的正是這禁忌，這是他必死的原因之一。第二，事不要點破。譬如雞肋、殺近侍等，你捅穿這層薄紙，就是羞辱了他。這兩點，是楊修的死因，也是厚黑學所要提醒世人的。

怎樣做才是最保險的呢？最好的方法就是「大巧若拙」。清朝乾隆皇帝好賣弄才情，好寫詩，寫過上萬首詩，他上朝時經常出些詞、聯考問大臣。大臣們都很聰明，明明知道那是很淺的學問或狗屁不通的對聯，也不說破，故意苦思冥想，並且求皇帝開恩「再思三日」。這意思無非是讓乾隆自己說。果然最後皇帝說了出來，於是大臣一片禮讚之聲，把個皇帝老兒喜得不得了。

南朝劉宋王僧虔，是東晉丞相王導的孫子。宋文帝時官為太子中庶子，武帝時為尚書令。年紀很輕的時候，僧虔就以善寫隸書聞名。宋文帝看到他寫在白扇子上面的字，讚嘆道：「字超過了王獻之，風度氣質也超過了他。」可是，到了宋孝武帝時，由於孝武帝以書法名聞天下，對自己的書法非常自信。於是，僧虔便不敢露出自己的真跡，常常把字寫得很差，因此而平安無事。

《莊子》中有一句話叫「直木先伐，甘井先竭」。這話是說，一般所用的木材，多選擇挺直的樹木來砍伐；水井也是湧出甘甜水者先乾涸。所以，在宗吾看來，愈是才華橫溢的人，愈不能自吹自擂，否則危險性也愈大，很容易遭人暗算。

## 厚黑口才　七十　夜郎自大，眾人不齒

■ 井底之蛙，感覺天下最偉大者，莫過於自己。於是，便志得意滿，鼓腹而鳴，唯我獨尊。許多人說起話來，何嘗不是如此？

相傳，漢朝西南方有一夜郎國，在西南諸小國中最大。漢朝使者到了那裡，夜郎國國王對使者道：「漢朝與我的國家相比，哪一個國家大呀？」這就是「夜郎自大」的典故。「夜郎自大」最容易表現在言語方面。「自任而氣使」，這是許多人的通病，人過於自信就容易偏激，過於偏激就容易說起話來傲物以待人。因此，在宗吾看來，任何人由於不瞭解世情、不知道自己的根底便自鳴得意，是很容易引起別人反感的，碰上那手握重權的統治者，一語不慎，還會惹來殺頭之禍。

**【宗吾真言】　在生活中有很多像夜郎國國王那樣的人，他們以井蛙之見看世界之大。有些本事，但由於見識淺薄，胸襟狹窄，以為天下唯我獨尊，結果在說話中鬧出許多笑話來。**

宗吾認為，對一個才子來說，由於自己在某些方面的超群出眾，便很容易犯「夜郎自大」的毛病，不知道山外有山，天外有天。例如，三國時的禰衡就因為一點文才，恃才傲物而丟了性命。

建安初年，二十出頭的禰衡遊歷許昌，當時許昌是漢王朝的都城，名流雲集，司空掾陳群、司馬朗、尚書令荀彧、蕩寇將軍趙稚長等人都是當世名士。有人勸禰衡結交陳群、司馬朗。可是，禰衡卻說：「我怎能和殺豬、賣酒的在一起。」又有人勸他參拜荀彧、趙稚長，他又回答說：「荀某白長一副好相貌，如果弔喪，可借他的面孔用一下；趙某是酒囊飯袋，只好叫他看守廚房。」有人見他與少府孔融、主簿楊修意氣相投，就問他這兩個人如何，禰衡說：「孔文舉是我大兒子，楊德祖是我小兒子，其餘碌碌之輩，就不值一提了。」由此可見他是何等狂傲。

孔融向曹操推薦禰衡，曹操召見時不命坐。禰衡仰天嘆曰：「天地雖闊，何無一人？」

曹操說：「我手下數十人，都是當世英雄，怎說無人？」

禰衡說：「我願聽一聽你手下都有哪些英雄。」

曹操說：「荀彧、荀攸、郭嘉、程昱，機深智遠，不在漢初蕭何、陳平之下。張遼、許褚、李典、樂進，勇不可當，雖岑彭、馬武不及也。呂虔、滿寵為從事，于禁、徐晃為先鋒；夏侯惇天下奇才，曹子孝世間福將——安得無人。」

禰衡聽完之後譏笑說，「你說錯了，這些人我都瞭解：荀彧可使弔喪問疾，荀攸可使看墳守墓，程昱可使關門閉戶，郭嘉可使白詞念賦，張遼可使擊鼓鳴金，許褚可使牧牛放馬，樂進可使取狀讀詔，李典可使傳書送檄，呂虔可使磨刀鑄劍，滿寵可使飲酒食糟，于禁可使負版築牆，徐晃可使屠豬殺狗，夏侯惇為『完體將軍』，曹子孝呼為『要錢太守』。其餘都是衣架、飯囊、酒桶、肉袋！」

當時張遼在場，氣得七竅生煙，要斬禰衡。曹操止住，並說：「我正少一個擊鼓之人，就讓禰衡充當此任。」禰衡也不推辭，應聲而去。

第二天，曹操大宴賓客，令禰衡擊鼓。按規矩，鼓吏擊鼓時須更換衣帽，禰衡便當眾脫下舊衣，裸體而立，渾身盡露，在座的賓客羞不敢看。禰衡自己卻顏色不變，徐徐著褲。這時曹操叱曰：「廟堂之上，何太無禮？」

禰衡說：「欺君罔上乃謂無禮。我露父母之形，可顯清白之體耳！」

曹操說：「你為清白，誰為愚濁？」

禰衡說：「你不識賢愚，是眼濁；不讀詩書，是口濁；不納忠言，是耳濁；不通古今，是身濁；不容諸侯，是腹濁；常懷篡逆，是心濁！我是天下名士，用為鼓吏，是猶陽貨輕仲尼、臧倉毀孟子耳！欲成王霸之業，而如此輕人耶？」

就這樣，禰衡三番二次當面辱罵曹操，曹操恨禰衡入骨，但又不願因殺他而壞了自己的名聲。心想像禰衡這樣狂

妄之人，遲早會惹來殺身之禍。便把禰衡送給荊州牧劉表。禰衡替劉表掌管文書，頗為賣力，但不久便因倨傲無禮而得罪眾人。劉表也聰明，把他打發到江夏太守黃祖那裡去。禰衡為黃祖掌書記，起初幹得也不錯，後來黃祖在戰船上設宴，禰衡說話無禮受到黃祖呵斥，禰衡竟頂嘴罵道：「死老頭，你少囉嗦！」黃祖急性子，盛怒之下把他殺了。

在宗吾看來，禰衡文才頗高，本有一技之長，應受人尊重。但是禰衡沒有因為這一技之長而受惠於世。他依恃一點文墨才氣而輕看天下。殊不知，一介文人，在世上並非有啥不得了，賞則如寶，不賞則如敗屣，不足左右他人也。禰衡似乎不知道這些，他孤身居於權柄高控之虎狼群中，不知自保，反而放浪形骸，無端衝撞權勢人物，最後因狂縱而被人宰殺。不知道深淺進退，夜郎自大而禍身，實為不智。

**【宗吾真言】　「夜郎自大」還有一種表現，就是好為人師。好為人師的人，常常喜歡以高人一等的姿態出現，動則指手劃腳，口沫橫飛，以為只有自己的見解才最具有指導性。**

宗吾認為，以一種好為人師姿態說話，很容易引起別人的反感。這樣一來，即使好為人師者的意見正確，別人也會出於反感而不願意接受；即使一片好心，也未必會得到別人的感激。

例如，唐朝大詩人劉禹錫，詩名很大，但是做人不夠圓通，惹來不少麻煩。當時有項風俗，舉子在考試前都要將自己的得意之作送給朝廷有名望的官員，請他們看後為自己說幾句好話，以提高自己的聲譽。襄陽有位才子牛僧孺這年到京城赴試，便帶著自己的得意之作，來見劉禹錫。劉禹錫很客氣地招待了他，明白了他的來意之後，便打開了牛僧孺的大作，毫不客氣地當面修改他的文章。

劉禹錫應該算是牛僧孺的前輩，同時又是當時文壇大家，親自修改牛的文章，對他創作水準的提高是有好處的。但是牛僧孺是個非常自負的人，他從此對劉禹錫記恨在心。後來，由於政治上的原因，劉禹錫仕途一直不很得意，而牛僧孺卻官運亨通，最後成為了當朝宰相。而這時，劉禹錫還只是個小小的地方官。

一次偶然的機會，劉禹錫與牛僧孺相遇在官道上，兩個人便一起投店，喝酒暢談。酒酣之際，牛寫下一首詩，其中有「莫嫌恃酒輕言語，曾把文章謁後塵」之語，顯然對當年劉禹錫當面改其大作一事耿耿於懷。劉禹錫見詩後大驚，方想起從前的事，趕緊和詩一首，以示悔意，牛僧孺才解前怨。劉驚魂未定，後來對弟子說：「我當年一心一意想扶植後人，誰料適得其反，差點惹來大禍，你們要以此為戒，不要好為人師。」

宗吾認為，如果卻有高人勝算之處，遇人求教，指點二三，也非壞事。但是用不好，便會引來麻煩。古人說：「人之患，在好為人師。」人心自高，沒有喜歡老師的人，這在人性深處，莫不如此。所以，出主意、指點別人也許純屬好心，但是好心未必辦好事，好心未必有好報，自古皆然。因此，在打算教訓別人之前，自己先要三思，如果拿不準，還是「閉上嘴巴」為上策。

## 厚黑口才 七十一 怒髮衝冠，喪失理智

■憤恨於他人的人，其內耗是極大的，其理智的判斷會喪失在自己偏激的怒海之中，這時任何語言的技巧都不會發揮作用了。

在宗吾看來，要想制服世上的邪惡，必須先制服自己內心的邪念，自己內心的邪念降伏了，就可以控制住自己浮動的情緒，情緒控制住以後自然不會輕易失去理智。忿速，心胸狹窄、容易動怒之意。孫子說：「忿速，可侮也」，孔子也說：「一朝之忿，忘其身以及其親」，宗吾最擔心的也是，「匹夫見辱，拔劍而起，挺身而鬥，自損身家，為天下笑」，還談什麼厚黑行世、難言妙說，一切都化為泡影了！

**【宗吾真言】在日常生活中，「怒髮衝冠」最大的危險性，就是怒而失言，說話沒輕沒重，衝口而出，只圖一時之快，完全忘記了考慮一下是否該說，結果給自己帶來嚴重的後果。**

曾國藩曾說：「肝氣發時，不唯不和平，並不恐懼，確有此境。不特弟之盛年為然，即余漸衰老，亦常有勃不可遏之候。但強自禁制降伏此心，釋氏所謂降龍伏虎。龍即相火也，虎即肝氣也。

多少英雄豪傑打此兩關不過，亦人僅余與弟為然。要有稍稍遏抑，不令過熾。降龍以養水，伏虎以養火。古聖所謂窒欲，即降龍也；所謂懲忿，即伏虎也。」在宗吾看來，曾氏的「降龍伏虎」之道，正是基於對「怒髮衝冠」的危害性的認知。

例如，灌夫是漢代的一名武將，他酒後與丞相賭氣，怒而失言，遭到了殺身之禍。一年夏天，漢武帝的丞相田蚡娶燕王的女兒，太后詔令，召集列侯和宗室都要去祝賀。魏其侯竇嬰前去拜訪灌夫，要他一塊去。灌夫說：「我因為醉酒失禮得罪了丞相，丞相現在又跟我有隙，我還是不去的好。」魏其侯還是硬拉著他去了。

酒興正濃的時候，丞相起身向眾人敬酒，客人都離開座位，俯伏在地上接受。魏其侯敬酒時，只有老朋友離開座位，灌夫很不高興，起身依次斟酒，斟到田蚡時，田蚡說：「不能喝滿杯。」灌夫大怒，譏諷說：「丞相是貴人，應喝盡。」又斟到臨汝侯灌賢，這時，灌賢正與長樂宮衛尉程不識交頭接耳，又不離開席位，灌夫沒地方發洩，就罵道：「平日詆毀程不識不值一錢。現在長輩向你敬酒，卻像女孩子那樣說悄悄話！」

田丞相對灌夫說：「程將軍、李廣將軍是東西宮的衛尉，今天你當眾侮辱程將軍，難道不給李廣將軍留有餘地嗎？」

灌夫說：「今天就是砍頭，把胸膛穿透也不知道什麼程將軍、李將軍。」

客人一看形勢不好，紛紛藉口上廁所，悄悄地走了。魏其侯離開時，揮手要灌夫出去。田蚡大怒，說：「這是我放縱了灌夫。」說著，就下令扣留灌夫。灌夫想出去，出不去。籍福起身替灌夫道歉，按著灌夫的脖子要他道歉，灌夫不肯道歉，更加憤怒。田丞相令人綁了灌夫，召來長史，彈劾灌夫大罵朝臣，犯了「不敬」之罪，把他囚禁在居室裡，再調查以前的事，派遣官吏分頭捕捉灌夫的親屬，都判為殺頭示眾。

在宗吾看來，雖然田蚡與竇嬰和灌夫結下仇恨，但是，如果灌夫注意自己的言行，也不至於被田蚡所殺。可是，他在婚禮上，讓丞相過不去，這樣灌夫就必死無疑了。因此，宗吾認為，像灌夫那樣，僅僅為了面子，一時發怒，弄得丟了性命，還連累了朋友，實在是不值得！

**【宗吾真言】　孫子說：「主不可怒而興師，將不可慍而致戰。」《老子》中也說：「輕則失根，躁則失君。」就是說，輕率行動必然失去根基，急躁妄動必然失去主宰。因此，不可輕率從事，不可性情急躁，不可心血來潮。**

在宗吾看來，無論是戰場、官場還是商場，競爭對手之間無時無刻不在鬥智鬥勇。這其中，一個重要的方法就是使對手發怒，因為對方一旦發怒就會失去理智，這時做出的決定一定是漏洞百出，使自己在競爭中處於不利地位。

例如，周襄王二十年，晉楚城濮之戰，楚元帥成得臣驕傲輕敵，所率大軍十一萬人被晉軍擊敗，狼狽逃回國內。在連谷，成得臣整頓殘兵敗將，清點人數，其中申、息之師，十不存一二；中軍人馬，十折三四，損失慘重。面對如此慘敗，成得臣自感罪過不輕，楚王追究責任，自己首當其衝。於是，他召集大將斗宜申、斗勃等人說：「這次興兵伐晉，本想能為楚國揚萬里之威名，沒想到中了晉人的詭計，貪功敗績，罪行不小，事到如今，大家還有什麼話可說呢？」話未說完，諸將一個個失聲痛哭。最後，成得臣和斗宜申、斗勃決定自囚於連谷，等待楚王處置。由兒子成大心率領殘部，去見楚王回命。

再說楚成王得知楚軍敗績的消息後，十分震怒，這時見到成大心，滿胸怨氣，頓不可遏。他憤憤地說：「你父親有言在先，不勝甘當軍令，你現在還有什麼話說呢？」言猶未盡，他又補充道：「楚之法，兵敗者死。諸將請速自裁，不要讓我再髒了刀斧刑具。」說罷，轉身而去。

成大心看楚王絲毫沒有赦免諸將的餘地，只得哭著回來稟告父親。成得臣聽罷，仰天長嘆道：「縱然楚王赦免了我，我還有何面目見申、息之父老子弟呢？」於是北向拜了幾拜，然後拔出佩劍，自刎而死。

左師將軍斗宜申懸樑自盡，因身高體重，懸繩拉斷，僥倖未死。斗勃因等收殮得臣、宜申之屍後再自盡，故也未曾立即去死。而楚王在盛怒之後，也感到如此處置大將似有欠妥，在大臣們的勸說下，同意下令：「敗將一概免死。」於是，敗將之中僅成得臣一人殞命。

這位成得臣，也就是令尹子玉，他是楚國一員悍將。楚成王三十五年，他以司馬之職率軍攻陳，奪取焦、夷二地，因功升為令尹。後又帶兵圍陳、攻宋、滅夔國、復頓君，聲震諸侯，令強大的晉國也懼他三分。雖然在城濮之戰中，他讓楚國造成了巨大損失，但他能把楚軍主力帶回國內，證明他還是有一定的統率才能的。楚王因一時惱怒令其自殺，對楚來說無疑是個不小的損失。故晉文公聽到他自殺的消息後，高興得手舞足蹈：「我今日不喜得鄭，喜楚之失子玉也。子玉死，餘人不足慮，諸位可以高枕無憂了。」在厚黑學看來，楚成王的這一怒，令自己付出了沉重的代價，此後的晉楚爭霸中，再也沒有佔過上風。

宗吾認為，絕不能讓憤怒沖昏頭腦。如果對手使你遭受挫折，最好的應對辦法就是用努力來發洩心中的怒氣，以更理智的行動擊倒對手，而不應盲目發作，結果使自己遭受更大的損失。

# 第九篇　妙語解開尷尬境

◆語言的藝術性，很大程度體現在說話方式上。很多人總是用一本正經的說話方式與人交流。這種板著臉孔的說教會給人一種拒人千里的感覺，也很難達到說話的目的。「妙語解開窘迫境」卻要針對不同情況，靈活選擇說話方式，以期達到出人意料的效果。這種說話方式是一種增進人際關係的潤滑劑，更是一劑處世制勝良方。因為它既可以挽回言行舉止失誤之後的尷尬，又可以巧妙地回應惡意的語言攻擊，同時還能以一種輕鬆有趣的形式引起對方的心靈共鳴。可見，它不僅僅是一種說話方式，更是一種力量，一種行世的有力武器，一把打開事業成功之門的金鑰匙。

厚黑學口才篇

## 厚黑口才　七十二　嬉笑怒罵，促人自省

■高明的說辯方式眾多，其中一個方式就是運用嬉笑怒罵，讓對方在一種輕鬆愉悅的氣氛中，自己說服自己。

在宗吾看來，莊重嚴肅的說話方式會使人緊張慎重，如果你要與對方談的是一個非常莊重嚴肅的話題，這時你再採用一種莊重嚴肅的說話方式，對方很有可能不接受。而輕鬆幽默的說話方式，往往能引起人感情上的愉悅。只要有可能，最好能把莊重嚴肅的話題用輕鬆的形式說出來，這樣就可以使對方在嬉笑中自己說服自己。

**【宗吾真言】如果你的上司本身就是一個比較開明的人，很容易就能點醒他。但是，如果他是一個非常剛愎自用，或非常不開竅的人，怎麼辦？這時不妨先激怒對方，以這種方式觸動他的心靈，使其開竅。**

宗吾認為，以惹對方發怒的方式，來觸及對方內心，這種方法固然非常危險，但是有時對某一類型的人而且又懂得把握火候，用起來也非常有效。古時一些有大智慧的人，就曾大量地使用。

例如，戰國時，齊國一位隱士求見齊宣王。齊宣王在接見他時，威風十足地用手一招，說：「你，過來！」

誰知道他反而向齊宣王招手說：「齊王，你過來！」

宣王一下就愣住了，覺得自己的威嚴受到了損害。左右的人責備他說：「齊王是百姓的君主；你是他的臣民。他要你到他面前去是對的，你卻招手要他到你面前去，這不是不尊重君主嗎？」

這位隱士也不去理會正在生氣的宣王，而是反駁他左右的人說：「我是一個生活在山野的士人，齊王是一位擁有權勢的君主。我到他面前去是趨炎附勢的表現；他到我面前來是說明他禮賢下士。與其讓我趨炎附勢，倒不如讓齊王禮賢下士。讓齊王因此有禮賢下士之名，不是很好嗎？」

齊王聽了他的話越發不高興，就板起面孔說：「那麼你說，是『王』的身價高，還是『士』的身價高？」

這位隱士淡淡一笑說：「當然是士的身價高。」在已七竅生煙的齊王面前，他從容地向齊王說：「請別急，先聽我講一件事。有一次，秦國攻打齊國，在未進攻之前，秦王就下命令說，柳下季是齊國的著名賢士，他雖然已經死了，但我們還是應該要保護他。如果有誰敢在柳下季墳墓的五步之內砍樹、割草，一律處以死刑，概不赦免。同時他還下了另外一道命令說，誰能獲得齊王首級，定將賞給他黃金兩千四百兩，封萬戶侯。由此看來，活著的齊王的頭顱，還不如死去的柳下季的墳墓。這不正好說明士的身價高嗎？」

宣王左右一個自以為懂得厚黑口才的人說：「不對，還是你應該走過去。大王有一千輛戰車，兵力雄厚，統治著廣闊的土地，權力無比。天下的仁義之士都來投奔他，智謀之士都來為他出謀獻策。天下之人誰敢不服？他要什麼有什麼，老百姓個個都俯首貼耳；賢士再高明，也不過是一個普通人，生活於偏僻之地，地位怎能和大王相比！」

這位隱士反駁說：「這話不對，當初堯之所以能讓萬國諸侯歸附，是因為他道德高尚，敦厚待人，特別是尊重賢士。他所任用的舜，就是出身於鄉村荒野之間，後來舜還成了堯的接班人。從商湯到現在，凡是能治理好天下者，都是能夠禮賢下士，採納他們治國策略的人。就王個人而言，那有什麼了不起的呢？一旦亡國滅族，連想做個普通的老百姓都不可能。老子說：『高貴者必須時時不忘貧賤，君王必須以百姓為基礎。』所以，諸侯王們，歷來都稱自己是『孤人』、『寡人』，這就是他們要求自己時時不忘以貧賤為本的緣故。『孤』和『寡』，都是困賤和低下的意思；諸侯王這樣自稱，難道不是時時提醒自己要謙虛、謹慎，要禮賢下士嗎？歷史上堯傳位給舜，舜得到禹的幫助，周成王重用周公旦，這些人都被稱為『明主』，就因為他們明白賢士的價值。」

宣王聽了這一番話，頓時醒悟了過來，馬上離開座位走上前去，非常虔誠地對這隱士說：「哎呀！像先生這樣有學問的人，我竟沒能看出來，幾乎鑄成大錯呀！」並將他挽留下來。

這位隱士說：「大王您擔負的是治國的重任，但我的責任只是向大王直率地奉獻我的忠言。現在我已經講完了我應該講的話，請大王允許我回去吧！」說完，就告別了齊宣王。

在宗吾看來，這位隱士難言妙說的絕妙之處，就在於先把對方氣得七竅生煙，然後在對方即將失去理智時，把對方點醒。這正是佛家所說的「當頭棒喝」的效果。如果不是這一番帶有戲劇性的對話，對於像齊宣王這樣一個剛愎自用的人，是根本無法接受別人的觀點的。

**【宗吾真言】 以惹對方發怒的方式來說辯，的確存在著一定的危險，那麼有沒有安全一點的方式呢?可以即興利用一些由頭，運用誇張的形式，製造一些笑料，逗引對方開心，使其在開心之後，又能進行深刻地思索，從而得到啟發。**

有時出於目的，惹對方發怒不過就是為了引起對方的注意，引發對方的思考，如此，這個目的完成便可用一些輕鬆的方式來達到。

例如，戰國時期，楚國大舉入侵齊國。齊威王叫淳于髡帶上黃金一百斤，車馬一百套，到趙國去求援。淳于髡一聽，笑得前仰後合，把繫在下巴底下的帽帶子都給撐斷了。齊威王莫名其妙地忙問：「先生，你是嫌禮品太少了嗎?」

淳于髡回答說：「哪裡，哪裡。不敢，不敢。剛才我在來這裡的路上，看見有個人正跪在路邊向田神祈禱豐收。他拿了一隻豬蹄子，端起一小盅酒，嘴裡禱告著：『請神明保佑，讓我低處的田收穫滿車，高處的地收穫滿簍；五穀豐登，糧食裝滿倉。』我看到他拿來獻給神的是那樣少，而想得到的卻是那樣多，覺得好笑。現在想起，還禁不住要笑。」

齊威王於是便增加禮品，叫他帶上黃金一千斤，車馬一千套，玉璧一百雙，去見趙王。趙王派出精兵十萬，來援救齊國，楚國聽到這個消息，連夜撤兵。

還有一回，齊王讓淳于髡獻上一隻天鵝給楚王。美麗的天鵝是難得的珍奇寶物，齊王鄭重其事地讓淳于髡去送，而他剛走出城門，不小心讓天鵝給飛走了，手上只剩下一只空籠子。要是別人，真不知該怎麼辦才好。但淳于髡卻自有辦法。他帶著這只空籠子，大搖大擺地來見楚王，並叫人通報說：「齊王使者淳于髡來獻天鵝。」

楚王一看他提著個空籠子，非常奇怪，忙問：「天鵝呢？」

淳于髡不慌不忙，回答說：「齊王派我送天鵝。在過河的時候，我看天鵝渴得厲害，就讓牠出來飲水，不料牠卻展翅一飛，離我遠去了。」

楚王沒好氣地說：「那你還來幹什麼呢？你不知道該當何罪嗎？」

淳于髡卻慢條斯理地說：「是的，我知道。我想過很多：我想用匕首刺穿肚子，或用繩子絞住脖子上吊來自殺，但又怕人議論我們國王，因為一隻鳥的緣故而讓一個士人自殺，有傷國王的名聲；我又想，天鵝是有毛的禽類，像這一類的鳥多得是，想買一隻代替，卻又是弄虛作假而欺騙了大王您；想要畏罪逃走到其他國家去，又擔心齊楚兩國因此傷了友誼。想來想去，還是寧可空手來見您，願意領受大王您的懲處。」

楚王被他的這一番話逗樂了，忙說：「好啊！齊王有這樣的忠誠之士，可喜可賀！」楚王不僅沒有懲處他，而且還非常熱情地款待了他，還給了他許多的賞賜。

總之，宗吾看來，採用「妙語解開窘迫境」的說話技巧，表面上看似隨意，其實深藏智慧，它們都是有所指的，針對性和目的性非常強，它絕不是為「逗」而「逗」，胡亂開玩笑。

## 厚黑口才 七十三 針鋒相對，以牙還牙

■ 尷尬局面的出現，往往是剎那間的事情，如果大驚失色，那只會手足無措。不要慌亂，迅速給對方一「錐子」，馬上見效！

宗吾認為，如果對方總想高人一等，壓人一頭，而且蠻橫無理，又強詞奪理，為了佔據有利地位，他們甚至用荒謬的理由、毫無根據又極具挑釁性的提問來反對你。面對這樣的對手，如何難言妙說？如果過於強硬，對方一定不會合作，甚至會激發衝突；如果你過於軟弱，對方一定不會把你放在眼裡。最好的應變方法，就是有理、有力、有節地運用「針鋒相對，以牙還牙」的說話技巧，來表明自己的態度。只要「妙語」能有的放矢，同樣「可以解開心頭事」。

**【宗吾真言】 如果對方蠻橫無理，強詞奪理，甚至用荒謬的理由攻擊你時，最好的辦法就是用他們的荒謬邏輯去形成一種理論，反過來去制服對方，也就是人們常說的「以子之矛，攻子之盾」。**

宗吾認為，「以子之矛，攻子之盾」，確實可以使對方的荒謬理論不攻而自破。

例如，老張花六十塊錢買了一條圍巾，而鄰居一位女孩卻只花了三十塊錢。於是他轉身去找那擺攤的。「喂，你剛才賣給那女孩才三十元而賣給我是六十元，你這是什麼道理？」「因為她是我的親戚，你知道嗎？」老張二話不說，又拿起一條圍巾就走。小販緊追上前：「你怎麼不付錢就走？」「因為咱們是親戚，我是那女孩的爸爸呀！」

在宗吾看來，這位小販強詞奪理，無中生有，老張抓住時機，如法炮製，兩個人以假對假。小販的話是想氣老張，但老張同樣來個無中生有，針鋒相對。這樣，針鋒相對的效果就非常強烈。

又比如，某養殖場訂購一批良種鴨仔，雙方議定價格後簽訂了合同。合同規定：由賣方代辦運輸，貨到後如數付款。不料賣方在運貨中管理不善，致使這批鴨仔在中途死去幾千隻。由於合同上未提及損耗之事，賣方便藉機要買方死鴨活鴨一塊如數付款，買方經辦人自然不依。於是，賣方拿出合同說：「合同上不是說貨到如數付款嗎？難道死鴨仔不是鴨仔？」

正在這時，該養殖場場長走了過來，笑著朝著賣方那位說：「哎，老兄，請問你家幾口人？」「五口。」對方脫口答道。「哪五口？」場長又問了一句。「老母，夫妻倆，兩孩子。你問這個幹什麼？」「你父親、祖父母呢？」場長又問道。「早死了，」對方回答。「難道他們就不是你家中的人了嗎？」對方一聽自知理虧，只好承擔損失。

在這場糾紛中，賣方想鑽合同的漏洞，而買方的養殖場場長「以子之矛，攻子之盾」，讓對方「搬起石頭砸自己的腳」。

總之，在宗吾看來，整治蠻不講理人的最好辦法，就是「以子之矛，攻子之盾」，因為這類人一般情況下很難正面去說服的。

**【宗吾真言】 對付總想高人一等、壓人一頭的人，有時還不妨反唇相譏。這裡所說的反唇相譏，既然屬於「妙語」，就必須藏中有露，露中有藏，而不能「真刀真槍」、「明火執仗」。**

在宗吾看來，在交談中別人的挑釁往往是剎那間的，如果缺乏鎮靜，那只會手足無措，唯唯諾諾聽之任之。如果能在心理上保持平衡與穩定，神色不改，鎮靜自若地面對出現的問題，才有可能巧妙機智地應付過去。

例如，春秋時，楚國一天比一天強大起來，為了改善關係，齊王派晏嬰出使楚國。晏嬰到達楚國，楚王就傳令楚人，盡量羞辱晏嬰。見晏嬰過來了，前來迎接的禮賓官員命令士兵打開城門旁邊的側門。晏嬰站在正門前，兵士指了指小門說：「先生，您請進吧！」晏嬰冷蔑地笑了笑說：「這是狗洞！出使狗國的人，才走狗洞！」楚國官員反被侮了一通，只好命令士兵把正門敞開。

楚王接見了晏嬰，不屑一顧地問：「難道齊國沒有人了嗎？」晏嬰誇張地說：「我的故國齊都，名喚臨淄，說大，確實不大，只有幾百閭人家，但是，如果每個人都把袖子甩開，能蓋住太陽！如果每個人揮一把汗水，無異於下一場大雨！國都的大路上，人如潮湧，怎能說沒人呢？」

楚王又接著冷嘲道：「齊國既然人多勢眾，為什麼選你來出使我國呢？」晏嬰接著楚王的話音諷刺道：「是的，誠如大王所說，齊國派出使者，是經過謹慎選擇的：水準高的，出使上等國家；

水準低下的，出使下等國家。我晏嬰水準不消說了，只好出使到貴國來了。」

在宗吾看來，楚王本想羞辱齊國使者晏嬰，卻反倒被晏嬰所羞辱。其實，當涉及到尊嚴的問題時，是絕不能讓步的。

例如，有位下屬患眼疾，看什麼都重巒疊嶂的，有一個上司偏叫他看這個看那個，並取笑他說：「你現在好啊，不論看什麼東西都是成雙呀，是嗎？」剛好，這位上司的老爸過來了，這位下屬說：「是呀，這不前面來了倆老爺子。」這位上司自討了個沒趣。這就是以牙還牙的妙用。

可見，怎樣處理好這些尷尬問題，不但需要你有遇事不慌、靈活機智的鎮定情緒，而且還需要有張口即來的應變能力和廣博的知識，這樣才能做到以牙還牙、以眼還眼。不然，事後諸葛很容易讓人當猴耍。

在宗吾看來，自以為了不起的人，別看他們張牙舞爪，趾高氣揚，其實他們非常無知，有的甚至是不學無術之流。對於這種人只要你抓住了機會，找準部位，以牙還牙、針鋒相對就一定能打敗他們。

## 厚黑口才 七十四 意料之外，情理之中

■「滿嘴跑舌頭」的人絕不是難言妙說之人，因此，他們永遠掌握不了製造風趣幽默的精髓。

要想「妙語解開窘迫境」，牙尖齒利不夠，還要憑藉風趣幽默的語言。這樣才能化解尷尬的局面，回擊不懷好意的責難，或者迂迴地對人進行勸諫。這種「口吐蓮花」本領需要天賦，但也需要訓練，更需要技巧。其中，充分運用自己的機智，在語言中製造出「意料之外，情理之中」的效果，就是一個重要技巧。

**【宗吾真言】 要達到「意料之外，情理之中」的效果，必須首先瞭解它與智慧之間的關係，充分意識到這種說話方式，絕不是單純地為了幽默而幽默。**

宗吾認為，憑著機智可以把通常不相關的事情，巧妙地使之聯繫在一起，它可以在文句上搬弄花樣，但是不一定會使人發笑。而幽默和一般的機智是不相同的，它所構成的條件，並不是字眼方面的玄虛。它是一種得體的自我玩笑。譬如，一個人頭上戴了呢帽，鼻樑上架了眼鏡，走起路來神

氣活現。不料正在自鳴得意的時候，腳底下踩了一塊西瓜皮，一跤滑倒，兩腳朝天，這樣的事情當然是可笑的，因為他本來的威風和跌了一跤後的狼狽樣正好形成了一個對比。

反過來說，他如果是個衣衫襤褸的窮人，一副可憐樣，跌了一跤就不會引起人們注意，因此也就無所謂可笑了。同時，這種說話方式，在交際上可以壓倒別人，顯示出你的聰明才智，也可以引起別人的興趣，並可以緩和緊張的氣氛，使大家快樂。

比如，第二次世界大戰期間，英國首相邱吉爾來到華盛頓會見當時的美國總統羅斯福，要求美國共同抗擊納粹法西斯，並給予英國物資援助。邱吉爾受到熱情接待，被安排住進白宮。這天早晨，邱吉爾正躺在浴盆裡，抽著他那特大號的雪茄煙。這時，門開了，進來的正是羅斯福。邱吉爾大腹便便，肚皮露出水面……這兩個首腦人物此時見面，委實尷尬。邱吉爾把煙頭一扔，說：「總統先生，我這個英國首相在您面前可真是開誠佈公，一點隱瞞也沒有！」

說完後，兩人哈哈大笑起來。邱吉爾此處所用「開誠佈公」，不僅指自己身上沒有穿衣服，更暗指英國為了得到美國的援助確實是誠心誠意，絲毫沒有傷害美國利益的意思。

在宗吾看來，這次談判的成功，與邱吉爾的「開誠佈公」不無關係。他說「一點隱瞞也沒有」，不僅是為了調侃打趣，緩解窘境，而且機智地表達出了坦誠求助的含義。

**【宗吾真言】** 為了表情達意的需要，故意言過其實，對客觀的人、事、物做擴大或縮小地描述，透過這種極度誇張，可能渲染出喜劇的效果。這可以作為「意料之外，情理之中」的一種表現形式。

宗吾認為，運用誇張這一手法時，一定要把誇張推向極度。可是，說到極度誇張，人們一定會想起一些名句：「君不見黃河之水天上來」、「蜀道之難難於上青天」、「白髮三千丈」……人們不禁要問，這些詩句運用誇張也算得極度了，但並沒有多少幽默機智的效果，這是為什麼呢？其實，極度誇張，如果光憑言語，則任你如何天馬行空，終究有限。所以要把誇張推向極度，就要把它推出言語的範疇，用情節來表現誇張，這樣才能產生喜劇的效果。

例如，一位北方人與一位南方人相遇，北方人吹北方天冷，說：「北方天氣一冷，撒尿都要帶木棍，因為一撒就凍，就要隨凍隨敲，不然的話，人牆凍在一處，怎麼也分不開。」南方人也不示弱，吹南方的熱，說：「南方天氣一熱，生麵貼在牆上立刻就熟；街上有人趕豬，沒走多遠，活豬變成了熟肉。」

由此可見，用情節來表現誇張，比單純用言語的表現，更推到了極度。假如單純用言語來表現一個人吹牛，最多說他吹得「天花亂墜」，當然這裡含有誇張的成分，但這種說法終究覺得還是屬於一般，與上例比較起來，遜色多了。所以極度誇張法必須超出言語，借用情節。以下舉一個《笑林廣記》中的例子。

一個差役奉命押送一名犯罪的和尚，動身時總怕忘了攜帶，便自編一個口訣常常叨念：「包裹、雨傘、文書、木枷、和尚和我，總計六件。」和尚知其粗心，看準機會用酒將他灌醉，剃了頭髮，並用木枷將他套上，自己逃走了。第二天差役酒醒，便念口訣，發現包裹、雨傘、文書都不少，木枷呢？摸到自己脖子上，也有，和尚呢？摸到自己光頭，噢，也有，但是，我卻不見了！

在宗吾看來，這些故事之所以能產生喜劇效果，就在於我們知道現實生活中絕不可能發生這種情況，所以是一種「意料之外」；但是現實生活中的確有粗心的人、遲鈍的人、健忘的人、好強的人，所以又是一種「情理之中」。這樣一來，憑藉機智，運用極度誇張，就獲得了強烈的喜劇效果。

# 厚黑口才 七十五 接過話頭，順勢演繹

■ 當發現對方意見謬誤時，不予駁斥和爭辯，而是順著他的思路，把謬誤推導出來，「妙語解開窘迫境」的效果就會油然而生。

在宗吾看來，說出去的話，潑出去的水。對方是無法否認自己的說法的。只要能順著對方的思路，做出合乎邏輯的推理，一層進一層，一環扣一環，就會產生意想不到的效果，就會使對方心服口服。比如，三國時，蜀國發生一次嚴重的旱災，蜀君劉備下令全國禁止釀酒，以免浪費糧食，並要把釀酒用具完全毀掉。一天，簡雍陪劉備在外遊逛，簡雍看見前面走來一對同行男女，就藉機告訴劉備：「他們兩個要互相勾搭，為什麼不命令侍從將他們拘捕起來？」劉備好奇地問道：「你怎麼知道他倆要相淫？由哪裡看出？」簡雍笑著回答：「他們都有性器呀！」「有性器也不一定就相淫呀！」「這和規定有釀酒器具的人和釀酒者同樣遭受處罰是一樣的道理啊。」劉備不禁笑了起來，立即糾正了自己的命令。

**【宗吾真言】 對方的意見原來可能只考慮到一方面的效果，而忽略了另一方面的影響以及可能產生的副作用。運用歸謬論證，有意朝這些方面推導，在推導過程中適當誇大，這樣就使謬**

誤更加明顯。

宗吾認為，透過歸謬論證，可以讓人認知自己的錯誤。可是，在整個推導過程中，自己始終表現得十分真誠，而且愈真誠效果愈好。對方感到你如此真誠地按照他的意見進行設想，而結果又是如此荒謬，往往會禁不住啞然失笑。這笑是笑他本人的愚笨，於是「妙語解開窘迫境」的目的也就達到了。

例如，秦二世胡亥執政後，為了炫耀富有，想把咸陽城油漆一新，這在當時是一個工程浩大，勞民傷財的舉措。他的一名優人得到這個消息，立即前去祝賀，稱讚這是個好主意，並望他千萬不要半途而廢，他說：「漆城雖然對於百姓是個負擔，可那多氣派，而且城牆變得光滑，敵人就爬不上來了，就算要爬，也會被黏住。不過，漆城要陰乾，這麼大的陰棚怎麼搭呢？」居然說得胡亥笑起來，這件事也就作罷了。

古代優人採用這種方式進諫的故事有很多，前文也多次提到。高高在上的皇帝通常是非常剛愎自用的，別人的話很難聽進去，可是優人卻說進去了，就是因為他們採用的都是歸謬論證的方法，在接受別人的意見改變自己初衷的同時，能夠感到幽默機智的情趣，這不能不說是趣話逗著說的奇效。

## 厚黑口才 七十六 笑語寓諷，語中帶刺

■「妙語解開窘迫境」既不是一味退讓，更不是只能用於遮醜和化解尷尬，同樣可以用於進攻，用於戰勝對手。

在宗吾看來，人生活在複雜的社會環境中，如果不學會勾心鬥角的招術，就無法保護自己，更談不上實現自己的抱負。要在心理上戰勝對方，一味退讓是不可能的，必須進攻，但如果一味強攻又不一定有效。這時就可以發揮「妙語解開窘迫境」的作用，透過笑語寓諷，語中帶刺，戰勝對方，讓其警醒。

**【宗吾真言】 譏諷就是一種「笑語寓諷，語中帶刺」之術，其運用之妙就在於，帶「刺」而不傷人，既達到了反對對方的目的，又不至於引起被諷刺者的惱怒。**

宗吾認為，可以採用暗示之法，對所反對的事雖不直指，但針對事而用他事暗示，詳盡說明其理，以引起對方的覺悟。

例如，戰國時，齊威王經常通宵達旦地飲酒作樂，不理國家政事，把政務都交給卿大夫。上行

下效，百官荒亂，國勢日弱，諸侯紛紛入侵，國家非常危急。可是，群臣都不敢向他進諫。對主上昏庸、國家危急，淳于髡憂心忡忡，便抓住一切機會，利用各種形式，充分發揮他的口辯天才對齊威王進行諷諫。

齊威王這人很喜歡猜謎，淳于髡的諷諫就首先從說謎語著手。

有一次，淳于髡問齊威王：「都城中有隻大鳥，停歇在大王的宮殿上，三年來既不飛又不叫。大王知道這鳥是為什麼嗎？」

齊威王馬上領悟了淳于髡的良苦用心，回答說：「此鳥不飛則已，一飛沖天；不鳴則已，一鳴驚人。」於是齊威王開始上朝理政，糾正百官荒亂情況，有功者賞，有過者罰。他把各縣的長官七十二人召集在一起，對其中一個有功的人進行了封賞，還殺了其中一個有罪的人，齊國的狀況為之一振。

還有一次，威王在後宮擺酒招待淳于髡。他問淳于髡說：「先生能飲多少酒才醉。」

淳于髡答道：「我可能喝一杯就醉了，也可能喝十杯才醉。」

威王說：「先生如果喝一杯就醉了，又怎麼能喝十杯呢！」

淳于髡說：「如果是大王賞賜的酒，執法官吏站在旁邊，監禮御史站在後邊，我非常驚恐地跪在您的面前來喝，不過一杯就醉了。如果在尊貴的長輩面前，捲著袖子半跪在旁邊陪酒，到不了兩杯也就醉了。如果與久未相見的老朋友突然相會，可以喝五、六杯才醉。如果是鄉親的宴會，男女混雜在一起，行著酒令，賭著投壺，分組比賽，男女握手也不會有人懲罰，相互直視也不會有人管，我心裡歡喜，喝了八杯卻只有兩三分酒意。天黑如果一直喝到天亮，大家互相靠近，男女坐在一起，穿錯了鞋子，拿錯了酒杯，主人又留下我繼續喝，這時，我心裡最高興，能喝十杯。所以說：酒極則亂，樂極則悲，萬事盡然。」

他的意思是說，凡事不可到極點，到了極點則衰，用以諷諫齊威王酗酒不理朝政，將導致國家衰亡。齊威王聽了，深為感動，意識到酗酒害處，說：「你說得好！」從此，不再通宵達旦地飲酒，任命淳于髡主管接待各諸侯賓客。王室宗族舉行酒宴，淳于髡也常坐在一旁進行監督。

在宗吾看來，從以上淳于髡對齊威王的諷諫，說明他很有辯才，又能說明利害，而且每次諷諫都能抓住時機，同時很講究方法。對於齊威王不理政事，他不直接指責，而是以三年不飛不鳴停於王庭的大鳥來比喻齊威王，使齊威王意識到自己不理朝政的錯誤，也看到了自己的潛在力量。對於齊威王經常通宵達旦地飲酒，趁威王問其酒量，以「臣飲一杯亦醉，飲十杯亦醉」解釋在不同的場合有不同的酒量，最後歸納到「酒極則亂，樂極則悲，萬事盡然」的結論，終於使齊威王懂得凡事過了頭就會走向它的反面，飲酒也是如此，而他酗酒厭政正是使齊國日衰的主要原因。

**【宗吾真言】 為了讓對方知錯，善於運用「笑語寓諷，語中帶刺」的人可以採用誇張之法，對所反對之事直指，但順著對方之意將之加以誇大，最後畫龍點睛地指出其危害之處，往往可以收到奇效。**

宗吾認為，善用誇張的確可以達到「笑語寓諷，語中帶刺」的效果，讓對方明白你話裡有話。例如，楚莊王有匹心愛的馬，他給馬披上錦繡的衣服，養在華麗的屋裡，馬站的地方設有床墊，並用棗脯來餵牠。結果馬因吃得太好、太多竟死了。莊王下令要群臣為馬戴孝，準備給馬做棺材，要用大夫禮儀安葬。

群臣紛紛反對，認為這樣不對。對此，莊王發火了，他立即下令說：「有誰敢對葬馬這件事進諫，格殺勿論。」

優孟一聽到莊王的命令，立即來到殿門，剛步入門階就仰天大哭。莊王見他哭得這麼傷心，問他為什麼大哭。優孟說：「這匹馬是大王最疼愛的，楚國是堂堂大國，用大夫的禮儀來安葬，禮太薄了，請您用國君的禮儀來安葬牠。」

莊王問：「用國君禮儀怎麼安葬？」

優孟說：「以雕玉做棺材，用樟木做外槨，上等木材圍護棺槨，派士兵挖掘墓穴，使老少都參加挑土修墓，齊王、趙王陪祭在前面，韓王、魏王護衛在後面，用牛、羊、豬來隆重祭祀，封牠萬戶城邑，將稅收作為每年祭馬的費用。」說到這裡，優孟才將話鋒一轉，指出了莊王隆重葬馬之害：「這樣，諸侯聽到大王對死馬的葬禮如此隆重，都知道大王認為人卑賤而馬尊貴了。」

這麼一點，確是點到莊王葬馬的要害，一個統治者竟「賤人而貴馬」，必然為世人所厭棄，問題如此嚴重，不能不使莊王大為震驚，說：「寡人要葬馬的錯誤竟到了這麼嚴重的地步嗎？怎麼辦才好呢？」

優孟說：「請讓我為大王用葬六畜的辦法來葬馬：用土灶作外槨，用大鍋作棺材，用薑棗作調味，用木蘭除腥味，用禾稈作祭品，用火光作衣服，把牠葬在人的肚腸裡。」

於是，莊王聽從優孟的諷諫，派人把馬交給掌管廚房的人去處理，不讓此事傳揚出去。

宗吾認為，優孟用的誇張手法，把莊王給嚇住了，使他看清了問題的嚴重性，從而達到了「笑語寓諷，語中帶刺」的效果！

**【宗吾真言】 智激也是「笑語寓諷，語中帶刺」的一種重要方法。智激有各種方式：或以激試探對方，或激怒對方引起對自己要說的話的注意，或針鋒相對地與他辯論以理服人。**

在宗吾看來，智激的目的，使被說的人聽其說。而「激」就必引起雙方衝突，這種衝突必須掌握分寸，使衝突逐步趨向統一。激怒對方，要使他由怒轉喜，這樣，被說者則有可能接受所說的道理。否則就會失敗。當然，說理必須充分，對方才能接受。

例如，范睢，魏國人，最初為魏王做事，魏相懷疑他和齊國私通，讓人打斷了他的肋骨和牙齒，范睢裝死，被人丟在廁所，後來被人救出，秦昭王派到魏的使者王稽將他改名為張祿，偷偷帶到咸陽。王稽知他有才幹，就向秦昭王推薦說：「魏國有一位張祿先生，是個有天賦辯士，他說：秦國很危急，有我在就會平安，但只能當面向大王陳說，不能以書信傳遞。所以，臣把他帶來了。」秦昭王不信。他在秦國待了一年多，沒有被重用。針對穰侯專權及其越韓、魏伐齊的錯誤，他上書秦昭王，指出君主選官、專權的重要性，並再次說他有「重要的話」要說，因不能寫在書上，希望能見秦昭王面，如果說得不對，願受刑法處分。范雎所說的正中昭王心病，昭王便派車叫王稽去請范雎，約他在離宮相見。可是，范雎一進離宮，假裝不明白，竟直闖入嬪妃居住的地方，宦官看見了要把他趕出來。並說：「大王已經到了！」

范雎卻大喊說：「秦國哪有國王，只有太后和穰侯。」想以此激怒昭王。

昭王走過來，聽見他與宦官爭吵，就到庭院中迎接范雎，說：「寡人一直想親自向您請教，但正趕上義渠的事情緊急，每日早晚要向太后請示，如今義渠已經消滅，寡人才能有空向您請教。」昭王讓左右的人避開，恭敬地問道：「先生有什麼話教誨寡人？」范雎也不回答，只說：「是是。」過一會兒昭王又問：「先生有什麼話教誨寡人？」

范雎還是說：「是是。」避而不答。

昭王又問：「先生不想教誨寡人嗎？」

范雎說：「不敢。臣聽說，從前，呂尚在渭水邊上釣魚時遇到文王，在這以前彼此交往疏遠；後來兩人談得很投機，文王就用車把他接走，立為太師。文王有呂尚輔佐才有天下。如果文王疏遠呂尚，文王和武王則難創建周朝。如今臣在秦寓居作客，跟大王交往疏遠，而要說的都是糾正君臣過失的事情，且涉及骨肉之間的關係，雖然想向您效忠，但是不知大王心意。這就是為什麼王再三問而臣不敢作答。臣並非有所畏懼而不敢說，即使今日說了明日被殺也在所不辭。大王如果相信我並聽我的話，死我並不擔心。人死是不可避免的，如果臣所說的能實行，同時又對秦國有利，這是我最大的願望，死又有什麼可怕的呢！臣最擔憂的是，只怕臣死之後，天下人見臣盡忠而死，從此閉口不語，裹足不前，秦國也就失去了人心。大王被太后管束得太嚴，又被奸臣迷惑，深居宮中，不能察明好惡。長此以往，大的來說國家會傾覆，小的來講自身會危急。這才是臣所擔心的。至於是否受窮被辱，甚至被殺頭，對於臣來說是沒有什麼可怕的。如果臣的死能換來秦國的大治，那麼臣死了要比活著強。」

昭王說：「先生為什麼這樣說！秦國僻遠，我又不賢能，幸運的是先生來到了秦國，才能讓我有機會來打擾先生，以保存先王的宗廟。寡人能得先生教誨，是上天派先生來，上天不因為秦國孤弱而拋棄不管。所以先生不要擔心，事無大小，上及太后，下至大臣，請先生都要暢所欲言，不要再懷疑寡人。」

范雎急忙拜謝，昭王也拜謝。從此，昭王對范雎，言必聽計必行，並拜為客卿，共同謀劃軍事大事，范雎也因此立下戰功。

後來范雎揭發太后和穰侯專權干政，對秦昭王說：「他們只為自己的私利著想，從不為君主著想。」現在滿朝都是相國的親信，「大王獨自一人在朝中孤立無援，我擔心萬世之後，掌握秦國大權的可能已經不是大王的子孫了。」

在宗吾看來，范雎說服秦昭王，先激而後說，步步深入，終於打動了秦昭王。秦昭王震驚之餘，廢掉了太后，把穰侯、高陵君、華陽君、涇陽君等一些專權干政的人放逐到了關外，封范雎為相國。這樣，范雎終於達到了自己的說辯目的，顯示了其口辯之巧和才智過人！

**典藏中國：**

| | | | |
|---|---|---|---|
| 01 | 三國志 -- 限量精裝版 | 秦漢唐 | 定價：199 元 |
| 02 | 三十六計 -- 限量精裝版 | 秦漢唐 | 定價：199 元 |
| 03 | 資治通鑑的故事 -- 限量精裝版 | 秦漢唐 | 定價：249 元 |
| 04-1 | 史記的故事 | 秦漢唐 | 定價：250 元 |
| 05 | 大話孫子兵法 -- 中國第一智慧書 | 黃樸民 | 定價：249 元 |
| 06 | 速讀 -- 二十四史 -- 上下 | 汪高鑫李傳印 | 定價：720 元 |
| 08 | 速讀 -- 資治通鑑 | 汪高鑫李傳印 | 定價：380 元 |
| 09 | 速讀中國古代文學名著 | 汪龍麟主編 | 定價：450 元 |
| 10 | 速讀世界文學名著 | 楊坤　主編 | 定價：380 元 |
| 11 | 易經的人生 64 個感悟 | 魯衛賓 | 定價：280 元 |
| 12 | 心經心得 | 曾琦雲 | 定價：280 元 |
| 13 | 淺讀《金剛經》 | 夏春芬 | 定價：200 元 |
| 14 | 讀《三國演義》悟人生大智慧 | 王　峰 | 定價：240 元 |
| 15 | 生命的箴言《菜根譚》 | 秦漢唐 | 定價：168 元 |
| 16 | 讀孔孟老莊悟人生智慧 | 張永生 | 定價：220 元 |
| 17 | 厚黑學全集【壹】絕處逢生 | 李宗吾 | 定價：300 元 |
| 18 | 厚黑學全集【貳】舌燦蓮花 | 李宗吾 | 定價：300 元 |
| 19 | 論語的人生 64 個感悟 | 馮麗莎 | 定價：280 元 |
| 20 | 老子的人生 64 個感悟 | 馮麗莎 | 定價：280 元 |
| 21 | 讀墨學法家悟人生智慧 | 張永生 | 定價：220 元 |
| 22 | 左傳的故事 | 秦漢唐 | 定價：240 元 |
| 23 | 歷代經典絕句三百首 | 張曉清 張笑吟 | 定價：260 元 |
| 24 | 商用生活版《現代 36 計》 | 耿文國 | 定價：240 元 |
| 25 | 禪話•禪音•禪心禪宗經典智慧故事全集 | 李偉楠 | 定價：280 元 |
| 26 | 老子看破沒有說破的智慧 | 麥迪 | 定價：320 元 |
| 27 | 莊子看破沒有說破的智慧 | 吳金衛 | 定價：320 元 |
| 28 | 菜根譚看破沒有說破的智慧 | 吳金衛 | 定價：320 元 |
| 29 | 孫子看破沒有說破的智慧 | | 定價：320 元 |

**人物中國：**

| | | | |
|---|---|---|---|
| 01 | 解密商豪胡雪巖《五字商訓》 | 侯書森 | 定價：220 元 |
| 02 | 睜眼看曹操 - 雙面曹操的陰陽謀略 | 長　浩 | 定價：220 元 |
| 03 | 第一大貪官 - 和珅傳奇（精裝） | 王輝盛珂 | 定價：249 元 |
| 04 | 撼動歷史的女中豪傑 | 秦漢唐 | 定價：220 元 |
| 05 | 睜眼看慈禧 | 李　傲 | 定價：240 元 |

| | | | |
|---|---|---|---|
| 06 | 睜眼看雍正 | 李 傲 | 定價：240元 |
| 07 | 睜眼看秦皇 | 李 傲 | 定價：240元 |
| 08 | 風流倜儻 - 蘇東坡 | 門冀華 | 定價：200元 |
| 09 | 機智詼諧大學士 - 紀曉嵐 | 郭力行 | 定價：200元 |
| 10 | 貞觀之治 - 唐太宗之王者之道 | 黃錦波 | 定價：220元 |
| 11 | 傾聽大師李叔同 | 梁　靜 | 定價：240元 |
| 12 | 品中國古代帥哥 | 頤　程 | 定價：240元 |
| 13 | 禪讓 -- 中國歷史上的一種權力遊戲 | 張　程 | 定價：240元 |
| 14 | 商賈豪俠胡雪巖(精裝) | 秦漢唐 | 定價：169元 |
| 15 | 歷代后妃宮闈傳奇 | 秦漢唐 | 定價：260元 |
| 16 | 歷代后妃權力之爭 | 秦漢唐 | 定價：220元 |
| 17 | 大明叛降吳三桂 | 鳳　娟 | 定價：220元 |
| 18 | 鐵膽英雄—趙子龍 | 戴宗立 | 定價：260元 |
| 19 | 一代天驕成吉思汗 | 郝鳳娟 | 定價：230元 |
| 20 | 弘一大師李叔同的後半生 - 精裝 | 王湜華 | 定價：450元 |
| 21 | 末代皇帝溥儀與我 | 李淑賢口述 | 定價：280元 |
| 22 | 品關羽 | 東方誠明 | 定價：260元 |
| 23 | 明朝一哥王陽明 | 呂 崢 | 定價：260元 |
| 24 | 季羨林的世紀人生 | 李 琴 | 定價：260元 |
| 25 | 一代女皇武則天 | 秦漢唐 | 定價：220元 |

## 三國文學館

| | | | |
|---|---|---|---|
| 01 | 三國之五虎上將　關雲長 | 東方誠明 | 定價：260元 |
| 02 | 三國志人物故事集 | 秦漢唐 | 定價：260元 |

## 中國四大美女新傳

| | | | |
|---|---|---|---|
| 01 | 壹 沉魚篇 -- 西施 | 張雲風 | 定價：260元 |
| 01 | 貳 落雁篇 -- 王昭君 | 張雲風 | 定價：260元 |
| 01 | 參 閉月篇 -- 貂蟬 | 張雲風 | 定價：260元 |
| 01 | 肆 羞花篇 -- 楊貴妃 | 張雲風 | 定價：260元 |

## 心理學大師講座

| | | | |
|---|---|---|---|
| 01 | 北大教授講解脫之道 | 葉　舟 | 定價：240元 |
| 02 | 北大教授講包容之道 | 葉　舟 | 定價：240元 |
| 03 | 北大教授給的24項人緣法則 | 葉　舟 | 定價：240元 |
| 04 | 北大教授給的28項快樂法則 | 葉　舟 | 定價：240元 |

李宗吾 著　定價：300元

李宗吾 著　定價：300元

世間學說，每每誤人，惟有厚黑學絕不會誤人，就是走到了山窮水盡，當乞丐的時候，討口，也比別人多討點飯。厚黑學這種學問，原則上很簡單，運用起來卻很神妙，小用小效，大用大效。知己而又知彼，既知病情，又知藥方。讀過中外古今書籍，而沒有讀過李宗吾「厚黑學」者實人生憾事也！

——林語堂

李宗吾(1880--1943)，四川富順人，自幼聰明好學，博覽群書。他思想獨立，崇尚自由，富有懷疑和批判精神，敢於質疑和顛覆已有的結論和定見。1912年，他在成都《公論日報》連載《厚黑學》，大膽揭穿中國歷史上英雄豪傑成功的秘密，語言諷刺辛辣，觀點驚世駭俗，讀者譁然，轟動四川乃至全國。1934年，《厚黑學》單行本在四川和北京同時出版，成為當時的暢銷書。

書山有路勤為經
學海無涯苦作舟

# 厚黑學大全【貳】舌燦蓮花

作者：李宗吾
叢書別：典藏中國18

**文經閣**

出版者：廣達文化事業有限公司
Quanta Association Cultural Enterprises Co. Ltd
編輯執行總監：秦漢唐

發行所：臺北市信義區中坡南路287號4樓
電話：02-27283588　傳真：02-27264126
E-mail：siraviko@seed.net.tw

印　刷：卡樂印刷排版公司
裝　訂：秉成裝訂有限公司
上　光：全代上光有限公司

代理行銷：創智文化有限公司
23674新北市土城區忠承路89號6樓
電話：02-2268-3489　傳真：02-2269-6560

一版一刷：2009年5月
一版七刷：2018年2月
定　價：300元

文經閣

貧者因書而富

富者因書而貴

文經閣

貧者因書而富
富者因書而貴